企业化政府及其治理机制

——基于交易成本的中国经济发展效率优势解释

Entrepreneurial Government and Its Governance Mechanism
—— an Explanation of the Efficiency Advantage of China's Economic Development Based on Transaction Cost

陈耿宣◎著

经济日报出版社

图书在版编目（CIP）数据

企业化政府及其治理机制：基于交易成本的中国经济发展效率优势解释 / 陈耿宣著. -- 北京：经济日报出版社，2021.10
ISBN 978-7-5196-0782-1

Ⅰ. ①企… Ⅱ. ①陈… Ⅲ. ①地方政府－行政管理－体制改革－研究－中国 Ⅳ. ① D625

中国版本图书馆 CIP 数据核字 (2021) 第 062539 号

企业化政府及其治理机制——基于交易成本的中国经济发展效率优势解释

作　　者	陈耿宣
责任编辑	黄芳芳
助理编辑	杨静媛
责任校对	刘　颖
出版发行	经济日报出版社
地　　址	北京市西城区白纸坊东街 2 号 A 座综合楼 710(邮政编码:100054)
电　　话	010-63567684（总编室） 010-63584556（财经编辑部） 010-63567687（企业与企业家史编辑部） 010-63567683（经济与管理学术编辑部） 010-63538621 63567692（发行部）
网　　址	www.edpbook.com.cn
E - mail	edpbook@126.com
经　　销	全国新华书店
印　　刷	北京建宏印刷有限公司
开　　本	710mm×1000mm　1/16
印　　张	19
字　　数	300 千字
版　　次	2021 年 10 月第 1 版
印　　次	2021 年 10 月第 1 次印刷
书　　号	ISBN 978-7-5196-0782-1
定　　价	48.00 元

前 言

围绕“政府与市场”关系的学术成果颇多，实践中也取得了较大的成绩。但是，中国处于社会主义初级阶段的特殊国情，导致中国市场经济的发展路径与世界上其他国家的市场化道路不同，中国市场经济展现出的高效率特征在方法、形式及内容上，也必然与其他国家不甚相同。中国的改革开放走出了一条具有中国特色的市场经济实践道路。通过改革开放40多年的发展，我国社会主义市场经济构建了有别于西方发达国家和其它发展中国家的独特模式，并呈现出了持续的效率优势。这一具有中国特色的市场经济实践对于市场经济的研究，其意义不言而喻。多年来关于中国市场经济的研究一直都是热点话题，理论界在关于中国市场经济一般内容的研究方面一直是方兴未艾，特别是对于中国社会主义市场经济效率等问题的探讨在学术界始终是热点。中国社会主义市场经济的效率是在何种背景下取得的？与市场是何种关系？与政府，特别是与地方政府是什么关系？地方政府是否通过企业化的运行来促使市场经济效率的提高？本书的研究正是基于对这些问题的探索，研究社会主义市场经济条件下的中国地方政府的企业化职能运行状况，进而为中国市场经济效率进行分析和阐释，从而有利于中国社会主义市场经济更加健康、正确地向前发展，以实现“两个一百年”的宏伟目标。

本书的核心观点是中国地方政府作为公有产权的代理人，以企业化运行的方式参与到市场经济中，具有一定的效率优势。与传统的西方市场理论一味强调政府的管理职能不同的是，中国社会主义市场经济的地方政府的企业化实践向我们展示了政府在市场中的另一个重要作用——通过企业化方式的运行，即参与市场交易的职能实现了交易成本的减少，从而提高了经济效率。中国经济增长的奇迹是源于中国选择了市场经济道路，对公有产权在市场交易中的保障也是中国市场经济效率的重要来源。通过对公有产权的明晰和保障，以中国地方政府为载体参与市场交易，比仅强调私有产权在市场经济中的作用更具效率优势。

为阐明上述观点，本书以政府与市场的关系为切入点，将中国市场经济中的企业化政府作为研究对象。第一，从中国特色社会主义市场经济实践出发，着眼于政府在市场经济中的作用，以梳理中国市场经济实践中的具体表现、本质特征和效率结果。第二，以市场理论和产权理论为基础，批判性吸收新制度经济学理论成果，以此来构建本书的分析框架。分析企业化政府在中国特色社会主义市场经济下的运行机制与治理结构。并且，以交易作为分析的基本单位，以契约视角将交易还原为签约问题，通过交易的治理结构将交易成本概念进行可操作化和可辩驳性，提供有效的分析工具，从而以交易成本节约的视角将不同类型的治理结构进行比较制度分析。第三，将分析对象聚焦于中国特色社会主义市场经济中的政府，从政府的职能入手，将中国特色社会主义市场经济中地方政府参与经济的职能抽象为拥有经济产权的企业化政府，用以作为参与交易分析的对象。第四，进行中国特色社会主义市场经济的效率分析，也是将中国特色社会主义市场经济的实践与市场理论结合的创新性尝试，对企业化政府在市场经济中的交易行为展开具体分析，选取具有代表性和重大影响的土地财政、地方平台公司和开发区建设作为具体分析的对象，通过交易成本的比较制度分析做出效率的判断。最后，本书分析了经济新常态背景下的企业化政府与经济结构性问题之间可能存在的联系。从价格扭曲、要素供给结构、企业化政府产权界定、经济增长动力转换四个方面考察了经济新常态下企业化政府参与市场行为导致的结构性问题。产生这些问题的根源在于当前的社会主义市场经济体制不健全和企业化政府本身的产权界定存在问题。

本书的主要研究方法：第一是微观分析方法，对中国社会主义市场经济效率的分析以政府微观行为为切入点，再以企业化政府为研究对象，针对其具体参与的经济活动展开研究；以交易为基本分析单位，从交易的频率、资产专用性和不确定性将交易进行维度化，从而对交易做更微观地考察。二是跨学科分析方法，将经济学、组织科学（管理学）和法学等结合起来，进行跨学科研究；在经济分析的基础上，将企业及其他经济组织视为不同的治理结构，从而将组织科学方法嵌入到分析之中，并根据组织科学的相关内容分析企业治理结构在行政控制、激励、适应性调整方面的效率优劣势。此外，将契约法作为影响交易成本，从而影响交易治理结构选择的重要因素纳入分析。三是比较分析方法。本书将交易成本作为一个比较概念，而非绝对数值纳入分析；以交易成本的节约作为分析的主要问题，将不同经济治理结构的选择视为企业化政府对交易成本比较的结果。用契约视角代替选择视角，摒弃传统的以行为主体在诸多严格假设条件下的最大化选择的研究方式，将企业及企业化政府等参与人的交易行为还原为契约问题，以分析事前的契约制定到事后契约关系治理的整个过程，进而实现治理结构匹配。

本书的主要创新：第一是理论创新，以产权理论和交易成本为核心，在借鉴新制度经济学中交易成本理论成果的基础上，结合中国特色社会主义市场经济建设的实践，发展了中国特色社会主义市场经济的市场理论；在产权研究中，将经济产权与法律所有权进行区别，继而将公有产权纳入市场交易分析范畴；在治理研究中，将企业化政府看做一种治理结构。第二是研究对象创新，根据中国特色社会主义市场经济的建设实践，政府具备的经济产权使其具备了参与经济交易的职能，从这一职能中抽象出地方政府作为市场主体的企业性质，并提出企业化政府这一概念。企业化政府是政府因经济产权而具备的经济参与职能的载体，是现实中政府的一部分，性质为企业。第三是结论创新。一是，从政府与市场关系的角度，提出中国特色社会主义市场经济的特色在于政府具有经济产权，从而具备以企业形式参与市场的职能，将公有产权以市场化方式进行交易。二是，从交易成本的视角解释了中国特色社会主义市场经济的长期高速增长，即公有产权以企业化政府的治理结构进行交易具有效率优势。三是，从企业化政府的角度研究经济结构问题，为当前经济新常态下研究经济结构问题提供了一个新的思路。在现有的供给侧结构性改革的研究成果中，虽然讨论了政府的作用，但是大都是从政府管理经济的职能出发，而较少通过地方政府参与市场经济的行为深入研究。而对于经济治理中的结构性问题，大都仅从市场的供需方面进行分析，较少从经济运行的深层次加以分析。本书试图从企业化政府的角度来解读这一问题，为当前经济新常态下的供给侧结构性改革提供一个新的思路。

本书的主要不足有：首先，对地方政府的企业化职能研究还不够。因为中国社会主义市场经济中政府与市场只是一对关系，尽管本书尽可能在市场机制中探讨企业化政府的经济交易职能，但对于企业化政府的其他宏观职能探讨不足。其次，以交易成本为核心的市场理论一直以来缺乏行之有效的实证检验，本书也不例外，所以本书采用比较结构进行分析。最后，本书的研究思路具有创新性，但同时表明这一思路下尚有许多后续研究亟待发展与完善。

目　录

1 绪论

1.1 研究背景

自中国实行改革开放以来，逐步走出了一条独具特色的市场经济之路。中国的市场经济实践是一个渐进的发展历程，始于计划经济模式的改革，从1982年的“计划经济为主、市场调节为辅”，到1984年的“有计划的商品经济”，再到1992年正式提出建设社会主义市场经济体制，邓小平关于社会主义也可以有市场经济的思想在中国经济发展实践中得以实现。通过30多年的发展，中国的市场经济呈现出有别于西方发达国家和发展中国家的独特模式，呈现出持续的效率优势。这一具有中国特色的市场经济实践对于市场经济的研究，其意义不言而喻。多年来关于中国市场经济的研究一直都是热点话题。中国市场经济研究的选题丰富，最为普遍却最具争议的就是中国市场经济的特色和效率。按照传统西方经济学市场理论，中国的市场化程度使得经济效率上并无优势可言，应该低于其他市场更加“发达”的经济体，然而实践的结果并非如此。对这一现象的解释，学术界并无相对统一的认识，仍然处于探索阶段。本书的研究基于对这一问题的探索，希望从中国市场经济的特色入手，对中国市场经济模式从另一个视域进行理解，进而为中国市场经济效率做出解释。

中国市场经济的制度环境是这一特色产生的基础。政府之于市场到底是何种关系，这种关系下的作用如何，应该是理解中国特色社会主义市场经济的一个重要切入点。事实上，中国市场经济实践中，政府与市场的关系是一个老生常谈，也是常谈常新的话题。最具代表性的当属近十年来一直活跃于学术讨论中的“林张之争”。以张维迎为代表的新自由主义学派坚持认为政府对市场的作用只应该在保障市场机制的制度供给的范围，反对任何形式的干预市场和参与市场的行为，否则将会损害经济效率。以林毅夫为代表的新结构主义学派认为相对于有效市场，一个有为政府同样，甚至更加重要，因为结构变迁对经济发展有基础性作用，而政府恰恰能发挥这一预判、引导、协调的积极作用。当然，除此之外，还有许多知名学者的相关观点和论断，既丰富了中国特色社会主义市场经济的研究成果，又为我们从不同视角分析这一问题提供了大量有价值的学术资源。

然而，新自由主义学派的很多分析对市场成本不够重视，甚至有时有意忽略；新结构主义学派也没有从市场机制本身入手，没有涉及市场成本。交易成本的概念在经济研究中逐渐受到重视，使得市场问题有了新的研究方式、视角、工具。将作为市场机制成本的交易成本引入政府与市场问题的研究，正是基于上述背景，本书选择的研究方向。

1.2 目的和意义

本书研究的目的在于，在交易成本的视角下，以政府与市场关系为切入点，分析中国特色社会主义市场经济下的企业化政府的效率问题及其治理机制，为中国改革开放以来的市场经济高速增长提供一个新的解释。

本书研究具有一定的理论意义和现实意义。就理论意义而言，第一，对市场理论进行了发展和创新。本书基于“真实世界”中的市场经济实践，丰富和发展中国特色社会主义市场经济理论，在这一理论下，将市场机制的成本——交易成本作为核心内容，丰富了市场理论中关于公有产权的内容。第二，提出了企业化政府这一概念，它有别于之前学术界对于中国地方政府问题研究提出的地方政府企业化，采用抽象方法，将政府在市场中参与的职能用企业化政府作为载体，从而将其纳入一般市场理论分析中。第三，将交易治理结构分析作为市场理论的重要工具，实现了交易成本概念在研究中国政府与市场现实问题中可操作化应用，使得这一观点具有可辩驳性。

就现实意义而言，第一，为中国特色社会主义市场经济实践中政府与市场关系这一复杂且颇具争议的话题，提供了一个新的思路，即政府既具管理职能又具有参与（市场经济的）职能，而参与职能来自其拥有的经济意义上的产权。本书认为中国模式之特色在于政府发挥的参与职能。本研究有助于为社会主义市场经济体制改革中处理好资源配置中的市场与政府的关系提供了全新的思路。第二，对中国特色社会主义市场经济的长期高增长提出了具有市场理论基础的解释，认为政府参与的模式节省了某些对经济具有重要影响的交易的成本，从而提高了经济效率，为今后市场经济化改革和发展提供了新的思路。第三，为目前市场经济实践中存在的问题，特别是结构性问题做了解释和建议。对于经济结构性失衡，本书认为，企业化政府运行可能存在短视行为，只关注短期经济绩效而忽视了经济的长期可持续发展，这与分税制改革后地方政府官员的升迁制度不无关系。特别是在政府自身产权界定不清晰、权责不统一的情况下，地方政府官员狂热追求本地GDP增长的后果是干预市场在资源配置中的决定性作用而忽略市场规律，罔顾交易成本。这正契合了企业化政府的某些行为目标，本书从该视角提出了政策建议。第四，交易的治理机制研究为企业化政府运行提供了行之有效的分析工具，为中国市场经济实践中的政府治理提供了可行的思考路径。传统的经济理论较多地是从宏观角度分析政府参与调控市场的必要性，而从微观角度分析政府参与市场行为的研究较少，而本书正是以微观经济组织的视角分析地方化政府的市场行为，基于治理结构框架分析企业化政府的效率，为下一阶段的政府治理改革提供思路。

1.3 研究思路和内容

1.3.1 研究思路

本书从社会主义市场经济实践出发，基于西方经济学的市场经济理论与产权理论，围绕中国特色社会主义市场经济中的企业化政府展开研究，探究中国社会主义市场经济实践中企业化政府主导下的经济增长效率及其治理结构。值得注意的是，本书提出的企业化政府的概念是建立在市场理论和产权理论基础之上的。作为资源配置的两种方式，计划与市场不存在孰优孰劣的问题。本书认为政府本身具有多重职能，而抽象化的企业化政府是其作为市场主体参与市场经济职能的发挥。

本书的核心分析框架建立在交易成本分析之上。交易的治理机制分析认为，市场本身存在交易成本，企业化政府的目标在于节约交易成本。需要说明的是，本书使用的“治理”一词的概念有别于公共管理范畴中的定义①，而是从市场理论视域下将“治理”定义为市场经济中各种形式的契约实施，尤其关注的是契约风险的鉴别、解释和缓解。②本书涉及的关于治理的重要概念分别是：（1）治理机制，交易的契约制度；（2）治理结构，决定交易完整性的制度矩阵。通过治理机制的具体实现，不同的治理结构匹配不同特征的交易，实现了不同的经济效率。

本书首先梳理了市场与产权理论，以及相关学者在政府与市场关系方面具有代

① 公共管理范畴中一般采用全球治理委员会的定义：治理是或公或私的个人及机构实施经营管理相同事务所采用的诸多方式的总和。Commission on Global Governance,Our Global Neighborhood Our Global Neighborhood[R]. UK:Oxford University Press,1995.

② Williamson, Oliver E. The Mechanisms of Governance[R]. UK:Oxford University Press,1996.

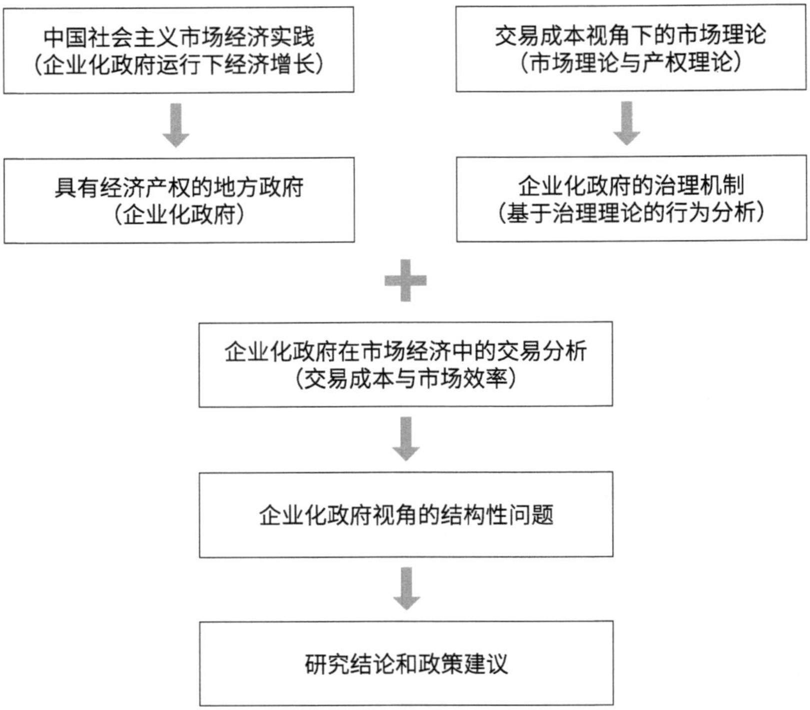

图1-1　本书研究的主要框架

表性的研究。尤其对经济意义上的产权和法律意义上的产权进行了区别，并将经济意义上的产权作为研究内容，通过构建交易的治理机制这一分析工具来研究地方企业化政府的运行。解析了经济发展中的地方政府行为，将市场理论中的交易成本具体应用到企业化政府的具体行为分析中，分析企业化地方政府运行对经济效率的影响，特别是提高效率的重大作用。企业化政府运行处于社会主义市场经济的现实基础之上。因此，本书系统梳理和总结了社会主义市场经济的特征，尤其是政府职能及其发挥的作用。企业化政府是社会主义市场经济条件下的政府参与市场职能的抽象载体，将其作为市场理论主要的分析对象。对社会主义市场经济中地方政府参与市场的行为，从交易的治理结构上进行了具体分析，为解释中国经济持续高速增长给出了交易成本视角下的解读。基于以上理论和交易的治理机制，本书重点分析了企业化政府运行背景下的土地财政、平台公司运作及开发区建设，从契约关系治理的视角解析了企业化政府模式比私有企业模式具有更高的效率；另一方面，企业化政府在节约交易成本的同时，可能导致政府短视行为，忽略经济的长期发展。因此，本书也基于企业化政府这一独特的视角，分析了当前经济新常态下面临的经济结构性问题及相关政策建议。本书的具体的研究框架和思路见图1-1。

1.3.2 研究内容

本书共分为10章。

第1章，绪论。主要介绍了本书的研究背景，研究目的与意义，研究思路和内容，框架结构，主要研究方法，本书主要的创新点和尚存在的不足。

第2章，本书研究的理论基础和相关研究综述。本章分为两个部分。第一部分系统解释本书研究的理论基础：首先介绍了产权理论，然后介绍传统西方经济学市场理论，主要包括两类市场理论关于市场机制和市场缺陷的理解，随后介绍中国社会主义市场理论，阐述了其现实表现、本质特征及对实践中存在的问题的思考。第二部分是企业化政府的相关研究综述，包括市场与政府在资源配置中的作用及其相互关系，企业化政府的研究现状、概念及界定等。在对这一实践中体现中国特色的问题进行梳理后，提出一个新的角度来审视社会主义市场经济。

第3章，企业化政府的形成、特征与意义。首先，中国的地方政府与传统经济学中的政府存在很大的不同，本书将这两个同名物进行了区别。针对中国发展实践中的地方政府，本书基于经济人的假设，从政府的职能入手，将社会主义市场经济中地方政府的参与职能抽象为具有经济意义产权的地方政府，称之为企业化政府，用以作为参与市场交易的分析对象。基于企业化政府的视角，进一步加深了对社会主义市场经济中的政府的认识。

第4章，交易成本视角下的市场理论。本章在产权理论与西方经济学的市场理论的合理分析基础上，批判性吸收新制度经济学理论成果，对社会主义市场经济条件下的企业化的地方政府行进行了产权、制度与经济绩效的解读。

第5章，企业化政府的治理结构分析框架。通过前一章的企业化政府运行理论分析，本章将交易成本的概念进行可操作化并作为主要分析工具。将交易作为分析的基本单位，以契约视角将交易还原为签约问题，根据不同交易的不同属性将其维度化，从而以交易成本节约的视角将不同类型的治理结构进行比较制度分析。

第6章，基于治理机制框架的企业化政府效率分析。根据前面章节的准备，将社会主义市场经济的实践与市场理论结合。具体而言，首先分析社会主义市场经济在效率上的高增长现象和相关的研究，其次研究市场经济的现实基础，再次分析社会主义市场经济中的产权问题，最后针对企业化政府在市场经济中的公有产权交易展开分析，通过交易成本的比较做出效率的判断。

第7章，土地财政中的企业化政府的效率分析。将第5章、第6章构建的企业化政府分析框架用于解释土地财政中的各种土地类型的交易及采用的交易模式，通过对以土地财政为例的分析，进一步说明共有产权配置给政府且通过企业化政府参与市场交易是有效率的。本章还简要讨论了土地财政的另一种新形式，即数字财政。

第8章，开发区建设中企业化政府的效率分析。本章关注开发区这一具有中国特色的经济现象，将开发区分为建设和运营管理两个阶段，运用本书构建的分析框架，阐述了企业化政府在开发区建设和运营过程中的效率优势。

第9章，企业化政府视角下的结构性问题。本章主要分析经济新常态下企业化政府的行为可能产生的问题，具体表现为价格机制扭曲导致供需结构性失衡，从而导致资产泡沫、企业化政府在交易中产权界定不清、诱导性投资导致资源错配和产能过剩、要素供给结构滞后于产业结构调整、产业结构调整升级面临较大的困境、经济增长动力转化面临制度供给约束等。

第10章，研究结论、政策建议与研究展望。对社会主义市场经济条件下企业化政府运行进行总结性论述，针对社会主义市场经济的经验、企业化政府运行存在的问题进行了评述，提出相关建议，还提出了针对企业化政府需要进一步研究的三个方面。

1.4 主要研究方法

1.4.1 微观分析方法

微观分析方法是从具体的经验层面进行分析的方法。因为宏观经济问题的研究必须建立在一定的微观基础之上，所以本书在社会主义市场经济条件下分析政府的经济参与职能（并抽象化为企业化政府），对地方政府参与经济活动展开研究。本书在以交易成本经济学为基础的现代经济组织治理理论之上，构建一个交易的治理机制分析框架，从资产专用性、不确定性和交易的频率三个维度，具体分析企业化政府运行的优势，即节约交易成本。对于市场主体的经济活动研究，以交易活动作为分析的基本单位，对交易的频率、资产专用性、不确定性等具体内容进行微观性分析，并反映宏观性内容。

1.4.2 跨学科分析方法

由于研究企业化政府的治理问题涉及经济、社会的许多方面，在进行分析的过程中必须涉及不少与经济学相关的理论，因此本书在构建治理结构时，将经济学作为基础和支撑理论，将组织科学（管理学）和法学等进行跨学科结合，将企业、经济组织视为不同的经济治理结构，从而根据经济学与组织科学中的相关内容分析企业治理结构在行政控制、激励、适应性调整方面的效率优劣势。另外，将契约法的内容作为影响交易成本，从而影响交易治理结构选择的重要因素纳入分析，从而使分析内容更加丰富、可靠。

1.4.3 比较分析方法

比较分析方法是将事物进行对比，从而找出其差异及特点的研究方法。研究企业化政府运行及其治理的过程中，涉及不同过程、不同规则、不同效率的分析，比较分析方法是必需的。在本书中，我们将交易成本的节约作为分析的主要问题，不同经济治理结构的选择被认为是交易成本的比较结果。本书以土地供给作为企业化政府公有产权的交易为例，通过比较土地交易的中国模式和私人产权模式的交易成本，得出边际上的效率高低。显然，本书将交易成本作为一个比较概念，而不单纯将绝对数值纳入分析。通过比较分析，采用契约视角代替选择视角，将参与人市场行为还原为契约问题，以分析企业化政府事前的契约制定到事后契约关系治理的整个过程，进而实现有效的治理结构匹配。

1.5 可能的创新和不足之处

1.5.1 本书可能的创新点

本书可能的创新点主要有以下方面：

第一，基于市场理论与产权的视角研究企业化政府运行及治理。在市场理论和以交易成本为核心的新制度经济学的基础上，对社会主义市场经济实践中的企业化政府行为进行解析。在产权研究中，将经济产权与法律所有权进行区别，继而将公有产权纳入市场交易分析范畴。根据社会主义市场经济实践，本书认为地方政府具备的经济产权使得其具备了相应的参与经济的职能，从这一职能中抽象出企业化的地方政府，并提出企业化政府这一概念。企业化政府是政府因经济产权而具备的经济参与职能的抽象对象，是现实中政府职能的一部分。本书基于市场理论和产权理论研究企业化政府运行，可能弥补了现有研究的不足。

第二，基于治理结构研究企业化政府运行的效率。本书的核心结论是以企业化政府参与市场机制下的社会主义市场经济具有治理结构维度上的效率优势，主要包含两方面内容：一方面，从政府与市场关系角度，提出社会主义市场经济下政府具有相应的经济产权，从而具备以企业形式参与市场的职能，将公有产权以市场化方式进行交易。另一方面中国市场经济长期高速增长具有中国特色化的原因，从交易成本视角的解释是公有产权以企业化政府的治理结构进行交易具有效率优势。

第三，从企业化政府运行的视角研究结构性问题，为研究当前经济新常态下经济结构问题提供新的思路。既有供给侧结构性改革的研究成果中，虽然讨论了政府的作用，是从政府管理经济的职能出发，较少涉及政府参与市场经济行为的深入研究，这是一个遗憾。对于经济中的结构性问题，不能只是从市场的供需方面分析，而本书试图从企业化政府的角度来解释这一问题，这可能为当前的经济新常态的供给侧结构性改革提供了另外一个思路。

1.5.2 存在的不足之处

本书的主要不足有：第一，企业化政府职能研究不完全。这是因为社会主义市场经济的发展涉及十分广泛及复杂的问题，本书是从企业化政府运行及治理角度对其效率及经济结构做出分析，尽管是一个新的思路，与其他研究成果互为补充，相得益彰，但也只是冰山一角。即使厘清政府与市场的关系，在理论研究上仍由许多工作要做，尽管本书尽可能注重市场机制中企业化政府本身，但对于企业化政府的其他方面及其他职能的研究仍受到复杂因素的影响，存在一定的缺陷。第二，实证分析方面尚显薄弱。本书在研究企业化政府运行及治理内容时，无论进行微观分析、综合分析，都较多地以理论阐述为主，这是因为以交易成本为核心的市场理论一直以来都缺乏行之有效的实证检验，本书也不例外，故本书采用比较治理结构分析。第三，研究思路还需进一步扩展。尽管本书从企业化政府运行及治理的角度研究政府效率及经济结构的优化问题，与过去的研究思路相比，具有一定新意，但除此之外，还应有其他思路达到研究的目的。此外，这一思路在方法及内容上尚有许多可扩展之处。

2 基础理论与相关研究

2.1 基础理论

2.1.1 市场运行理论及政府

1.概述

传统西方经济学的市场理论主要是研究社会如何利用相对稀缺的资源，以最大限度地满足经济人的需求。新古典主义经济学可以看做是研究约束条件下资源配置的问题，本书阐述的西方经济学理论主要是新古典经济学市场理论。虽然传统西方经济学经历了古典经济学到新古典经济学的发展，但都主张支持自由市场经济，反对政府过度干预，利用市场自发的力量解决经济问题。新古典经济学对古典经济学的发展贡献在于市场体系现代化。①新古典主义经济学派起源自马歇尔与奥地利学派，认为经济的发展是以边际调节来实现的，均衡状态是稳定的，价格机制是一切调节的原动力，也是经济发展的重要机制，市场“无形的手”可以实现均衡发展。价格扭曲是市场经济中常见的现象，往往与政府干预市场有关，是政府政策的误导和政策体系的冲突的结果。

新古典市场理论主要研究竞争性市场，研究经济运行中个体的经济行为如何导致均衡价格的产生及市场的最优化问题，进而对竞争经济的运行机制加以解释。理性人假设是经济分析的逻辑起点。新古典经济学市场经济个体家的第一个假设就是

① 塞缪尔·鲍尔斯，理查德·爱德华兹，弗兰克. 理解资本主义[M]. 北京：中国人民大学出版社，2013：65.

理性人假设，认为经济活动中的任何个体和组织都是以利己为动机，总是力图以最小的经济代价去追逐最大的经济利益，即在一定约束条件下实现自身利益的最大化。除此之外，新古典完全市场理论还提出了信息完全假设，对一般的竞争性市场、交易双方对交易的内容、商品的质量、衡量标准有完全充分和对称的信息。

2.微观经济学角度：市场运行机制

在微观市场上，主要有两类参与者——公众和企业。公众是指消费者，而企业是指厂商。两类参与者在不同的市场上承担不同的角色。在生产要素市场上，公众是要素的提供者，通过提供土地、劳动等要素获得收入，厂商是要素的需求者，购买要素投入生产。在产品市场上，公众用获得的收入购买需求的商品，而厂商利用要素生产出产品。在完全竞争市场上，无论是产品市场，还是生产要素市场都达到均衡，公众实现了效用最大化，企业实现了利润最大化，市场实现了帕累托最优。

（1）效用最大化下的需求曲线

在微观经济学中，需求特指在一定时期内，在不同的价格下，消费者愿意并且能够购买的商品的数量。需求在考虑消费者消费意愿的同时，还考虑了消费者的消费能力。商品的需求量受到多种因素影响，如商品的价格、消费者收入水平、相关产品的价格及消费者的偏好等。一般而言，消费者需求函数向右下方倾斜，商品价格越高，消费者能购买的最大数量越少。这主要是因为消费者在消费该种商品时，边际效用呈现递减状态。效用是指商品满足人的欲望的能力的主观评价，是消费者在消费商品时感受到的满足程度。在微观经济学中，以无差异曲线（U_1、U_2、U_3，图2-1a）来表示消费者对商品的满足程度。在无差异曲线上，每一个点带来的效用是没有差异的，一般向右下方倾斜，表示增加一种商品的消费必须减少另一种商品。而衡量消费者的消费能力是用预算约束线（线AB，图2-1a）表示。预算约束线是指既定收入全部用于消费可以购买的所有商品组合，限定了消费者能够购买的范围。在预算约束线下，为了满足消费者效用最大化，需要选择最优的商品组合，使得商品的边际替代率等于商品价格之比。

如图2-1中所示，通过变动X1的价格，图2-1中的（a）中的价格-消费曲线，可以根据上面的效用最大化条件，获得X_1不同价格下（P_1、P_2、P_3）最优的消费量（X_1^1、X_1^2、X_1^3），由此可推导出需求曲线。如图2-1中（b），可知需求曲线向右下方倾斜，价格和需求量向反方向变化，每一价格水平对应的商品需求量都可以给消费者带来最大效用的均衡数量。

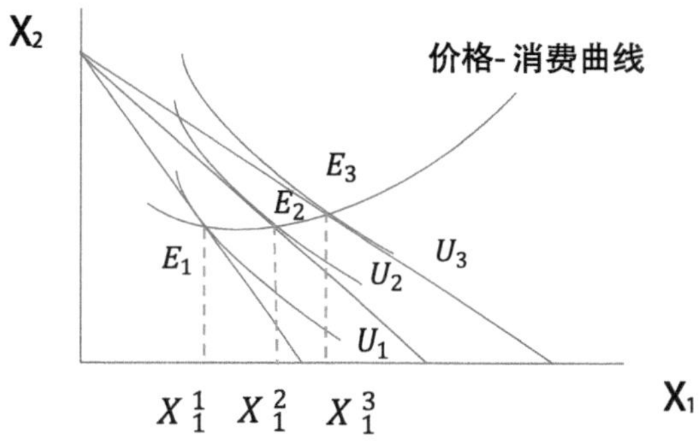

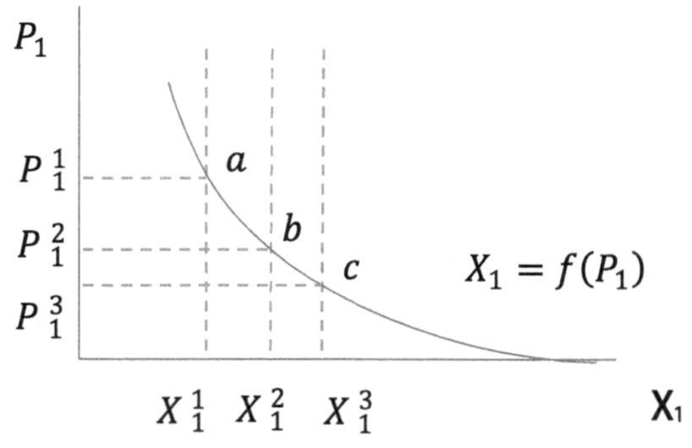

图2-1　需求曲线的推导

（2）利润最大化下的供给曲线

在微观经济中，一种商品的供给是指生产者在一定时期内在各种可能的价格下愿意并且能够提供出售的该种商品的数量，受商品价格、成本、技术水平的影响。

供给曲线向右上方倾斜，数量同价格呈现同向变动。在完全竞争市场中，完全竞争厂商面临的需求曲线是一条由既定市场价格水平出发的水平线，为了实现利润最大化，厂商会选择边际利润和边际成本相等时的产量（AR=MR=P），如图2-2。只有当边际成本和平均收益相等时，厂商才会选择生产，由此可推导出短期供给曲线。厂商会将这条曲线作为生产的选择，每一个价格对应的产量都能导致厂商实现利润最大化。

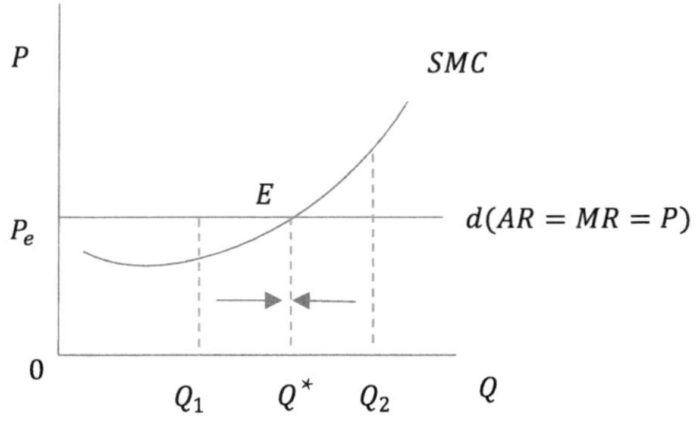

图2-2　厂商利润最大化条件

（3）供求作用下的市场均衡

根据已经推导出的需求曲线和供给曲线，在完全竞争市场中，需求曲线上价格对应的需求量满足消费者效用最大化，而供求曲线上价格对应的生产量满足厂商利润最大化。在供求曲线共同的作用下，当市场需求量和供给量相等时，市场达到出清状态，实现了均衡（E点，图2-3）。在这个均衡点，单个消费者和单个厂商的经济活动都表现为在市场机制的作用下各自追求自身利益最大化的过程。正是由于这个过程，每个产品市场和每个生产要素市场，甚至所有的市场，都实现了供求相等的均衡状态，每一种产品都是以最低的价格（P）被生产出来，每一种产品也是以最低的价格在市场上出售，消费者获得最大的满足，厂商获得最大的利润，整个市场实现帕累托最优。

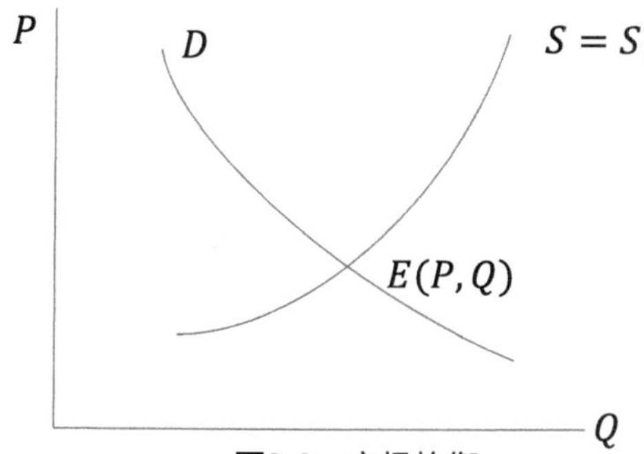

图2-3　市场均衡

3.微观经济学角度：市场失灵

市场失灵是指市场机制在很多场合下不能使资源得到有效配置，不能达到帕累托最优状态的情形。在完全竞争市场中，市场的“无形之手”并不是万能的。在现实生活中，市场失灵主要是因为垄断、外部性、公共物品和信息不对称四类情况。

垄断主要是指市场中一家或多家企业对市场价格或产量进行控制，从而影响市场机制作用。市场失灵理论中的垄断一般是指自然垄断，其含义是由于行业的特殊性，存在规模经济等因素的情况下，生产某一产品的边际成本始终低于平均成本，从生产效率而言，只能是由一家企业进行生产。自然垄断厂商如果按照自身最大化原则，将会在边际成本等于边际收益的产量处提供产品。由于边际成本小于平均成本，价格大于平均成本，在效率上表现为市场的供给低于社会福利最优的状态。若要达到社会总福利最大的产出水平，需要在价格等于边际成本处生产，由于边际成本小于平均成本，此时的价格也低于平均成本，则厂商处于亏损状态。基于理性人的假设，私有化理性不可能这样做。所以，要么是私有垄断厂商处于低效率状态，要么政府通过补贴或其他方式增加供给。

外部性是指经济主体的活动对他人和社会造成非市场化影响。外部性的影响主要是由于私人成本和社会成本、私人收益和社会收益之间的不一致。外部性由于方向和作用可以分为正外部性和负外部性。正外部性主要是私人收益小于社会收益，负外部性是私人成本小于社会成本。对外部性的处理，一般是将外部性内部化，通常对产生外部成本者征税或对产生外部利益者补贴，或者通过企业合并，将外部性成本化。

公共物品通常具备非竞用性或非排他性，被认为是无法通过私人有效提供，其产量常低于最大社会福利产量，或者是过度的需求，从而使得处于低效率状态。同时具有非竞用性和非排他性的纯公共物品，像国防、治安等，很难将不付费的消费者技术性地排除，一般而言，人们从中获得好处却没有人愿意为之支付成本。具有非排他性但不具备非竞用性的公共物品，一般称为公共资源，如公园、公用鱼塘等，个人理性会产生高于社会最优的需求，从而引起“公用地悲剧”。

信息不对称是指市场交易中，参与者对商品拥有的信息各不相同，或者有的具有对方不具备的信息，由此造成信息上的不对称。一般而言，根据不对称信息出现于交易达成之前还是之后，将信息不对称分为逆向选择和道德风险两类。在交易达成之前的信息不对称带来的逆向选择问题通常被称为“柠檬市场”，由于消费者在购买商品时无法识别商品质量信息，而卖者会以次充好，消费者只愿意为商品支付预期一般质量的价格，于是优质的商品会退出市场，消费者会继续降低商品质量和预期支付的价格，从而演变成充斥劣等商品的市场，市场的交易量极大低于完全信息状态。在交易达成之后的信息不对称带来的道德风险主要表现为代理人利用信息优势采取的机会主义行为，委托人会因为代理人道德风险的预期降低其支付的价格，从而引起资源配置效率低于完全信息状态。

市场失灵，作为现代市场经济的共性，反映了市场经济中的现实情况。正是市场失灵的存在为政府参与市场经济提供了契机。在市场经济中，政府参与市场可分为微观和宏观两个层面。在微观层面，政府主要通过价格管制、产业政策来限制垄断，通过财政、货币等宏观调控工具来克服经济外部性及提供公共物品，产权的界定与保护同样离不开法律的强制实施。同样，政府这只“看不见的手”并不是万能的，也存在政府失灵。

4. 宏观经济学角度：宏观管理

宏观经济学在微观基础上考虑代表性个体形成的部门之间的关系，我们主要关心的是商品市场、货币市场和劳动力市场的互动均衡关系。在产品市场上，有无数有形和无形的产品（服务产品）形成供给、需求和交易价格、交易量；在货币市场上，金融资产（银行存贷款、证券、保险、信托等）形成供给、需求和交易价格、交易量；在劳动市场上，作为劳动者的劳动供给方和作为劳动需求方的企业、政府在进行交易，形成劳动价格和就业量。正是对三大经济部门在三大类市场中的交互作用的研究，构成了西方宏观经济学的基本理论框架。研究产品市场供求关系如何决定国民收入的理论，被称为国民收入决定的最简单的理论模型，即国民收入决定的收入—支出模型。在上述模型中加入货币市场供求关系来研究国民收入决定的理论模型，被称为国民收入决定的IS-LM模型。在IS-LM模型中再加入劳动市场供求关系来研究国民收入决定的理论模型，被称为国民收入决定的总需求-总供给模型，即AD-AS模型。

（1）IS-LM模型分析

如图2-4所示，在IS曲线上，有一系列利率与相应收入的组合可使产品市场均衡；在LM曲线上，又有一系列利率和相应收入的组合可使货币市场均衡。但能够使产品市场和货币市场同时达到均衡的利率和收入的组合只有一个，这一均衡的利率和收入可以在IS曲线和LM曲线的交点上求得，其数值可通过求解IS曲线和LM曲线的联立方程得到。

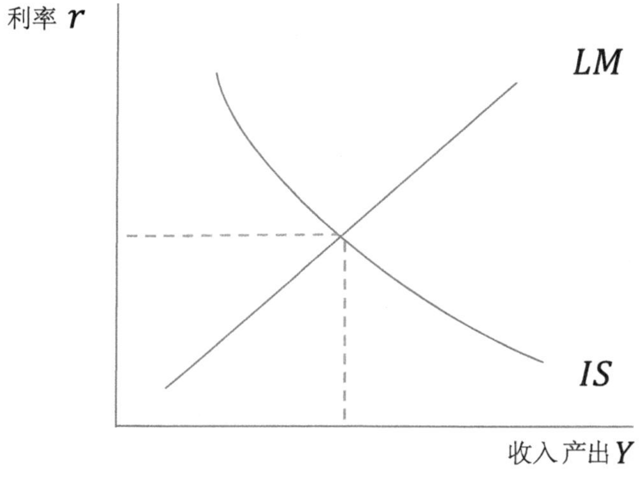

图2-4　IS-LM分析框架

在IS-LM分析框架中，政府通过财政政策和货币政策影响LM曲线和IS曲线的移动，进而调整经济总产出。比如，财政政策是政府变动支出和税收来调节国民收入，如果政府增加支出，或降低税收，或双管齐下，IS曲线会向右上方移动。货币政策是货币当局（中央银行）用变动货币供应量的办法改变利率和收入，当中央银行增加货币供给时，LM曲线向右下方移动。当IS曲线和LM曲线移动时，不仅收入会变动，利率也会变动。当LM曲线不变而IS曲线向右上方移动时，不仅收入会提高，利率也会上升。这是因为，IS曲线右移是由于投资、消费或政府支出增加（上面分析的只是政府支出增加），即总支出增加使生产和收入增加，收入增加了，对货币交易的需求增加。当IS曲线不变而 LM曲线向右下方移动时，收入提高，利率下降。这是因为LM曲线右移，或者是因为货币供给不变而货币需求下降，或者是因为货币需求不变而货币供给增加。在IS曲线不变，即产品供求情况没有变化的情况下，LM曲线右移意味着货币市场上供过于求，必然导致利率下降。利率下降刺激消费和投资，从而使收入增加。相反，当LM曲线向左上方移动时，则会使利率上升，收入下降。如果IS曲线和LM曲线同时移动，收入和利率的变动情况由IS曲线和LM曲线如何同时移动而定。如果IS曲线向右上方移动，LM曲线同时向右下方移动，可能出现收入增加而利率不变的情况。这就是所谓扩张性的财政政策和货币政策相结合可能出现的情况。

因此，在IS-LM框架下可以让政府从理论上通过财政政策和货币政策来影响价格r和产出Y，进而达到调控经济的目的。西方学者认为，这一模型在阐明凯恩斯主义经济理论和政策思想方面有着诸多用处。一是可清楚、直观地表示经济短期的波动究竟来自何方，是来自投资支出变动、消费支出变动、政府支出或税收方面因素的变动，还是来自货币供给和需求方面因素的变动。如果属于前一方面因素引起的变动，会在IS曲线的移动中得到表现；如果属于后一方面因素引起的变动，会在LM曲线的移动中得到表现。二是可以直观地表现出政府干预经济使用的是财政政策还是货币政策。如果是财政政策，必然表现在IS曲线的移动上，扩张性财政政策引起IS曲线向右上方移动，紧缩性财政政策引起IS曲线向左下方移动；如果是货币政策，必然表现在LM曲线的移动上，增加货币的扩张政策引起LM曲线向右下方移动，减少货币的紧缩政策引起LM曲线向左上方移动。三是可以观察政府干预经济政策的效果。财政政策与货币政策的效果与IS曲线和LM曲线的倾斜程度，即斜率有关。

（2）AD-AS分析

用AD表示总需求，总需求是经济社会对产品和劳务的需求总量，这一需求总量通常以产出水平来表示。总需求函数被定义为以总产出表示的需求总量和价格水平之间的关系。它表示在某个特定的价格水平下，经济社会需要多高水平的产量。在价格水平为纵坐标、总需求量为横坐标的坐标系中，总需求函数的几何表示被称为总需求曲线。

AS曲线来自菲利普斯曲线。潜在GDP这个概念是奥肯首先提出的，它是指一国在一定时期内可供利用的经济资源在充分利用的条件下能生产的最大产量，也就是该国在充分就业状态下的国内生产总值。奥肯定律表示潜在产出与失业率之间的关系。然后通过萨缪尔森和索洛提出的“平均劳动成本固定加值法”的假定，把工资转化为物价水平，又通过对工资和失业率的分析把物价变化率（通货膨胀率）和失业率结合在了一起。这就得到了价格和产出之间的曲线关系，即AS曲线。[①]将AS和AD曲线画在同一坐标轴上，如下图。

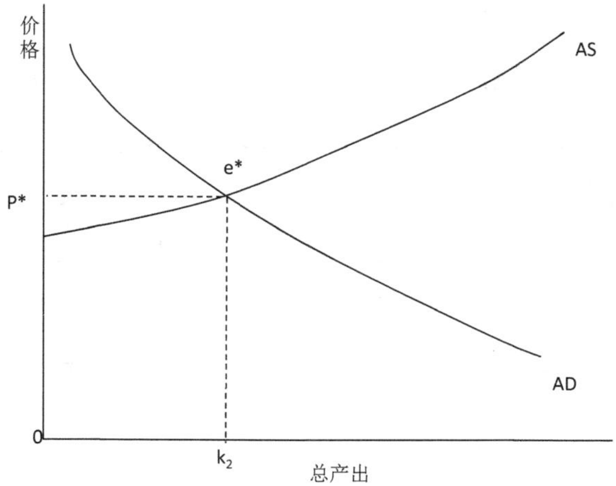

图2-5　AD-AS分析框架

① 通常教科书中会涉及到不同类型的总供给曲线，比如古典总供给曲线、凯恩斯总供给曲线，等等，这里只关注由菲利普斯曲线推出的总供给曲线。

与IS-LM分析框架一样，AD-AS分析框架同样为政府管理宏观经济提供了分析工具。该模型不仅能解释经济波动，还可以说明当经济出现短期波动时，政府可以运用宏观经济政策来实现稳定经济的目标。经济衰退时，为了减轻衰退给经济带来的不利影响，作为社会管理者的政府会运用财政政策和（或）货币政策干预经济。根据图2-5，比如，政府通过扩张的财政政策（或者扩张的货币政策）调节经济的总需求曲线向右移动，使其和AS曲线相交于产出更高的均衡点，便可达到稳定经济的目的。

从宏观经济学视角来看，政府角色是在承认市场存在摩擦的情形下，也就是存在非均衡的条件下，通过上述的两个分析框架来进行经济管理，主要工具是财政政策和货币政策。[①]这就涉及政府的宏观目标，西方经济学中政府的主要职能是管理职能，政府目标是增进整体经济福利、改善整体经济运行状况，以达到一定的政策目标而对宏观经济领域进行有意识的干预。在宏观经济学中，宏观经济政策的目标有四种，即充分就业、价格稳定、经济持续均衡增长和国际收支平衡。宏观经济政策是为了实现这些目标而制定的措施。

以上分别从微观经济学和宏观经济学的角度阐述了市场和政府的关系。微观经济学视角从选择出发，主要关系的是一般均衡理论，政府的作用则是在市场失灵的情况下进行政策调整，比如税收。而在宏观经济学视角下，多个市场互动形成了一般均衡，各个市场之间存在相关联系，可通过IS-LM和AD-AS分析框架将这些市场综合起来分析。值得注意的是，宏观经济学分析中承认市场是不完美的，存在价格刚性、流动性偏好等，宏观市场就是处于非均衡的，因此政府的职能是进行宏观经济管理。总之，西方经济中政府的主要职能是管理职能，不管是在微观经济视角还是宏观经济视角下，都需要政府这一角色来承担经济管理的任务。

① 宏观经济政策可分为需求管理政策和供给管理政策，前者包括财政政策和货币政策，后者包括人力政策和收入政策等，但主要是需求管理政策，即财政政策和货币政策。

2.1.2 社会主义市场理论

多数学者在研究中国市场经济特色的时候，并没有区分中国特色的市场经济和中国特色社会主义市场经济，后者多数时候更多地属于政治范畴。本书研究聚焦市场经济，不涉及政治讨论，故而在中国特色社会主义市场经济的综述方面，虽探讨了相关学者就中国特色社会主义市场经济的研究成果，但只针对关于市场经济的内容。对社会主义的传统认识下，社会主义对应非市场经济，中国之外的所有社会主义国家均是如此。但实质上，社会主义是政治制度，并非市场制度，更不说决定何种资源配置机制。正如邓小平所说，社会主义与市场经济之间并不存在根本矛盾，社会主义国家也可以有市场经济。[①]市场经济作为资源配置的一种机制，本身不存在制度属性，因而，资本主义社会可以运用市场经济，社会主义社会也可以。中国特色社会主义市场经济是在坚持生产资料公有制这一社会主义社会本质特征的前提下，社会主义制度与市场经济的有机结合，所以，在社会主义基本制度（即生产资料公有制）下，市场经济具有社会主义的属性，这就是中国特色社会主义市场经济区别于资本主义市场经济的本质特征。

1.社会主义市场经济的现实表现

即使是在生产资料私有制的前提下，同样走资本主义市场经济道路的西方发达国家在其具体经济发展中也呈现出各自的特点，而中国在确定市场经济道路后的实践过程中，更是在许多地方呈现出与传统市场经济理论和经验相比更具特殊性的地方。至于具体的表现，这样的话题本身没有统一的观点，这里借助相关学者的研究可以对其形成直观的认识。

王诚和李鑫[②]从社会主义基本经济制度、宏观管理和调控、微观企业基础、城镇化及城乡一体化四个方面阐述了中国市场经济的特色：基本经济制度上，以社会

---

① 邓小平，社会主义和市场经济不存在根本矛盾[M]//邓小平文选：第二卷. 北京：人民出版社，1993.

② 王诚，李鑫. 中国特色社会主义经济理论的产生和发展——市场取向改革以来学术界相关理论探索[J]. 经济研究，2014（6）：156-178.

主义公有制为基础；宏观调控虽主要参照凯恩斯主义，但仍具有兼顾发展、平等与稳定的“中国特色”[①]；微观企业方面，以乡镇企业和国有企业的存在为主要特征；中国特殊国情下“三农问题”与城镇化建设和发展具有复杂性和特殊性。乔惠波将中国特色社会主义经济制度归结为三个部分，一是公有制为主体下的基本经济制度，二是按劳分配为基本原则的收入分配制度，三是社会主义市场经济体制。[②]陈宗胜等[③]、陈志楣[④]通过梳理1978年以来中国市场经济发展历程、形成机理和演变过程，阐述“公有制为主体，多种所有制经济共同发展”作为中国特色社会主义基本经济制度的形成。刘伟认为，社会主义制度同市场机制相统一的市场经济模式的特色在于，一方面是对西方资本主义正统经济学关于市场机制仅存在于资本主义私有制条件下的否定，另一方面是对马克思经典理论体系中社会主义公有制条件下不存在市场机制命题的否定。[⑤]胡晓鹏将市场经济看作一种嵌入的制度安排，认为市场经济是特定历史阶段的产物，在不同的政治制度、社会结构及发展阶段条件下，有其特殊的功能和模式；提出市场的绝对功能是通过竞争实现效率，而市场中的政府职能是以垄断方式实现赶超，中国市场经济的特殊性在于将作为目标的竞争与作为垄断的手段进行了“完美”地统一。[⑥]提出类似观点的学者不在少数，但是都存在一个根本的缺陷，是将“政府有意识的‘微观管理’能够达到改善市场缺陷，从而更加优化资源配置和提升经济”的观点作为公理或定理来使用，而非一个可辩驳的逻辑推导。

胡乐明等[⑦]、冯新舟和何自力[⑧]将政府主导下的市场经济称为“中国模式”，认

① 刘溶沧，马珺．中国宏观经济调控目标的定位分析[J]．财贸经济，2001（9）：5-11.
② 乔惠波．中国特色社会主义基本经济制度的内涵与定位[J]．中国特色社会主义研究，2013（4）：25-29.
③ 陈宗胜，高连水，周云波．基本建成中国特色市场经济体制——中国经济体制改革三十年回顾与展望[J]．天津社会科学，2009（2）.
④ 陈志楣．论中国特色社会主义基本经济制度的形成[J]．北京党史，2015（1）.
⑤ 刘伟．在社会主义市场经济伟大实践的基础上树立中国经济理论的自信[J]．政治经济学评论，2013（1：37-45.
⑥ 胡晓鹏．论市场经济的起源、功能与模式——兼论中国特色社会主义市场经济的本质[J]．社会科学，2015（7）：48-59.
⑦ 胡乐明，刘志明，张建刚．国家资本主义与“中国模式”[J]．经济研究,2009（11）：31-37.
⑧ 冯新舟，何自力．中国模式中的市场与政府关系——政府主导下的社会主义市场经济[J]．马克思主义研究,2015（11）：50-58.

为“中国模式”在资源（生产资料）的所有制形式、政府在经济运行中主导作用、收入分配的再分配调节等方面体现了中国特色。中国市场经济的特色体现了从非市场经济模式到市场经济改革的逐步发展过程。[①]与布里奇特·维尔什等将“中国模式”描述为权威型国家资本主义导向的发展模式不同[②]，刘志明[③]、程恩富等(程恩富、侯为民[④]；余斌、张伟[⑤])指出中国特色的市场经济并非“国家资本主义”的模式，中国市场经济的特色体现在公有制基础、政府（国家）在关键市场领域具备和进行的有力控制与调节，与垄断资本控制下的西方国家资本主义在经济总体协调和促进经济发展的模式上存在实质性的区别。王丰反对用“新国家资本主义”来描述中国的情况，认为中国特色社会主义市场经济与国家资本主义的主要不同，也是前者之特色在于两个方面，一是在公有制经济领域中的高效率，二是在非公有制经济领域中的商品拜物教。[⑥]高世楫从与新自由主义比较的视角，指出了相对新自由主义经济下存在的经济增长、体制转型困难、贫富差距加大、公平正义偏离等问题，中国市场经济的特色在于发挥政府作用，有针对性、高效率地解决这些问题。[⑦]

2.中国特色社会主义市场经济的特征

从上述中国特色社会主义市场经济现实表现的归纳和描述中可以看到，由于社会主义制度下的社会主义公有制基础，政府在市场经济中扮演着重要的角色，而且是极大有别于西方经济学理论中的政府角色。关于中国社会主义市场经济的理解，主要有两种认识：一是“社会主义+市场经济”的形式，认为市场经济只是资源配

① 纪玉山，刘洋．“北京共识”与“中国模式”：探索、争鸣与重识[J]．学术交流，2014（2）．

② 布里奇特·维尔什，张传贤，唐磊，等．选择中国:公众对“中国模式”的看法[J]．国外社会科学，2016（1）：152-154.

③ 刘志明．“中国模式”不是国家资本主义[J]．红旗文稿，2009（9）：63-64.

④ 程恩富，侯为民．乱贴国家资本主义标签用意何在？[J]．红旗文稿，2012（11）：41-42.

⑤ 余斌，张伟．乱贴标签的资本主义之争及其对中国的启示——评英国《经济学家》关于国家资本主义的特别报道[J]．政治经济学评论，2012（3）：17-34.

⑥ 王丰．中国特色社会主义市场经济的界说——基于对“新国家资本主义”的批判[J]．管理学刊，2015（6）：15-23.

⑦ 高世楫．中国特色社会主义市场经济与新自由主义的本质区别[J]．紫光阁，2015（2）：38-39.

置的方式[①]；另一种是"社会主义经济+市场经济+非公有制经济"，即除市场资源配置外，还存在兼顾社会的属性。[②]

市场经济的定位基于资源配置的方式，市场经济的基本特征是以价格机制为核心的资源配置模式，基本的保障是可供市场交易（配置）的产权和交易的自由性。从资源配置角度而言，与市场经济相对应的是计划经济，即商品和资源的生产、分配、流通、消费等由政府计划进行配置的经济模式。中国的市场经济是在改革开放后逐步确立和发展起来的，经过对"致命的自负"的反思，经历了计划与市场并行，最终随着价格机制改革的完成而成型。[③]

本书无意讨论中国市场经济的形成过程，这里的市场经济是以价格机制为核心的资源配置经济机制。既然是研究市场经济的特色，就不再与所谓的计划经济有什么瓜葛。中国特色社会主义市场经济，社会主义是其特征的来源，抛开政治因素，从经济上讲，社会主义对市场经济特征的影响在于产权的所有制，即公有制为主体、多种所有制形势共同发展的基本经济制度，这也是中国特色社会主义市场经济体制的根基。[④]基于此，研究中国市场经济的特色可以用两个视角：（1）较之其他社会主义国家（尤其是前苏联）经济之特色；（2）较之西方"标准化"市场经济之特色。对于前者，中国的特色是实行市场经济。而后一视角下，与传统市场经济相比的中国特色才是本书立意所在，故而本书中关于特色的讨论都是基于与"标准化"市场经济的比较。

尽管中国市场经济的特色有不同的表现，不同学者、不同视角下也可以有太多所谓"特色"的观点，从主要的脉络来把握，中国特色社会主义市场经济的本质特征在于：（1）政府发挥了巨大作用。至于政府作用发挥的机理，采用的逻辑几乎都是"自由市场有缺陷，就总需要谁来做点什么，而政府'良好'目的手段，就实现

① 董辅礽．重新认识社会主义经济[J]．天津社会科学，1998（3）：12-14.
② 卫兴华．再论究竟怎样正确认识社会主义经济[J]．理论前沿，2000（3）：20-23.
③ 彭森，陈力，等．中国经济体制改革重大事件[M]．北京：中国人民大学出版社，2008.
④ 中共中央关于全面深化改革若干重大问题的决定：中国共产党第十八届中央委员会第三次全体会议[EB/OL].（2013-11-12）．http://cpc.people.com.cn.

了解决市场本身问题的目标”，但这个逻辑并不完整，始终缺少的是对政府手段如何发挥作用的可辩驳的解释。（2）以公有制为主体的所有制形式。公有制包括全民所有制与集体所有制[①]，通过政府和集体代理全体人民行使土地、资本等生产资料的所有权，实现了政府特别是地方政府对生产要素市场交易所必需的产权，从而与一般西方国家相比，市场交易中有一个持有经济产权的特殊主体——政府。

3.中国特色社会主义市场经济的思考

中国特色社会主义市场经济的实践为经济学研究带来了全新的内容，对于这一有别于传统理论和历史经验的实践，我们该如何认识，对于它产生的经济结果如何解释，另外，中国走出的特色化的市场经济道路是对理论的验证还是需要理论的发展，是否需要在现有基础上利用发展的理论和视角来重新审视实践经验和现实问题，是本研究在对中国特色社会主义市场经济实践总结和认识后的一个思考。

问题的本身是对中国特色社会主义市场经济的认识，首要的焦点是高增长的解释。以林毅夫为代表的结构主义观点无法解释为什么政府就有优化结构的过人才智，其逻辑缺乏可辩驳性；产权和制度观点在说明中国市场经济实践的时候，相比私有产权界定和保障前的效率优势具有很强的解释力，但在与其他注重私有产权的西方发达或发展中国家的横向比较上，对中国特色和中国奇迹何以存在的问题，没有解答；分权观点更多的是对现象的描述，特别是对分权与经济增长的相关性没有做出合理的解释。

宏观经济的研究必须重视微观基础的观点，从20世纪下半叶开始逐渐得到主流经济学界的共识。对于中国经济增长这一宏观问题的研究，也围绕着中国经济社会微观特征和宏观特征的微观影响展开着。从市场经济的视角，中国的经济增长堪称奇迹，因为它在保持长期高速增长的同时，产生出与传统经济理论下相悖的结果。关于中国经济增长奇迹的研究一直以来都是热门话题，几乎所有的结论都认同市场化与中国政府的干预是中国经济奇迹的根本原因，区别只是在于市场化与政府

---

① 邓小平. 邓小平文选：第二卷[M]. 北京：人民出版社，1993：138.

的干预是如何作用的。

中国特色社会主义市场经济实践对中国特色社会主义市场经济理论的发展具有重要意义，有必要基于中国特色社会主义市场经济实践，发展与创新中国市场经济理论，才能更好地认识这一创新的实践。为了做好这一点，还应该注意对实践真实情况的认识上，必须有别于基于传统经验的理解，具体而言，对作为核心研究对象的政府（主要是指地方政府），应该根据现有的实践情况重新认识。

对于社会主义市场经济这一宏大课题的研究很难，也没有必要做到面面俱到。因此，本书基于中国社会主义市场理论，结合中国社会主义市场经济建设的实践，选取市场理论为基础，主要从政府与市场的视角出发，把企业化政府作为主要研究对象。对于作为研究对象的政府，也需要进行创新认识。

2.2 相关研究成果

本书研究的是社会主义市场经济条件下企业化政府运行问题。基于中国国情下对政府与市场关系的考察，政府与市场的关系与企业化政府运行及其治理的关系十分重要，这也是学者们热切关注之所在。

2.2.1 关于市场与政府的作用

张维迎（2010[①]、2014[②]、2015[③]）和林毅夫（2013[④]、2014[⑤]）的争论，可以说是关于市场作用与政府作用的最具代表性的观点。张维迎认为，市场的作用下资源能达到在现实性上最优的配置，政府怎样都不可能比市场做得更好，企业家精神在市场机制下能得到最大限度的发挥；产权和自由是市场机制的核心；政府需要做的是保障市场中的产权和自由，其他的应交由市场自发地运行。林毅夫则认为，作为市场经济发展的重要条件，如基础设施、人力资本调配、金融体制与法制等方面的建设是不可能由企业家单独完成的，需要政府发挥重要作用，对于转型国家尤其如此。市场的运行需要有效市场与强有力的“有为政府”共同努力。资源不仅由市场配置，政府也应该积极在保护产权、保持宏观经济稳定、应对市场失灵等方面发挥作用，从而推动产业、技术、制度等发展。林毅夫从实践出发，将中国市场经济的

① 张维迎. 市场的逻辑[M]. 上海：上海人民出版社，2010.
② 张维迎. 政府干预，还是市场调整？[J]. 共鸣，2014（3）.
③ 张维迎. 市场没失灵是市场理论失灵了[J]. 中国民商，2015（12）：8-9.
④ 林毅夫. 政府与市场的关系[J]. 国家行政学院学报，2013（6）：22-23.
⑤ 林毅夫. 我到底和杨小凯、张维迎在争论什么[J]. 中国经济周刊，2014（40）：84-85.

实践作为研究基础，在实践的基础上寻找、发展和应用与之适应的经济理论；张维迎以市场理论为研究基点，认为有些市场理论在描述市场时存在缺陷，但离不开市场原理，将中国经济实践放到市场理论中，把复杂的经济现象中的各种干扰因素抽离，针对（适用于不同经济理论的）不同现象区分、整理，再应用于相应的经济理论。本质上，林毅夫和张维迎都是基于市场经济的大环境，分析中国市场经济实践，对作为研究对象的中国市场经济实践的具体内容在认识上并无太大不同，两位学者的看法都有意义。而使得双方产生如此大差异的原因，我们认为，主要在于两人在如何处理现有市场理论与中国特殊实践之间的关系上存在一道缺口，双方在这里产生了分歧。

围绕“市场在资源配置中起决定性作用”，学术界在强调市场在资源配置中的决定性地位的同时，指出需要同时重视市场之外政府的作用。高尚全认为：“市场在资源配置中起决定性作用，表明市场在经济发展的主体地位，政府的职责应限于维护公平的竞争环境。”①其实市场发挥决定性作用的同时，政府在资源配置中的作用也不能轻视。胡乃武认为，在市场经济下，虽然要让市场在资源配置中发挥决定性作用，但并不意味着政府在资源配置当中的作用无足轻重。②卫兴华、闫盼认为，市场配置资源的方式具有灵活性和效率性的优势，但也存在自发性和盲目性的问题，需要政府进行引导和监管，扬长补短，才能更好发挥市场的作用。③另外，市场配置资源属于且限于微观经济领域，而宏观经济领域的资源配置只能由政府决定或主导，“社会主义宏观经济的资源配置并不是由市场决定的，而是由党和政府决策决定”。④洪银兴认为，资源配置中市场的决定性作用不能放大到否定政府作用，也不能放大到公共资源配置领域，政府在市场经济中还承担着市场机制的建设

---

① 高尚全. 从“基础性”到“决定性”——社会主义市场经济完善的新进程[N]. 北京日报，2013-11-25.

② 胡乃武，田子方. 紧紧围绕市场的决定性作用深化经济体制改革：读张卓元新作《十八大后经济改革与转型》[J]. 政治经济学评论，2015（2）：215-221.

③ 卫兴华，闫盼. 论宏观资源配置与微观资源配置的不同性质：兼论市场“决定性作用”的含义和范围[J]. 政治经济学评论，2014（4）：3-14.

④ 卫兴华. 关于市场配置资源理论与实践值得反思的一些问题[J]. 经济纵横，2015（1）：16.

与完善职能，政府行为本身也应遵守市场秩序。[①]

胡乃武、田子方认为，人类经济活动的实践证明市场配置资源是最有效率的，而所谓的市场经济就是让市场在资源配置中起决定性作用的经济制度，政府也有明确的职责。[②]程恩富认为，中国市场经济中市场的决定性作用与新自由主义的市场决定论完全不同，要避免因推崇市场的决定性作用，陷入新自由主义陷阱。[③]对于前者，第一，市场与政府在宏观调控和微观规制方面秉承各自的原则；第二，针对一般资源的短期配置，而非特殊资源的短期配置或一般资源的长期配置；第三，非物质资源的配置并不适用于市场决定；第四，市场决定是在公有制主体下，体现在社会主义市场经济体系中；第五，在收入与财富分配中，市场在初次分配中作用更大，而政府在再分配阶段作用更大。[④]卫兴华[⑤]、王廷惠[⑥]认为，中国市场经济具有有别于西方资本主义国家市场经济的特殊性，反对应实行自由主义市场改革的观点。袁恩桢指出，在经济中发挥作用，政府和市场并不是对立的，两者之间不存在此消彼长的关系；相对于西方理论“弱政府、强市场”的观点，更应该发展“强市场、强政府”模式，既发挥市场在竞争、激励和资源配置方面的积极作用，又发挥政府应对和制约市场经济中的消极因素的积极作用。[⑦]

史正富将市场划分为要素市场和普通商品市场两个系统，要素市场不同于普通商品市场，并不是斯密笔下的可以通过市场达到共赢，而是一种损人利己的盈利模式，所以市场和政府的作用需要在两个系统中分别得到看待，政府在要素市场中的管控是中国经济成功的重要原因。[⑧]周新城认为，对于市场的决定性作用，需要注

---

① 洪银兴. 关于市场决定资源配置和更好发挥政府作用的理论说明[J]. 经济理论与经济管理，2014（10）：5-13.

② 胡乃武，田子方. 紧紧围绕市场的决定性作用深化经济体制改革：读张卓元新作《十八大后经济改革与转型》[J]. 政治经济学评论，2015（2）：215-221.

③ 程恩富. 要分清两种市场决定性作用论[N]. 环球时报，2013-12-10.

④ 程恩富. 完善双重调节体系:市场决定性作用与政府作用[J]. 中国高校社会科学，2014（6）：43-52.

⑤ 卫兴华. 推动中国特色社会主义制度自我完善和发展的纲领[N]. 环球时报，2013-12-10.

⑥ 王廷惠. 更加尊重市场规律,更好发挥政府作用[C]//中国资本论年刊，2014.

⑦ 袁恩桢. 政府与市场的“双强模式”是社会主义市场经济的重要特点[J]. 毛泽东邓小平理论研究，2013（8）：12-17.

⑧ 史正富. 从双层市场看政府与市场的作用[J]. 经济导刊，2015（1）：74-81.

意应用范围的边界，并提出三个“区分”，即区分经济领域和政治领域、区分经济领域和公益领域、区分物质生产和精神生产领域。①贺新元也有类似的观点，他认为市场的决定性作用并不代表“让市场决定一切”，否则会使市场作用越过经济的边界，渗透到不应该涉及的政治和思想领域，否定政府有效治理，甚至将经济规律绝对化。②程恩富、高建昆认为，市场的决定性作用在中国市场经济的背景下，有与西方国家不同性质的经济基础，在政府调节下，还能充分发挥价值规律在市场中的引导作用。③

何自力认为，市场通过价格机制实现资源配置，而市场价格信息具有缺陷（包括短期性、时滞性、不完全和不确定性），难以确保经济主体做出科学、正确的决策，也难以为经济的快速、协调和可持续发展提供切实的指导和引领；政府则可以通过收集、发布经济信息，研究制定经济发展战略和规划，开展宏观调控等方式，引导经济主体的决策活动，使经济主体的决策同经济发展的目标与方向保持一致，从而有助于经济健康发展。④张开认为，中国的社会主义市场下政府的作用有两层含义，一是一般作用，主要有弥补市场缺陷、维护市场运行、保障竞争、提供公共服务、宏观调控等；二是推进市场体系发育和谋划中长期发展战略的特殊作用。⑤王继源认为，管制是政府在市场经济下发挥作用的重要的基本职能。⑥逄锦聚认为，市场配置资源的决定性作用是价值规律的要求，政府不应介入资源配置领域，政府的职能在于促进现代化建设和提高人民生活水平，为此，政府的作用主要体现在四个方面：一是保持宏观经济稳定，克服市场失灵；二是强化市场监管，维护市场秩序；三是保护资源环境，推动可持续发展；四是提升公共服务，促进共同富

① 周新城．怎样理解“使市场在资源配置中起决定性作用”[J]．思想理论教育导刊，2014（1）：4-8.

② 贺新元．市场的决定性作用应有边界[N]．中国社会科学报，2014-02-07.

③ 程恩富，高建昆．论市场在资源配置中的决定性作用——兼论中国特色社会主义的双重调节论[J]．中国特色社会主义研究，2014（1）：51-57.

④ 何自力．对“大市场,小政府”市场经济模式的反思——基于西方和拉美国家教训的研究[J]．政治经济学评论，2014（1）.

⑤ 张开．更好发挥政府作用的两层含义[J]．经济研究参考，2014（37）：68-71.

⑥ 王继源．中国政府与市场的关系:一个经济管制论的视角[J]．经济研究导刊，2015（5）：7-10.

裕。[①]顾钰民提出，在经济发展的实践中有效发挥市场在资源配置中的作用，既要减少政府对资源进行直接配置，又要更好地发挥其作用，深化政府在市场中的功能和定位。[②]

2.2.2 关于政府与市场关系

正确理解和处理政府与市场的关系是中国市场经济建设的核心问题，许多学者尝试着给予政府与市场的关系一个“科学定位”。政府与市场在资源配置中具有不同的作用，两者之间应该具有互补和相互协调的关系。张晨等认为，市场和政府在资源配置中不同的定位并不简单意味着划分了政府和市场在资源配置中的比重或作用范围，剥离任何一方，单独强调政府或市场在经济社会中的作用都是不正确的。[③]张宇认为，中国社会主义市场经济下，市场资源配置的决定性作用主要是在微观经济领域，而在宏观经济领域和社会发展方面，需要政府发挥更大的作用，才能共同促进经济和社会发展。[④]刘国光认为，要发挥好“看不见的手”的市场作用和“看得见的手”的政府作用，关键问题在于资源配置；就资源配置而言，市场作用主要通过价值规律和价格机制实现，而政府作用主要通过经济计划和宏观调控机制实现。[⑤]张国锋认为，政府与市场并行不悖地存在于市场经济中，既不矛盾，也不能相互替代；政府与市场的关系是基于生产力的发展动态变化着的，政府以完善市场机制为出发点和落脚点对市场进行干预。[⑥]

厉以宁认为，政府与市场的调节虽然可以弥补各自的局限性，但仍不足以填补

---

① 逄锦聚. 进一步处理好政府和市场的关系[N]. 光明日报（理论版），2013-12-06.

② 顾钰民. 市场在资源配置中从基础性作用到决定性作用的理论深化[J]. 思想理论教育导刊，2014（4）：38-42.

③ 张晨，冯志轩，姬旭辉，等. 中国政治经济学年度发展报告（2013年）[J]. 政治经济学评论, 2014（2）：47-90.

④ 张宇. 市场有效，党政有为，根基牢固——正确认识社会主义市场经济中政府和市场的关系[J]. 红旗文稿，2014（8）：4-8.

⑤ 刘国光. 政府和市场关系的核心是资源配置问题[J]. 毛泽东邓小平理论研究,2015（1）：1-16.

⑥ 张国锋. 西方经济学关于市场与政府的理论变迁及中国实践[J]. 理论界，2013（11）.

所有空白，还需要习惯和道德调整，形成市场调节、政府调节、习惯与道德调节三管齐下的格局。①科林·克劳奇认为，市场与政府之外，还有两方面的力量——企业力量和公民社会力量，主张在政府、市场、企业和公民社会的四方力量下，建立相互协调和制衡的持续性经济社会。②杨承训和承谕提出在市场和政府间加入科技因素的"三元机制"，将经济宏观调控的"两只手"变为政府引导、科技引领和市场发力既各司其职又形成合力的三元耦合机制，建立发挥科技生产力、市场活力，又弥补市场缺陷、政府管理调控的市场体系。③白永秀和王颂吉提出了"政府—中介组织—企业"结构的组织形式，认为理顺政府与市场的关系关键是要发挥中介组织的桥梁作用。④张思锋等通过梳理关于政府与市场关系的理论演进，对比美国在20世纪30年代进行的政府与市场关系改进和中国在20世纪70年代末进行的社会主义市场经济改革后指出，市场经济的发展并不具有普遍一致的规律，在不同国家和不同发展阶段具有各自的特殊性。⑤付阳提出，在研究政府和市场的关系时，一般是将市场失灵作为切入点，但这种方法忽略了市场失灵理论下"政府如何进入市场"的逻辑，而中国的情况更应该是在市场经济中"政府如何退出市场"的逻辑。⑥他以"公共风险理论"⑦作为新的研究视角，以公共风险确定政府职责，采用逆向分析方法来界定政府与市场的边界，进而解决政府"越位"问题，并将降低公共风险作为改善政府与市场关系的重点。

政府与市场除了发挥互补的作用，还应该是有机统一的。胡钧提出"政府职能仅限于在市场配置资源的主导性、根本性基础上弥补市场之缺陷"的论断，颠倒了主次矛盾和政府与市场的地位和作用，脱离了中国市场经济发展现实，束缚了市场

---

① 厉以宁. 超越市场与超越政府[M]. 经济科学出版社，2010.

② 科林·克劳奇. 新自由主义不死之谜[M]. 北京：中国人民大学出版社，2013.

③ 杨承训，承谕. 论宏观调控和资源配置机制的创新——从析"唱衰中国"、"改革停退"论说开去[J]. 毛泽东邓小平理论研究，2013（8）：18-25.

④ 白永秀，王颂吉. 中国经济体制改革核心重构:政府与市场关系[J]. 改革,2013（7）：14-21.

⑤ 张思锋，王舟浩，张立. 政府与市场:理论演进、美国改进、中国改革[J]. 西安交通大学学报:社会科学版，2015（3）：21-31.

⑥ 付阳. 再论政府与市场关系：从市场失灵到公共风险[J]. 财政科学，2016（2）：96-101.

⑦ 刘尚希. 公共支出范围：分析与界定[J]. 经济研究，2002（6）：77-96.

理论研究，没有政府在宏观经济管理和组织中的“看得见的手”，建立在追逐私利基础上的市场“看不见的手”也难以发挥作用。[①]胡鞍钢指出，政府和市场关系的讨论，不能仅停留在单纯的就市场论市场或就政府论政府的静态层面；在现实性上，政府与市场的关系并不是僵化的，也非一成不变的；理解两者的关系不仅要考虑政府职能和市场本身的定位，还应基于经济社会发展的阶段性和历史性。[②]徐雪和赵阳认为，政府需要营造良好的市场环境和完善市场机制设计，尤其是要素市场和要素价格改革、财税金融体制改革，才能更好地使市场在资源配置中发挥决定性作用。[③]刘汉超认为，需要对政府和市场的职能进行确切的厘定，才能使政府和市场在相应的职能范围内发挥优势，从而实现两者有机结合，也是中国社会主义市场经济“强市场、强政府”模式发展的推动力。[④]另外，王国泽和柳军认为，因存在资源有限的情况，尤其是现代企业家人数少、综合管理能力低、市场经验缺乏等问题，市场不能有效发挥作用，需要政府在一定程度上替代市场发挥资源配置的作用。[⑤]

显然，市场经济下关于政府和市场关系的研究基本基于两个思路：（1）市场存在缺陷和失灵，所以需要政府进行干预和管理；（2）政府以推动经济社会发展为目标，所以政府有理由和有必要对市场进行干预和管理。但问题在于，对于需要进一步具体化的问题，诸如市场的缺陷究竟是什么，政府干预和管理的措施如何具体发挥作用，政府如何在具体的市场活动中发挥作用等疑问，上述研究并没有给出可操作和可辩驳的思路。“因为他有不足，所以需要我……”“因为我有意图地要做好，所以我应该……”等有逻辑缺陷的论证并不能解答“为什么我能做好”。存在这样的问题，原因则是基于中国市场经济建设实践的关于政府和市场关系的研究缺乏理

---

① 胡钧．政府与市场关系论[J]．当代经济研究，2013（8）：22-30.

② 胡鞍钢．如何理解“两只手”优于“一只手”——中国政治经济语境中的政府与市场关系[J]．人民论坛·学术前沿，2014（20）：62-80.

③ 徐雪，赵阳．发挥市场决定性作用，实现新常态下经济增长与转型——中国经济增长与周期（2015）国际高峰论坛综述[J]．经济社会体制比较，2015（5）：187-193.

④ 刘汉超．社会主义市场经济体制下的政府与市场关系[J]．经济问题，2016（4）：46-50.

⑤ 王国泽，柳军．社会主义市场经济与政府职能的转变[J]．山西社会主义学院学报，2003（3）：10-13.

论基础，出现了大量的要么不讲理论依据，仅通过现象描述、问题阐述，要么把并不适宜的理论不妥当地应用在现象之上，得出直观判断而非逻辑分析的结论，政策目的代替政策效果的观点。有学者称："市场失灵是政府干预的逻辑起点，政府利用其公权力向社会提供公共产品，促进宏观经济的增长。"①应当看到，不同的理论有不一样的研究方式和适用范围，马克思主义政治经济学主要是研究生产关系的理论，西方宏观经济学则更注重研究短期经济波动。研究市场经济中资源配置的基础理论应该基于经典市场理论，以对计划与市场配置资源进行比较。中国市场经济实践使得现有关于市场理论的研究成果与市场运行之间产生了一道缺口，这个缺口是政府在市场经济中的作用。林毅夫显然是看到了这一点，所以尝试建立一个新的理论体系。②张维迎笃信市场理论，认为虽然市场理论存在缺陷③，但不影响市场逻辑的正确性，需要做的是发展出更好理解市场逻辑的市场理论，并更正确地应用。④

但如同斯蒂格利茨一再强调的，市场失灵的存在为政府的相应活动提供了可能的空间，但并不意味着旨在应对市场失灵开展的政府项目就一定是应该的。需要明确的是，相比考虑项目的目标，项目如何实施才是更重要的。对这个观点应高度关注，因为对我们处理好政府与市场的关系有重要意义。⑤

2.2.3 关于地方政府的企业化

我国中央政府在市场经济中发挥的作用相对宏观，而且无论在经济活动的管理与调节，还是在政策工具的运用上，与西方市场经济并无太大差异。而地方政府在市场经济中的作用、行为更为具体，更直接影响市场经济的效率，有必要分析地方

---

① 张国锋．西方经济学关于市场与政府的理论变迁及中国实践[J]．理论界，2013（11）.
② 林毅夫．新结构经济学反思经济发展与政策的理论框架[M]．北京：北京大学出版社，2012.
③ 张维迎．市场的逻辑[M]．上海：上海人民出版社，2010.
④ 张维迎．市场没失灵是市场理论失灵了[J]．中国民商，2015（12）：8-9.
⑤ Stiglitzv,Joseph E．Economics of the public sector[M]．Costa Rica:La Haya (Países Bajos),2000.

政府这一特殊主体在市场经济中的作用，地方政府企业化的相关研究正是基于这个理论。

地方政府企业化是部分学者基于中国市场经济实践中的特殊现象，对中国政府在市场中的作用的一种创新提法。需要注意的是，这里的地方政府企业化有别于20世纪七八十年代流行的“政府企业化”①。在这个概念中，政府的企业化是指政府在其内部管理，包括人财物分配、绩效考核和组织建设等方面，按照企业相关模式进行管理。这与本书提出的“企业化政府”根本不同，这里的企业化政府体现在政府参与市场经济的职能中，而非政府组织内部。也可以看出，地方政府企业化的概念并无统一的定义，因为其他的相关表述包括地方政府公司化、地方政府统合主义和地方政府法团主义等。这一概念本身可以看作事物发展的过程，如指地方政府在运行过程中表现出企业性质的行为特征，也有表述为地方政府为实现经济增长和官员晋升，像企业一样直接参与或干预经济发展的行为方式。这一内涵的政府企业化概念是斯坦福大学的戴慕珍提出的，用以解释20世纪80年代中国地方政府在乡镇企业发展过程中发挥的推动作用②，主要内涵有三个方面：1.事前，地方政府追求的主要目标是地方经济增长和财政收入增加，财政收入是地方政府发挥公共职能的物质基础，是其内部考核的关键指标，即在目标和决策制定中有明显的收益导向倾向。2.事中，地方政府以其企业化的激励机制、碎片化的权力结构和运动化的行为模式等，构成了政府企业化运行的内在机制，在与企业的对话中表现为市场手段的缔约行为。3.事后，地方政府获得地方国有企业利润、税收、土地出让金等收入，就其结果看是前期投入——产出效应模式。现将学界有关论述梳理如下：

1.地方政府企业化的含义

一些学者认为，中国的地方政府企业化开始于20世纪80年代，中央政府通

① 林至敏．政府“企业化”——一种新的政府组织思想[J]．政治学研究，1986（4）：24-28.

② Oi,Jean C. State and Peasant in Contemporary China: The Political Economy of Village Government[M]. USA:University of California Press,1989.

过财政包干制度授权和鼓励地方政府自主发展经济，尤其是1994年分税制改革的实施①，极大地推动了地方政府的企业化模式发展。中央政府通过这样的方式将事权、财权下放，通过制定发展计划、官员绩效考核与升迁机制，激励地方经济发展，经济发展指标是主要考核内容。这种情况被有些学者形容成“锦标赛体制”②“行政发包制”“晋升锦标赛”“中国特色的联邦主义”③或“地方发展型政府”④。鲍姆和舍甫琴科从地方政府与企业是否有利益关联和地方政府是否有促进经济增长的动机两个维度，将中国地方政府分为企业家型、发展型、侍从型和掠夺型。⑤张汉通过界定地方政府是否直接参与经营性的生产活动，将地方政府划分为“地方发展型政府”和“地方企业家型政府”，得出中国的地方政府普遍具有发展型和企业家型双重特征，且将在一定时期内持续存在的结论。⑥姚震宇用地方政府“准公司化”来描述地方政府类似于企业追求利益最大化，并以投入产出方式开展“经济性”活动，认为地方政府的“准公司化”特征作为中央政府向地方分权的副产品，在中国普遍存在，其演进符合一般的经济学逻辑，是特殊历史背景下产生的非典型地方性政府竞争机制。⑦中欧陆家嘴国际金融研究院课题组将市场经济中的政府职能描述为“经济建设型政府”，其特征体现在：一是将地方经济快速增长作为主要目标，大力实施招商引资；二是直接开展基础设施建设等经济活动；三是利用政府平台从事高度市场化的私募和地产开发等项目。⑧

对于中国地方政府市场化的表现，张云秋用“地方政府企业家”的概念来阐述地方政府在推动地方经济发展方面展现出的“在理性和效率原则上，以盈利为导

---

① 周飞舟．分税制十年：制度及其影响[J]．中国社会科学，2006（6）：100-115.

② 周飞舟．锦标赛体制[J]．社会学研究，2009（3）：54-77.

③ Weingast,B. The Economic Role of Political Institutions--Market,Preserving Federalism and Economic Development[J]. Journal of Law,Economic and Organization,1995(1):1-31.

④ 郁建兴，高翔．地方发展型政府的行为逻辑及制度基础[J]．中国社会科学，2012（5）：95-112.

⑤ Baum R.,Shevchenko A. The State of the State in The Paradox of China’s Post Mao Reform[C]. USA: Harvard University Press,1999.

⑥ 张汉．“地方发展型政府”抑或“地方企业家型政府”：对中国地方政企关系与地方政府行为模式的研究述评[J]．公共行政评论，2014（3）：157-175.

⑦ 姚震宇．中国地方政府“准公司化”特征及其软预算约束[J]．中国经济问题，2015（1）：77-87.

⑧ 中欧陆家嘴国际金融研究院课题组．扭转政府公司化倾向[J]．新华月报，2013（10）：16-19.

向、市场化运作、自担风险”等特征。[①]张静认为，地方政府以土地管理者和公共资产经营者的身份，通过市场行为开展经营活动获取收益，同时与其它地方政府开展经济上的竞争，从而提出“政权经营者”概念。[②]曹正汉和史晋川认为，为应对中央政府市场化考核的要求，地方政府进行了战略转型，以经营企业的方式管理和运营行政管辖区域，同时把管控地方经济的方式从抓“企业运营权利”转到抓“土地开发权”，由此地方政府不再单纯扮演提供公共服务的角色，各地方政府利用对行政管辖区域内生产要素的控制权对地方经济进行经营和管控。[③]张三保和田文杰认为，地方政府企业化的行为主要体现在四个方面：（1）土地财政，地方政府通过土地征用、出让和开发，开展财政收支及利益分配活动；（2）地方债务，通过地方政府信用背书，地方融资平台实际经办地方负债；（3）大型工程，因分权化的财政激励和官员晋升动力，地方政府普遍且大力开展包括大型工程建设、矩形开发投资等项目的“城市营销”活动[④]；（4）招商引资，地方政府利用本地地域、人才、基础设施、政策等要素吸引外来优质资源，特别是资本生产要素，从而利用投资推动地方经济增长。[⑤]

2.地方政府企业化的作用与影响

赵树凯等认为，地方政府基于“成本—收益”原则，以类似于企业经营和公司治理的方式运行政府，虽然在组织、动员生产要素和社会资源方面有一定优势，但难以提高生产的技术水平和效率，无益于全要素生产率的提升。随着地方政府企业化的进一步发展，其在早期促进经济发展的作用逐渐会产生一系列弊端，包括：（1）地方政府将资源全力用于经济增长，必然挤占公共产品、公共服务和社会管

① Zhang Y. The Entrepreneurial Role of Local Bureaucracy in China:A Case Study of Shandong Province[J]. Issues & Studies,1996(32):89-110.

② 张静. 基层政权：乡村制度诸问题[M]. 上海:上海人民出版社，2007.

③ 曹正汉，史晋川. 中国地方政府应对市场化改革的策略：抓住经济发展的主动权——理论假说与案例研究[J]. 社会学研究，2009（4）：1-27.

④ Wu F. The Post-Socialist Entrepreneurial City as the State Project:Shanghai's Globalization in Question[J]. 2003(40):1673-1689.

⑤ 张三保，田文杰. 地方政府企业化：模式、动因、效应与改革[J]. 政治学研究，2014（6）：97-109.

理的可用资源；(2) 社会矛盾和冲突因地方政府追求经济增长而难以得到重视和解决，地方政府在追求经济利益的同时将催生和激化一些社会矛盾；(3) 地方政府因公共服务方面的不足将失去相应的政策支持，与当地社会和人民疏离。[①]马雪彬、马春花认为，地方政府企业化行为存在负外部效应，表现为：一是资源浪费和环境破坏；二是滋生权力寻租和腐败问题；三是助长地方政府在财政上的机会主义行为，积聚债务风险。[②]宋晓梧认为，地方政府长期追求GDP将导致产能过剩加剧，地方债务负担沉重，生态环境持续恶化，全国性统一市场被割裂，公共管理结构扭曲、公共服务供给不足，腐败滋生等六大现实问题。[③]郑敬高和冯森认为，地方政府企业化使地方政府以本地经济发展为己任，将追求更高财政效益作为首要任务，从而产生地方保护主义，而地方保护主义在"囚徒困境"的作用下成为地方政府被迫的选择，随着中国市场经济发展，必然出现政府对经济过度干预的问题，不利于经济发展。[④]邓聿文认为，一般企业受到契约和规则的制约，但政府几乎不受约束，地方政府企业化的情况下，政府和官员最大化自身利益的同时，会损害社会利益，因为多数时候政府与民众的利益并不一致。[⑤]张占斌认为，地方政府企业化表现为地方政府片面追求地方经济增长，尤其是将财政收入作为首要目标，地方政府变得单纯追求GDP和经济效益，违背了地方政府应有的职能。但他并没有澄清地方政府应有的职能到底是什么，也没有界定什么才是应有和不应有的职能。[⑥]

以周业安[⑦]为代表的一部分学者认为地方政府企业化对经济增长具有促进作用[⑧]，而且地方政府作为经济参与的主体这一特征是中国改革开放以来经济持续高

① 赵树凯. 地方政府公司化：体制优势还是劣势？[J]. 文化纵横，2012（2）：73-80.

② 马雪彬，马春花. 地方政府公司化行为解析[J]. 经济与管理，2011（10）：10-14.

③ 宋晓梧. 地方政府"公司化"的六大危害[J]. 党政视野，2015（5）：56.

④ 郑敬高，冯森. "中国模式"下的地方政府行为——地方保护的产生和应对[J]. 学术界，2015（6）：24-31.

⑤ 邓聿文. 地方政府公司化的危害[J]. 人民论坛，2009（15）：6.

⑥ 张占斌. "地方政府公司化"反思[J]. 决策，2006（11）：32-33.

⑦ 周业安，赵晓男. 地方政府竞争模式研究——构建地方政府间良性竞争秩序的理论和政策分析[J]. 管理世界，2002（12）：52-61.

⑧ 朱鹏扬，李雪峰，李强. 地方政府公司化行为模式与中国城市化的路径选择[J]. 财经研究，2019（2）：17-29.

速增长的根本原因。[①]他们认为市场化并不局限于经济领域，政治体制引入市场机制，官员作为代理人接受中央政府的考核，可以通过激励制度和竞争机制激发官员的“企业家才能”。[②]至于地方政府竞争引起的贸易保护主义，不是地方政府企业化的竞争引起的，反而是因为竞争不足。公共事务管理和产品提供仅仅是考核指标设定的问题，上级政府对公共管理指标与经济指标权重的调整才是关键，并不受政府企业化竞争的约束。[③]比如，在现阶段的生态建设任务中，如果还是基于GDP设计管理指标，就会导致管理失效。李汉卿和王文倩发现当前中国处于经济高速发展时期,环境群体性事件呈现出此起彼伏的频发态势,重要原因之一是地方政府的企业化。[④]曾纪茂认为，地方政府企业化极大地增加了地方政府运行的灵活性，使地方政府治理工具和手段多样化，但同时增加了官员和地方政府的行为风险，而现有的政府职能理论并不能对地方政府企业化的现象进行合理解释。[⑤]

国内外学者对地方政府企业化的基本共识在于地方政府在经济活动中的行为具有明显的企业特征，特别是经营和利用地方资源，以市场的方式获取收益。学者们几乎都将地方政府企业化形成的原因归结为地方政府和政府官员的理性，或者将相关的现象当做原因，再进一步追问地方政府企业化的根本原因是什么，尚无一个易于得到广泛认同的回答。因为从行为表现上讲，企业的本质特征是盈利，而从经济理论的角度看，企业的本质特征是经济产权的组织。建立在产权理解的基础上看地方政府企业化问题，可以更加清晰：地方政府企业化是地方政府的经济产权在市场中实现的行为模式，上述描述的地方政府企业化的各种特征就是其具体的表现，而地方政府企业化的原因在于地方政府被赋予了相应的产权。

另一些学者对中国地方政府的经济行为做了现实的描述，但地方政府企业化只

① 周业安，冯兴元，赵坚毅．地方政府竞争与市场秩序的重构[J]．中国社会科学，2004（1）：56-65.

② 周业安，章泉．市场化、财政分权和中国经济增长[J]．中国人民大学学报，2008（1）：34-42.

③ 夏柱智．土地制度和中国特色城市化模式——对“地方政府公司化”理论的反思[J]．华中农业大学学报（社会科学版），2019（5）：112-118，171.

④ 李汉卿，王文倩．地方政府公司化:环境群体性事件生发的体制解释——基于启东事件的考察[J]．中共杭州市委党校学报，2017（2）：32-38.

⑤ 曾纪茂．地方政府公司化的运作逻辑与后果[J]．太平洋学报，2011（11）：58-64.

是给传统政府增加了企业相关的特征。在使用市场理论进行分析的时候，一方面增加了分析对象的复杂性，使同一问题受到经济与政治、市场与行政交汇的影响，政府活动是市场交易行为，还是市场管理行为，难说清楚；另一方面无法有针对性地对政府参与的经济活动做更微观的分析，也无法运用相应的理论工具。如果不对政府企业化下的经济活动做更具体的分析，只能笼统地得出结论，比如地方政府企业化催生了地方政府经济发展理性激励、激发了“锦标赛”模式的地方政府竞争等，或者用实证数据做表面的解释。

对于地方政府企业化的批评远多于认同，包括政治方面的批评，当然这不是本书研究的范围，不做涉及。主要的批评有：一是认为地方政府企业化会产生恶性竞争；二是行政权力介入经济“理所当然的不对”；三是会使政府偏离本职工作，弱化公共管理和服务职能；四是与民争利，侵占本该属于民营企业的利润。一些人认为这些批评在理论上其实站不住脚。第一，对于地方政府的竞争，只要产权明晰，要素自由流动，经济人的政府会理性（这里不纠结完全理性和有限理性）行事，短期的价格战更应该被理解成“企业”的战略选择，没有哪个有理性基础的企业会恶性竞争。竞争本身没有善意和恶意之分，只有公平与否的区别，只要在市场机制下公平参与，竞争的结果总是好的。第二，行政权力干预经济主体的行为在对国有企业的大量研究中已经明确，产权不清晰，权责不明确，无论是对国有企业，还是企业化的地方政府，影响并无太大区别，同样，对于政府的企业化行为，问题不是企业化形式下政府的行政权力干扰市场，而是如何使产权更清晰、权责更明确。第三，政府的本职工作并非将经济建设排除在外，政府过于注重经济增长并不是因为政府的企业化，而是源自于考核指标的设置。中国自改革开放以来，坚持以经济建设为中心的国策，从中央到地方、上级政府到下级政府将GDP作为考核的最重要指标，各级政府必然将经济发展放在首位。同样，当公共管理、环境保护等职能的重要性凸显，问题在于如何调整考核指标而非改变政府的企业化模式。第四，地方政府企业化的经营行为必然引起与私营经济的竞争，不同的竞争者之间固然存在利益纠葛，但在竞争性市场中，任何一方在竞争中胜出都是来自资源配置的从优选择，市场机制的作用是将资源配置到更高效的地方，从经济效率上讲是有效的，问题在于如何将政府企业化带来的资源配置效率惠及到私人。一句话，只要产权明晰、自由竞争，在保障公平的前提下，资源配置能够自发地达到更有效的状态，核心问题是地方政府企业化如何保障自由和公平的市场竞争。

另一部分观点认为地方政府企业化促进了经济增长，特别是地方政府通过“锦标赛”模式，一方面激发了政府官员作为“企业”代理人的经济建设动力，另一方面实现了“企业家才能”和土地、资本等生产要素的优化配置。这些结论说明地方政府企业化能够较为有效地实现资源配置，从而促进经济增长，而利于经济增长的原因仅限于实现了官员的激励或考核。上述观点有一定的局限性，关于地方政府企业化的观点难以统一，也是顺理成章的。

本书研究的主体是企业化政府（不同于前文文献中的政府企业化）的运行及其治理结构。政府的企业化概念起源于西方发达国家，发展中国家研究这一问题，无论是问题的提出，还是企业化下地方政府参与市场竞争的经济治理问题，都不同于西方发达国家。中国的市场机制还处于不断完善的过程中，地方政府的企业化行为在中国的市场经济中，作用不同于西方相对成熟的市场经济体制，正是基于此，需要特别关注其独具一格之处。另外，中国是社会主义国家，实行公有制是区别于资本主义国家的本质特征，也是社会主义市场经济发展的重要前提，只有认清这一本质特征，才能从更深层次认识企业化政府参与市场竞争的行为。本书将在下文定义“企业化政府”的概念，进一步阐述“企业化政府”的形成、特征和意义，针对“企业化政府”这一对象提出基于交易成本视角的市场理论和分析框架。

3 企业化政府的形成、特征与意义

市场经济的本质是产权在市场中自由交易，其根本特征是以价格机制为基础的资源配置方式。既然是研究市场经济中的政府，有必要将市场理论作为研究的基础理论，考察政府在市场经济中关于产权、自由交易等情况。同时要对作为研究对象的政府进行更具体化的考察，将政府有关行为进行区别，排除其他不相干职能的影响，保证具体到经济参与职能的分析。

前文阐述了“政府与市场”问题研究中的混乱现象，微观和宏观的现象、理论不相适宜的混用会产生许多逻辑不清的结论。本书关于市场中政府的研究仅限于微观经济领域，以下的讨论也都基于微观视角，力求建立在考察更加真实的世界基础上，重新审视政府情况。另外，本书的分析针对市场经济的背景，这里的市场并不是与计划相对应的资源配置手段，而是作为给定市场机制背景，本书中也就不再会有关于市场手段与计划手段的对立问题。

3.1 政府的角色

本书的核心问题之一是市场经济中企业化政府的行为和效率，首要的问题是地方政府在市场经济中的角色是什么。分析政府的角色就是要理清它的职能，在具体的职能下进行具体行为的分析。一般而言，政府是市场的管理者，从微观上保护私有产权、规范市场机制、维护市场运行的规则体系，在市场失灵和失衡（比如巨大波动、贫富两极分化）时进行调节，提供市场不能有效供给的公共产品；宏观上，实现经济增长和宏观调控。如上所说，就宏观问题，本书不做讨论。将政府角色限定于市场的管理者，从新制度经济学的视角来看，市场中政府的主要职能是降低市场的交易成本，相关的研究非常丰富，结论也相对一致，主要是保护私有产权和自由，并提供高效、低成本的法律体系。传统的经济学并没有赋予政府市场参与者的角色，也似乎没有给出让人信服的理由，似乎政府就不应该有参与的角色。这里所谓的参与者是像一般的市场主体一样自由地参与到市场的交换当中，并获得交换带来的收益。本节的主要内容是提出政府参与的含义，讨论参与的原因、特征、内容和作用。

3.1.1 “经济人”的政府

政府是“经济人”的观点来自布坎南对公共政策领域的突破性贡献，他提倡要将个人的偏好加入到社会决策机制中。[①]政府的行为和决策来自作为实施者的真实个人，集体活动的决策者、选择者和行为者都是具有理性的个人。要正确理解市场

① 布坎南. 自由、市场与国家[M]. 北京：生活·读书·新知三联书店，1989.

中的政府，就必须把政府官员还原到生活中的个体，脱离个人基础考察政府行为没有什么现实意义。[①]由个人组成政府权力机构，不应该理所当然地认为政府具有天然的公益性，是以服务公共利益为唯一目标的非人格化的圣洁“天使”。政府行为在其现实性上应该是追求自身利益的。政府与“经济人”一样是有理性、追求私利的个体，而当政府的目标与“公共利益”一致时，表现出一种相容的激励。简言之，地方政府行为来自其具体代理人的行为，代理人和公共利益的目标一致性使得政府合乎理性地存在。无论是政府，还是政府的代理人，都是“经济人”。作为“经济人”的政府及其代理人应该具有理性特征，这里的理性应该是有限理性，即理性有限，但有意识地追求私利。

理性有限使得政府的决策即使出于“好心”，也可能办“坏事”，或者当政府做出不利于公共利益（或未能做出有利于公共利益）的行为，并不一定是因为代理人追求私利而与公共利益相矛盾，只是因为受到有限理性的制约。追求私利使得政府及其代理人的行为存在可预期的目标导向。政府行政管理的机制设计原则在于建立代理人的利益激励规则、法制约束体系和利益协调机制，使其与公共利益保持一致。本书无意讨论政治制度，对于政府与民众利益的一致性，本书假设可以通过规则设计达到激励相容，至于如何达到属于政治领域的技术性问题（对本书分析的内容并无太大影响）。[②]

“经济人”的政府包括三个层次的含义[③]：（1）代理人，即政府官员“经济人”。政府官员是政策制定与执行的具体操作者，虽然理想化和一般理论上要求官员作为独立的“第三人”，从公共利益最大化的目标出发考虑政策问题，但是政府官员作为“与社会经济生活紧密联系在一起”的社会人，他们也具有自身的利益取向。代理人的行为基于私利的追求，包括职位升迁、名誉追求、经济利益获取，也包括风险规避、责任逃避等。（2）政府部门“经济人”，体现出追求政府部分利益的

① 张维迎．怎样理解政府与市场的关系[J]．中国民商，2015（4）：9.
② 莫勇波．论“政府经济人”及其对政府执行力的制约[J]．社会科学家，2008（5）：118-121.
③ 曹立村．论基于新经济人假设的政府“经济人”理性的回归[J]．求索，2008（3）：31-34.

行为特征，包括横向与纵向的政府部门利益。[①]横向利益体现了政府内部同一层级上不同部门间的利益差别；纵向利益体现了政府内部上、下层级之间的利益差别，于是在政府内部表现出各个部门具有自身利益诉求的“经济人”行为特征。(3)政府组织整体“经济人”。按照韦伯的观点，虽然在理论上层级制组织只是非人格的部门，但现实性上形成了政府中的独立群体，并拥有自身的利益、价值和权力基础。[②]政府组织的整体利益主要体现在两个方面：“政府具有自我膨胀倾向。当缺乏有效制约机制或者制约机制软化时，政府的利益将不断扩张和膨胀”；“政府机构的体制惰性使得政府在制度创新领域受到自身内部力量的掣肘，从而具有惰性，使政府的制度供给总是落后于社会对制度的需求”。[③]总之，本书将“经济人”作为理解政府角色的行为基础。

3.1.2 市场经济中的政府职能

1.市场管理职能

一般认为，政府带有“契约”和“掠夺”双重属性，政府的契约属性基于政府的契约理论，认为政府是公民达成契约的结果。契约的达成正是多重博弈的平衡，契约的有效性制约着社会分工和经济发展，所以政府提供市场经济的制度框架，从而促进福利增加。政府的掠夺属性基于政府掠夺理论，认为国家作为某个利益集团的代理人，通过政府向其他集团或阶级成员榨取利益，为了保障统治者的利益而产生维护经济市场运行、增加经济效益的目标。无论是政府契约论、政府掠夺论，还是诺斯提出的“暴力潜能”分配论[④]，政府基于维护经济运行目标产生的经济职能都是市场机制的管理职能。一般而言，市场经济中，在承认价格机制作为资源配置

① 韦伯．经济与社会[M]．北京：商务印书馆，2004：246-248.

② 程恩富．西方产权理论评析[M]．北京：当代中国出版社，1997：151.

③ 蓝剑平．转型时期政府利益对政府行为的影响及其还原[J]．中共福建省委党校学报，2006（1）：20-24.

④ 暴力潜能在公民间的分配决定政府的属性：公平分配下产生契约性政府，不公平分配则产生掠夺性政府。参见：North,Douglass C. Structure and Change in Economic History[M]. New York:W.W.Norton,1981:59-71.

的基本原则的前提下，政府的主要经济职能是维护市场秩序，纠正市场失灵，收入分配调节。

维护市场秩序。斯密在《国富论》中强调了市场“看不见的手”的作用，同时指出政府的职能在于充当市场的“守夜人”。斯密认为政府本身不应该直接参与市场，但要为保护国家和个人财产、维护市场秩序承担应有职责，以保障市场有效运行。①这也是政府在经济中的核心职能，具体包括：维护法律和秩序、界定产权、提供修改产权和市场博弈规则的工具、保障契约履行、裁决市场争端，促进竞争等。②

纠正市场失灵。新古典经济学认为自由竞争市场会使资源配置达到帕累托最优状态，而当市场自发力量不能达到这个状态以实现稀缺资源有效配置时，市场失灵就发生了。市场失灵主要表现为自然垄断、外部性、公共物品及信息不对称。市场失灵是市场机制自身的缺陷，市场失灵引起的低效资源配置为政府干预提供了理由。

收入分配调节。在许多国家，政府还具有对收入和财富进行再分配的职能，一方面为生活在基本保障水平以下的公民提供基础福利；另一方面，市场竞争会导致贫富差距和不断扩大的两级分化，故而对资产进行二次分配，缩小贫富差距。

2.市场参与职能

上述的市场管理职能是政府在市场经济下的传统职能。政府无论是作为统治者，还是公民集体代理人，都是权利的承担者，继而拥有决定权。政府的职能是政府在其拥有的权利下为达成某一目标承担的职责和赋予的功能。政府的职能取决于其拥有的权利，经济管理职能正是来自管理的权利。在经济意义上，权利的具体形式是产权（经济学上的产权与法律意义上的产权不同）。在传统的经济理论中，政府天生地被定义在不具备市场经济中的完整产权的范畴下。产权是市场经济中具备

① Adam Smith. The Wealth of Nations[M]. USA: Createspace,2013:13.
② Friedman M, Friedman R D. Capitalism and freedom[M]. USA:University of Chicago Press,1963.

参与职能的基本要求，市场经济中的产权一般指：（1）使用某项资产的权利（及该权利适用边界的界定）；（2）从该项资产获得相应回报的权利；（3）改变该项资产状态或性质的权利。

市场参与职能是指参与市场交易，参与的根本目的是从中获利。对非终端消费者的市场参与者（如企业）而言，拥有资产产权，特别是通过资产获得收益的那部分产权是具备交易能力的必要条件。

从对政府的一般性定义来看，作为国家权力机关的执行机关是一个国家政权体系中依法享有相关权力的组织体系，包括行政、立法、司法、军事机关（狭义的政府仅指行政机关）。传统的经济学理论中，政府一般被看作行政机关。从产权的角度，政府拥有使用资产和改变资产状态或性质的权利，但被规定或假定了并不具备通过资产获得相应收益的权利。换言之，传统经济学中的政府不具备作为市场参与者所必要的“通过资产获取收益”的那部分产权。一个主体在市场经济中没有相应的产权，即无市场参与职能。不过一旦被赋予产权，无论主体是私人还是集体，其在市场中并没有区别。产权在市场中的作用与资产所有者或代理人的身份并无直接关系，无论是私人性质，还是集体性质的产权，在市场机制中同样运行。从经济理论的视角来看，如果政府是集体产权的代理人，被赋予了一定的产权，则政府具备相应的经济职能。如果被赋予的是包含获取收益权利在内的产权，则具备了参与交易的条件，本书称之为市场参与职能。市场参与职能具体表现为：政府作为相关产权持有者，与其他市场经济参与主体一样，在市场中开展生产、交易活动，并获取收益。

3.1.3 政府在市场中的作用

根据上述政府的经济职能——市场管理职能和市场参与职能，政府在市场中的作用可以从管理和参与两方面分析，两个核心作用是降低交易成本和经营集体产权。

从管理方面看，政府作为市场制度的管理者，在市场经济中的核心作用是降低交易成本。发挥降低交易成本的作用，政府管理方式有制度供给和稳定社会环境。对于市场而言，前者可以看作应对系统内不确定性，后者可以看作减少系统外不确定性。市场经济的核心在于产权与自由，通过制度供给，为产权界定、产权保护提供客观依据，同时为市场主体自由交易（包括市场进入和退出的自由）提供保障。稳定社会环境是基于现实层面的考虑，虽然经济学理论并未怎么提及，但一个稳定的社会环境可以避免或缓冲外部对市场的冲击，市场自发的资源配置具有一定的价格刚性，过大的市场波动和冲击会影响市场机制的有效运行。

从参与方面看，政府是集体产权的代理者，在市场经济中的作用是作为市场参与的经济主体，在价格机制的调节下进行生产、交换，并获得收益的一般性作用，简言之，其作用是经营集体产权。根据产权的相关含义，政府参与经济的作用包括：（1）作为集体产权的代理者，使用该项资产，如使用有关固定资产（如开发区）或有关货币资产进行投资等；（2）利用该项资产获取相应收益，如地方政府通过土地出让或参与投资获得收益；（3）改变该项资产状态或性质的权利，如改变土地性质、进行产业园或基础设施建设等。

这里的集体产权也是以两种形式存在：一是国有企业及混合企业中的国有部分，只要产权明晰，政企分开，这一类资产和私有产权在市场运行中并无区别；二是政府持有的不以企业形式存在的产权，比如政府的财政资金、地方政府土地。前者发挥作用与一般企业没有区别，只是资产的所有权归集体，企业与政府有清晰的技术边界可以界定，需要注意的是明晰产权和自由竞争，避免行政干预企业市场化运营。后者的行为本身嵌在政府行为中，与政府的其他非经济活动有着密切而复杂的联系，也没有可以将其分离出来的可测定的技术边界。一直以来，这一部分的作用不是被忽略，就是被当作市场管理的行为错误理解。为分析这部分的政府职能及其作用，本书引入企业化政府的概念。

3.2 地方政府企业化与企业化政府

3.2.1 地方政府企业化及其特征

本书的目的在于用市场理论分析市场机制下政府如何发挥作用。对于政府的市场管理职能，与一般研究并无太大差异。本书的重点在于对政府的市场参与职能进行具体化的微观分析，借鉴西方经济学市场理论，具体研究中国市场经济实践中的地方政府企业化的问题。地方政府企业化是部分学者基于中国市场经济实践中的特殊现象，对中国政府在市场中的作用的一种创新提法。对于市场参与职能，首先需要明确研究对象，即作为市场参与的独立个体，它的性质应该是企业，完整地说是具备企业性质的政府职能。考虑到上述地方政府企业化方式的特点，虽然有很多内容是一致的，但作为分析的对象，本书放弃该概念，而用企业化政府来表示政府的参与职能。

企业化政府是将地方政府在市场参与中的具有与企业相同或相似性质的属性抽象出来的概念，并以抽象的（尝试性的将其称作）“企业化政府”作为研究对象。企业化政府的本质是一个抽象的企业，具有市场机制下与私有企业相同的企业属性（从其定义赋予而来）。企业化政府也可以看作是政府市场参与职能的属性集。其目的主要在于研究在集体产权背景下，政府作为“经济人”参与市场的行为及其市场效果，这样做的好处在于避免了政府其他职能混杂下的复杂影响，而较明确地在研究目的和方法上专注于研究对象，排除不必要的干扰。

如上面所说，企业化政府的本质是抽象的企业，其具备一般企业的特征，主要有以下三方面：成本收益决策，参与市场竞争，接受市场管理。

成本收益决策是企业的根本特征，又称“经济人”或逐利性特征。企业从事经济活动的目的是盈利，对于任何经济活动的考虑原则是最大化期望利润。在成本收益决策下审视政府的经济行为，能以更加理性的思维方式理解政府经济活动的原因和效果。比如，凯恩斯主义经济学的一大后果是作为研究短期宏观经济波动的理论被不合时宜地用在分析微观的“经济人”行为上，而这样做仅仅是因为他们对不同概念使用的是同一个名字。在本书一直坚持微观基础原则下，对于作为“经济人”的政府，投资是基于成本收益原则的决策，目的是追求利润。

参与市场竞争，如果说基于成本收益的决策体现企业生产方面的特征，参与市场竞争体现在交换方面的企业特征。市场机制下，资源配置以价格机制为基础，具有企业化行为的地方政府作为参与者自由地参与市场竞争，无论是生产要素的购买，还是制造产品的销售，都是在市场竞争下进行，上游的供应商和下游的消费者“用脚投票”。虽然政府参与市场往往容易被不假思索地扣上“计划手段”或“宏观调控”的大帽，但实际上，只要是按照价格机制开展市场活动，地方政府也是一样的市场竞争参与者，需要遵循市场经济的客观规律参与市场竞争。接受市场管理体现在市场参与的公平性上，各市场主体受到市场规则的约束，平等、公平地参与市场竞争。受市场监管体系的约束，意味着政府在违反市场管理制度的时候要接受相应制裁，当与其他市场主体发生纠纷时，要接受相关法律、仲裁等市场协调机制的裁决。

上述三个方面是企业化政府的一般性外在特征，但从经济学视角而言，企业化政府的本质特征在于具有独立经济产权，尤其是使用资产获取收益的那部分产权。企业化政府的特殊之处在于相比一般意义上的政府，它拥有企业性质的必要产权。市场的根本作用是资源配置，市场机制配置的资源本质上是产权。而企业化政府的本质是企业，是因为它（就像企业一样）被赋予了产权，具体包括使用资产、获得收益、改变性状的权利。在这个意义上，政府拥有资产，被允许利用资产获取收益。企业化政府被赋予的产权与所有权无关[①]，产权可以通过市场交易从私人部门

---

① 详细说明见本书4.4.1.

转移到公共部门（只要公共部门被允许拥有产权），公共部门的产权也可以通过市场交易到私人部门。明晰界定的产权在市场中的自由交换并不受所有权性质的影响。拥有企业性质的必要产权使地方政府从根本上取得了企业性质。

3.2.2 企业化政府的产生

企业化政府的本质特征是地方政府具备了相应的产权，源自所有权的公有制和分税制改革下的中央-地方财税体制。法律意义上的公有制所有权使政府理所当然地获得了所辖资产（主要是土地、自然资源、国有资本等）的使用权、改变性状权，而政治意义上的财权赋予了地方政府获取收益的权利，从而形成中国企业化政府的产权基础。

公有制和分税制是推动中国的企业化政府形成的最重要因素。公有制是相对于私有制的一种经济制度，根据宪法第六条的有关规定，生产资料的公有制是中国经济制度的基础。①公有制下，土地等自然资源和国有资产等以全民所有制和劳动群众集体所有制的形式分配于代理人民行使权力的政府和集体。实际上，我们常说的公有产权和私有产权是指法律意义上的财产所有权，而经济意义上，资产的所有权对有清晰界定的产权并无影响，政府持有的产权可以通过市场交易变成私人拥有，而不改变所有权的性质。法律意义上的公有制所有权赋予了政府在经济意义上相应资产的产权。这些产权成为企业化政府在市场交易中的要素禀赋，也是交易对象。

传统意义上政府的收入只来自税收和国债，后者在经济学上也被看作是未来税收的提前支用。公有制下政府拥有的生产资料具有巨大经济价值，在财政分权基础上，分税制改革赋予了地方政府使用生产资料获得收益的权利。分税制，全称分税制财政管理体制。20世纪80年代，中国开始实施中央与地方政府在财政上“划分收支，分级包干”制度，在促成地方政府在经济资源支配上的自主权的同时，减少了地方政府的财政支持，刺激和迫使地方政府发展地方国有企业等创收方式。财政

① 中华人民共和国宪法[Z]. 北京：中国法律出版社，2015.

包干制下，政府收入，尤其是中央政府收入不断下降，促使中央政府在1994年实行分税制改革，要求建立合理划分中央和地方政府事权的分税制。[①]将地方国有企业的收益从所有权获取变为征税获取，大大减少了地方政府收入，在地方政府事权没有减少，甚至增加的情况下，地方政府财政压力巨大。为弥补这一缺口，地方政府被允许通过城市经营获取收益。

其主要目标是地方经济增长和公共建设，这些都是受地方财政禀赋约束的，所以理性的激励自然是获取更多财政收入，在地方政府拥有产权的情况下，自然会加入到市场中来，获取收益，企业化政府的经济参与模式便由此产生。

3.2.3 企业化政府的表现

企业化政府在中国经济实践的不同领域、各个层次有诸多具体表现，要全面和详尽描述这些表现并不容易，也没有必要。本书秉持经济学方法论简单化原则，关注企业化政府的主要表现，采用张三保和田文杰对企业化政府行为描述的观点，将企业化政府的具体表现归纳为四个方面：土地财政，城市经营，招商引资，地方债务。

土地财政。在分税制下，土地财政是地方政府增加收入的最好办法[②]，一般而言可以看作地方政府依托土地资源进行的财政收支和收益分配活动。[③]分税制集中财权使得地方政府逐渐形成以土地征用、开发和出让为主的特殊发展模式，表现为土地财政。[④]根据宪法规定，城市土地归国家所有，农村和城市郊区等土地属集体所有，国家可以根据公共利益的需要，依据法律对土地进行征收和征用。土地管理法规定，任何单位和个人需要使用土地进行建设时，必须依法申请使用国有土地。

---

① 国务院. 国务院关于实行分税制财政管理体制的决定[Z]. 中华人民共和国国务院公报，1993（30）：1462-1467.

② 高聚辉，伍春来. 分税制、土地财政与土地新政[J]. 中国发展观察，2006（11）：25-27.

③ 邓子基. 关于土地财政的几个问题[J]. 学术评论，2012（1）：4-9.

④ 孙秀林，周飞舟. 土地财政与分税制：一个实证解释[J]. 中国社会科学，2013（4）：40-59.

另外，建设占用土地时，对于农用地转为建设用地的，须经审批办理农用地转用手续。土地管理法将中国的土地划分为城市建设用地和农用地二元结构，在此基础上形成土地使用和征用制度。该制度下，土地的支配和收益等产权实质上属于政府，使得地方政府可以通过征用、出让，甚至开发土地获取收入。土地作为稀缺性的商品进入市场，加上市场对土地的巨大需求，土地价格不断攀升，成为地方政府的主要收入来源。中国城市土地有偿使用制度和地方政府产权为地方政府经营土地提供了必要条件。

城市经营。安增军将城市经营定义为地方政府利用城市拥有的各类资源，通过配置、运营等市场化操作手段，提升资源价值，增加城市的有形和无形资产。城市经营是中国特有体制下普遍存在的现象。[①]财政分权和政治考核直接催生了地方政府间的竞争，被赋予产权的地方政府更是直接受到市场机制的影响，不可避免地生存在激烈竞争之中。而城市具有的经济发展价值使其成为地方政府竞争的焦点。从企业化政府的角度来看，城市经营就是提高城市价值，从而提升（特别是政府拥有的土地等）资产价值，增加政府收益。于是各级政府不遗余力开展城市营销，地方政府进行城市经营主要体现在两个方面：一是城市营销，利用“城市大事件”（如上海世博会、成都财富全球论坛等）和城市形象工程建设（如地标性建筑、特色场馆等），宣传城市品牌，扩大城市影响力和知名度[②]；二是城市建设，主要通过城市规划和基础设施建设等改善城市发展基础和条件，提高城市经济价值；三是资源开发，利用特色资源，如自然或人文旅游资源、文化环境、商业背景等，打造地方特色经济。

招商引资。招商引资被看作是市场经济条件下，地方政府利用本地管理、人才、资本信息等经济资源，本级政府权限范围内的政策资源，吸引和引进外地优质的资本、技术、人才等生产要素，从而提升本地经济发展能力和水平。广义的招商引资包括招商引知、招才引智、招商引资等。[③]招商引资本质上属于竞争性商业行

---

① 安增军. 论城市政府“经营城市”的理念与职能[J]. 华东经济管理，2002（6）：45-48.

② Wu F. The Post-Socialist Entrepreneurial City as the State Project:Shanghai's Globalisation in Question[J]. 2003(40):1673-1689.

③ 俞宪忠. 从“招商引资”到“招商引制”[J]. 浙江学刊，2009（6）：168-173.

为[①]，地方政府开展招商引资的原因在于引进投资对于本地的经济利益，包括财政收入的增加、就业与居民收入增长、地方相关产业发展促进等积极影响。[②]目前中国各地方政府招商引资的具体模式不尽相同[③]，但共同之处在于显著的企业化运作特征。地方政府招商引资的运作方式主要体现在：一是通过优惠，为引进的企业、投资方提供优惠政策，包括税收、规划等。二是通过政企合作，地方政府为主体，与引进的企业签订战略合作协议，地方政府利用本地资源优势给予引进企业业务拓展帮助。三是产业规划发展，包括合作开展产业建设、提供产业资助、产业园区打造等。四是改善投资环境，包括提高公共产品供给的质量和数量、建设地方商业文化和商业环境、完善要素和产品市场保障等。

地方债务。地方债务被看作是地方政府在特定时期运用负债工具向上级政府或其他经济主体发生财政赤字，通过信用或抵押的形式，承诺在一定时期内偿还的融资方式。由于预算法的明确要求，地方政府不得发行地方政府债券。[④]中国的地方政府为了缓解资金压力，借助金融市场的发展，逐渐形成一种设立城投公司（平台），通过银行借贷和市场化融资，以政府信用或政府资产（主要是土地）为担保的债务模式，又称为地方融资平台模式。截至2013年，地方政府负债已经达到各级政府负债的一半以上，体现出庞大规模的特征，资金来源主要是银行贷款、BT（build-transfer，即建设—移交）和影子银行等。地方债务体现了地方政府应用资金的能力，一方面直接以投资的形式提高地方GDP，另一方面通过直接投资、基础设施建设、降低工业和商业用地价格吸引产业投资，对地方经济增长起到巨大的杠杆作用。[⑤]在地方融资平台的助力下，进一步强化了政府企业化的运行模式，使得地方政府可以突破现有的财政预算限制，大大提升了地方政府的投资能力和企

① 张影新，刘蕾，李其光．论政府在招商引资中的角色定位[J]．学术交流，2006（9）：62-65.
② 杨海水．招商引资竞争的有效性分析[J]．中央财经大学学报，2007（2）：64-67.
③ 杨晓航．政府招商引资模式与市场招商引资模式研究[J]．贵州信息与未来，2011（2）：30-33.
④ 中华人民共和国预算法[Z]．北京：中国民主法治出版社，1994.
⑤ Thomlinson,Ralph. Urban Structure:The Social and Spatial Character of Cities[M]. USA:Random House,1969.
范剑勇，莫家伟．地方债务、土地市场与地区工业增长[J]．经济研究，2014（1）：41-55.

业运营能力。

土地财政和地方债务是企业化政府经营资金的主要来源，再通过城市经营和招商引资作为“产品生产”和“产业投资”，进行市场参与。企业化下的地方政府在上述四个方面体现出一般企业的普遍特征，也体现出政府在生产要素、经济职能方面的特色。企业化政府为追求自身经济利益而开展的经济活动，一方面是作为“经济人”的政府自发行为，另一方面也是上级政府考核下的管理行为。利用地方政府自发行为的动力，辅以地方政府考核管理，实现地方政府市场管理和市场参与职能的协调。

3.3 企业化政府背景下对政府认识的发展

由于对政府经济参与天然的偏见、经济学理论不恰当地运用，脱离真实世界的假设等原因，企业化政府在经济参与中的许多活动被不当，甚至扭曲地理解。政府的经济参与行为在“经济人”的假设下，以企业化政府的视角对其相关问题重新理解显得尤为重要。特别是，有些问题是市场机制本身不够完善引起的，考察的基础应建立在市场机制运行的具体分析上。以下从企业化政府的概念出发，对政府在市场经济中的相关理论、职能、运行和后果四个方面的认识进行分析。

3.3.1 理论运用方面

对于政府经济方面的行为，经济学的很多理论都有涉及，有些政府行为与相应的经济理论经常会被理所当然或直觉性地匹配在一起，而忽略理论本身的基本条件和适用范围。特别是在关于政府行为的研究中，因为受到中国地方政府行为本身的特殊性影响，基于完全不同于中国具体情况发展起来的经济理论在被使用的时候经常会出现背离理论的基本条件，极容易产生错误理解。

1.政府参与即“计划经济”

一个普遍的理解是政府的力量，除了作为规范市场机制的“守夜人”，其他对于市场经济的影响是以计划的方式管控经济。甚至在不少的关于市场经济的研究中，“政府即意味着计划”。在这样的惯性思维下，政府经济行为发挥的作用体现在政府计划经济与市场价格机制的对立。市场缺陷或市场局限理论包括两个部分：（1）新古典经济理论下，由于垄断、公共物品、外部性、信息不对称引起的市场失灵，使得资源配置中仅仅依靠市场机制无法达到帕累托最优的均衡状态。(2) 社会主义市场经济理论下，市场机制作为调节手段，存在只注重单个产品供求均衡、难以实现社会总供求宏观平衡的微观性，作为市场调节基础的价格信号无法在供求矛盾前预先调节的事后性，只受利益引导的自发性、市场主体在无法整体和宏观准确把握具体形势下采取决策的盲目性，只能在价格形成、信息传递和供求调整过程逐步发生后、发挥事后调节作用的时滞性。于是，市场失灵和市场缺陷使得计划有了价值和必要性，对政府与市场关系的研究应基于计划手段和市场手段的相互关系和作用。

暂且不论计划手段能"理想化"地实现对经济的有效调节的假设有多不合理。政府参与即"计划经济"的误区在于教条化地使用理论，而脱离了现实经济的基础。中国的地方政府对市场经济的作用并不仅仅在管理和调节上，而是参与到了其中，对于这种特殊的行为，不切实际的应用理论是不可取的。既然政府在部分行为中是以市场参与者的身份参与其中的，这些行为是在市场机制下发生作用的，与之相应的应该是遵循市场规律，而与"计划经济"没有任何关系。本书的建议正是如此，既然是市场内部的行为，市场理论才是基本分析工具。

2.政府投资的逻辑

在经济参与活动中，政府投资是主要的经济行为。经济学理论对于政府投资的分析，几乎所有研究都"不假思索"地采用凯恩斯主义的投资理论，认为政府投资是为了促进经济增长和（或）调节总供求平衡，政府采用的是需求管理政策，即宏观调控。按照凯恩斯理论，政府投资所需资金以债务和税收的形式获得，债务可以看作未来的税收，所以政府投资的逻辑是为了实施宏观调控，采取投资，为了平衡收支，采用税收的方式获得收入。问题在于，这是政府投资的现实逻辑吗？

对于宏观经济理论缺乏微观基础的批评已被广泛接受，但在政府投资的问题上，仍显得不足。从对行为人的微观分析来看，需要从行为主体的基础进行考察。中国的政府投资主要来自以土地开发、基础设施建设和产业投资为具体形式的地方政府投资和国有企业的一般企业性投资。本书对国有企业投资一向以一般性企业方式处理。对于地方政府的投资行为，刺激经济增长虽然是一个重要目的，但是受到更优先的条件限制——资金来源。政府的资金来源只有税收和债务的假设（有人看作是规定），仅仅是西方政治体制下政府运行模式的体现，一个有经济产权的主体自发获取收益，并不应该受到假设的限制。地方政府在有经济产权的情况下，通过经营获取收入是自然的结果。地方政府的收入一方面是其最重要的考核指标——GDP的组成部分，另一方面也是发挥各项公共职能的重要资金来源。于是，追求投资收益是地方政府这一行为人的激励要求。政府投资应该是为了获取资金收入，投资带来经济建设、公共服务的资金，并提升地方GDP。在这里，投资不是需求管理的支出行为，而是追求收益的市场行为；投资财务平衡不是靠税收，而是靠投资收益。

3.3.2 政府职能方面

政府在公共管理方面的职能是普遍共识，争议主要体现在经济参与方面。现代政府观念下，政府最基础的作用是公共服务，而以追求经济利益为目的的企业化、参与市场竞争等行为因体现了私利的基本原则，被视为与公共服务职能相矛盾。这个看似合理的逻辑却经不住推敲：为什么追求经济利益，就与公共服务职能矛盾了呢？由具体行为人作为代理人的政府不应脱离追求私利的理性基础，对于公共部门，还是私人部门，追求私利是不可避免的。企业化政府履行公共职能的关键不应在于其是否追求经济利益，而应在于其经济利益的用途。企业化与公共服务是否矛盾，需要考察更具体的内容。

1.“政府不应有企业化职能”

这种观点认为，由于政府与企业有着巨大且不能相容的差异，使得政府不应具有企业化的职能。这些差异包括：（1）政府与企业具有不同的组织性质，政府是政治组织，而企业是经济组织。（2）政府与企业具有不同的权利性质，政府的权利是公共权利，应平等地体现为全民利益，而企业的权利属于私人权利，体现出个体的性质。(3) 政府与企业具有不同的运行方式，政府应为全体社会成员提供服务，谋求社会福利，企业则是根据成本收益原则进行经济活动，行为上体现为利己主义。(4) 政府与企业具有不同的目标，政府的首要价值是维护社会公平正义，以社会利益的保障和实现为目标，企业的首要目标则是实现“利润最大化”。

这种观点很大程度上是将企业化下的政府与传统政府看成了对立和替代的关系，在面临“要么企业，要么政府”的选择中，采用上述原则较为合适。但现实的情况是，两者并不一定只能是相互替代的，还能有包含的关系。当将企业化的政府看作政府的一部分，其职能相应地是政府职能的一部分，没有任何迹象要替代或排斥政府“本分”的职能。在使用政府这一概念时，不能将企业化语境中的政府与政府混同。企业化政府的运行并不干涉政府的其他职能，也不排斥政府的公共权力在企业化政府中体现。公有制所有权通过地方政府对收益的用途管理，发挥服务全体社会成员的作用。在市场机制中，企业化政府拥有经济意义上的产权，通过产权的交易和生产要素的使用获得收益。对政府具有企业化职能的反对逻辑上是站不住脚的，当我们从权利赋予相应职能的视角出发，具有经济产权的政府的企业化职能就并不与政府“本分”的公共职能相矛盾了。

2.“企业化使得公共管理缺失”

常见的观点是，地方政府片面注重以经济建设为中心，导致公共物品提供及公共管理职能的缺失。一方面地方官员将大部分精力放在了招商引资、项目开发等企业化业务上，热衷于搞经济建设，而无暇顾及社会和民生工作；另一方面各级政府将公共资源、生产要素绝大部分投入到创造经济效益的投资领域，缺乏足够资金和其他要素用于公共服务。还有一些学者认为，政府参与经济造成了资源浪费和环境恶化，环保领域的负责人也受地方领导管辖，无力抗拒地方领导为追求经济效益而破坏环境、浪费资源的冲动。

可以看出，关于公共管理缺失的观点隐含了一个逻辑假设：追求经济效益与公共管理是矛盾的，或是此消彼长的。对此，很明显的疑问是：为什么政府的企业化职能会削弱公共管理职能？取消了地方政府的企业化职能，就能让公共管理职能相应地得到强化？政府行使公共管理职能的理性激励来自何处？

实际上，上述地方政府公共管理职能缺失的问题，撇开对企业化本身的偏见来看，只是一个主体内部激励机制设计问题，而非主体的性质问题。许多发展中国家都存在公共管理缺失的问题，甚至比中国更严重。官员经济建设的积极性来自其考核机制，经济建设不仅是核心指标，也极大地影响着其他公共职能的考核完成情况，可以简单地认为地方财政收入与公共职能履行有强烈的正相关性。在地方经济社会发展的不同阶段，相应地调整考核指标是解决公共管理职能缺失问题的一般性方法。公共管理职能缺失的原因在于政府内部考核制度的设计。对环境破坏而言，除激励机制因素外，产权界定不清是更大的原因，而不应归罪于政府的经济参与职能。

3.3.3 实际运行方面

政府在参与到市场实际的运行过程的时候，容易将市场本身的问题归咎于参与了经济的政府这个替罪羊上。新制度经济学的市场理论告诉我们，以理想化的竞争市场模型作为批判标准是不合理的。市场本身有成本，也有缺陷，行为人的有限理性、市场交易的摩擦性、权利界定不完全等都是现实中存在的，如果我们不正视这点，很容易陷入错误批判政府参与经济的误区。因为与传统市场理论模型相比，现实经济中存在价格扭曲、效率损失等，而对于产生这个结果的现实世界与传统理论的不同，我们的第一反应是政府的“越位”，很自然地认定其具有因果关系。

1.政府参与破坏市场机制

政府参与市场竞争将造成对市场机制的破坏这一观点主要有两层内涵，分别有两个著名的比喻：（1）政府被称为市场的“守夜人”。一方面政府是市场机制运行的保障和管理者，另一方面政府是管理者，而不能作为参与者的角色。政府在企业化的情况下，将自己变成市场竞争中的一个主体，做了原本应该“市场做的事情”。（2）政府与其他市场主体是“裁判”与“球员”的关系。对于市场，政府有制定规则和执行规则的权力。政府如果参与经济活动，就出现了既当“裁判”，又当“球员”的情况，政府将利用制定和执行规则的权力为自己谋取不平等的利益，使得市场被扭曲。

秉承一贯的将问题具体化分析的原则，考虑企业化政府是否破坏市场机制。首先，对于充当“守夜人”的政府，即使多了经济参与的职能，并不影响市场机制的作用。“市场做的事情”本质上应该是资源配置，也就是发挥价格机制在自由市场中的资源配置作用，只要不是用行政手段替代价格机制，说政府做了“市场做的事情”就不成立。企业化的政府不是计划经济政府，它只是在市场中做“企业做的事情”，而非配置资源。其次，本书不认同“裁判”不能兼“球员”的观点，并不是说政府没有破坏市场规则的动机和能力。相反本书认为企业化政府与一般企业一样，都有利用自身资源禀赋和市场管理的漏洞破坏市场规则、谋取更多利益的动力，从而影响市场机制的有效运行。但破坏的原因应该是管理制度的滞后，而非普遍存在的经济理性。“经济人”追求自身利益的理性是普遍存在的，对于企业化模式的地方政府而言，重要的不是“经济理性”的本性，而是如何界定与约束其规则管理的职能。当“裁判”采用的规则是明确的，同时被监督的情况下，如果政府参与经济有很高的效益，完全可以身兼两职。需要考虑的问题应转变为，是否可以通过机制设计，将具有企业化职能的地方政府的权力装进制度的笼子，使得地方政府与一般市场主体公平地在市场中竞争。

2.地方政府间恶性竞争

地方政府参与到市场经济的行为，除了对市场的影响，对政府本身而言，最常见也是普遍存在的批评是将会产生地方政府间的恶性竞争。这种恶性竞争一般是指，市场中的企业以低于合理价格，或者超过合理成本的过度竞争行为，如价格战、广告战等。还有些观点更粗糙，认为地方政府间产生了大量的竞争，就扣以恶性竞争的帽子。虽然更广泛意义上的恶性竞争有时还包括采用不当手段获取市场竞争份额，但这属于相关权利约束和市场规范的范畴，本书已放在相应部分进行了分析，这里针对价格和成本方面的恶性竞争。

对于所谓的恶性竞争，首先能确定的一点是处于竞争，而非行政控制的条件下，发挥资源配置作用的仍是市场机制。如果把恶性竞争理解为市场机制下的行为主体自由产生的偏离有效竞争的情形，恶性竞争产生的原因只有两个可能：要么是行为主体的非理性，要么是产权界定不清晰。前者并不在一般经济学的研究范围，事实上根本不存在这样的假设，我们将其视作行为主体因有限理性，做出了错误的经营决策。如果是因为产权界定的问题，问题就不在于是否应该允许政府参与经济并展开竞争，而在于是否能够界定产权，如何优化产权的界定。还应该看到，竞争是市场机制有效性的最重要因素，地方政府之间的大量竞争、在竞争中采取的各种规则允许范围内的手段都促进了市场作用的发挥，就像企业在竞争中优胜劣汰一样，资源流动、地区差异的发展并没有带来低效，反而是高效的体现。最后，从效率研究的角度，本书并不考虑竞争带来的贫富分化。作为另一研究课题，竞争带来的贫富分化可以通过分配制度的设计进行应对。

3.3.4 后果影响方面

政府参与经济产生的恶劣后果是反对者们的重要依据。总结这类观点，恶劣后果包括：（1）从经济角度，体现在效率低下；（2）从社会角度，体现在政府与民争利；（3）从政治角度，体现在腐败滋生。这些观点从直觉上显得非常合理，甚至往往不需要论证就能引起多数人的共识。但这些问题是否符合现实，逻辑是否存在缺陷，需要进一步探讨。

1.经济效率低下

认为政府与企业相比，效率差异很大，政府代替企业的领域会出现经济效率低下的后果，主要原因是：（1）缺乏有效激励，官僚往往缺乏选才任能和效率提升的动机，政府工作人员通常缺乏工作的积极性，对待工作普遍怠慢、不作为等。（2）政府工作人员缺乏足够才能，最优秀、最有才干的人往往首先选择投身商业领域，智力超群的往往投身科研领域，选择到政府机关工作的人通常才能较差，更是缺乏企业家才能。所以，政府本身是一个低效率的组织，而政府从事经济活动比将这些活动交由企业运行更低效。

这种观点的明显问题是盲目使用书本结论，而缺乏对现实情况的认视。对行政方面的效率，本书不予分析。但要提醒的一点是，判断效率低下与否，依据应是现实世界中可替代的模式的比较，而非理想化的标准。从经济上看，关于政府组织低效的原因，内部组织和外部市场在激励上的差异普遍存在，也是学术界普遍认同的。无论是政府组织，还是企业组织，即使有考核的激励方式，其激励远不及市场方式更有力度，但是这似乎应该是组织与市场的比较，而非政府与企业的比较。组织与市场的效率受到激励方式的影响，还受到适应（对各种随时可能出现的扰动）的影响，组织在控制上的优越性是其替代市场的动力来源。换言之，即使缺乏有效激励，并不意味着经济低效，组织的控制优势使其在适应方面获得了经济效率。况且，这里的政府是基于职能受到限制的西方国家的政府，政府工作人员的才能相对较低或许是事实，但并不符合中国的情况。中国的政府工作人员在选拔标准、竞争程度上远高于一般企业，进入政府编制的人员通常具有很高的智力、学历水平。就企业家才能而言，企业家组建与经营企业的能力是一种重要的生产要素，使得资源利用效率在企业内部获得提升，体现在个人综合能力，尤其是学习、管理、协调、创造等方面的能力。而地方政府的领导干部是在长期工作中锻炼、选拔出来的，他们在管理协调、学习创新、刻苦工作上展现出的竞争力帮助其获得晋升，实际上，作为具有经济参与职能的地方政府，企业家才能被自发地配置到企业化政府中。

2.政府与民争利

企业化政府被认为是政府与民争利的典型，政府参与经济活动时，变成以市场为导向的利益主体，其追求“私利”的行为不可避免地会与公共利益发生冲突，就出现了政府与民争利。该观点下的政府与民争利主要表现在三个方面：一是在产品供给上，地方政府与提供需求的私人（或私有企业）的利益矛盾在于产品交易的（生产者和消费者）剩余竞争，即双方基于“经济人”的本性，要求和争取更多的剩余，一旦企业化地方政府获得剩余，必然是对私人利益的侵占。二是在市场竞争上，企业化政府与相关私有企业在市场中不可避免地存在竞争关系。一方面地方政府的参与会减少私有企业在相关市场中的份额，甚至将有些私有企业排挤出市场；另一方面地方政府的参与将增加市场竞争激烈程度，压缩私有企业利润。三是行政干预上，包括依靠行政力量进行掠夺性交易、采用行政手段设置市场壁垒、实施行政干预形成不公平竞争等。

上述政府与民争利的观点存在两个问题：（1）在市场竞争中根本不存在争利，认为政府参与竞争是对私人利益的侵害的观点是反经济学基本原理的。竞争恰恰是市场机制实现“市场奇迹”的基础，竞争当中必然存在资源向更高效的地方配置的结果。无论是纵向的剩余竞争，还是横向的市场竞争，都普遍存在于市场之中，与参与主体的所有权性质无关。按照经济学基本原理，竞争会带来更大的社会剩余和更高效的资源配置。在一个相对完善的市场机制下，参与者虽然是以竞争者的身份进行市场活动的，但总是为整个市场带来价值。从这个意义上来说，任何参与者都是为民谋利而非争利的，也没有任何理由认为企业化政府是例外。私人在资源交易中购买地方政府的产品，即使在剩余分配中存在生产者剩余，对私人消费者而言，实现了其自身的剩余（即福利）。私有企业在市场竞争中被挤占或淘汰，究其原因，是其资源使用效率相对低下。竞争下的资源配置调整是社会效率提升的表现。（2）对不公平竞争的处理方法上，应着眼于市场规范的建设，而非盲目的功能限制。政府依靠其市场外的权力优势，利用行政力量干预市场竞争机制的作用，从而实现自身利益的同时，损害了其他市场主体利益，这种情况确实存在，甚至在某些时期非常普遍。问题在于解决的方式应该围绕如何限制政府利用行政权力干预市场机制，而非如何限制政府的企业化职能。围绕市场制度建设和政府权利约束的思路相比职能约束更具现实性。

3.滋生腐败

企业化政府被看作是滋生腐败的罪魁祸首，政府的企业化职能引起的腐败问题主要表现在两个层面：一是企业化政府促使官员产生腐败问题。官员手中的权力与经济利益的结合是腐败的一般形式，而企业化政府促使官员直接将权力用于谋取经济利益；二是企业化政府助长了腐败问题。由于政府介入经济活动更深、更广，官员利用权力谋取私利的动机和便利性大大增加，腐败从形式和频率上大大增加，助长了腐败现象。为避免和解决官员腐败问题，应该切断官员在经济活动中的直接参与路径，也就是限制政府的企业化职能。

以上思路有三个疑问：从腐败的产生看，腐败是由政府的经济参与职能引起的，还是有其他更本质的原因？从助长腐败看，权力的“变现”能力和效率的提高究竟是因为政府参与经济，还是经济发展本身带来的？应对腐败问题的更优的思路是限制职能，还是其他？

针对以上观点，本书的回应是：第一，腐败的原因不应从外在形式去分析，而应进行更本质的考察。从这个意义上讲，腐败来自权力使用而非职能的配给，官员利用公权谋取私人利益是经济上的腐败。腐败问题是普遍存在的，无论政府是否具有经济职能，只要公权存在，就有利用权力谋取私利的可能。在政府有经济参与职能的时候，官员可以通过公权获取经济私利。当政府不具备经济参与职能，甚至像改革开放前，实行计划经济的中国没有真正意义上的市场，官员还是可以利用权力，以非货币的形式谋取私利。第二，权力的私人利益转化能力提升是助长腐败的直接作用力。表面上看，政府参与经济使得腐败更加便利。本书认为，更根本的原因是权力作为一种要素，随着市场的发展，其市场价值增长和转化成本降低助长了腐败。即使没有经济参与职能，权力和私人利益也能快捷地通过其他方式实现转换，美国更“标准”的非经济参与政府在腐败方面的问题是最有力的说明。[①]第三，应对腐败问题的更合理的思路应该是权力的制约，通过制度和法制建设将权力关在制度的笼子里，强化制度执行。如果从控制职能的思路出发，权力寻租的利益仍然存在，在“理性”的激励下，官员自然会通过寻求其他途径实现权力寻租。从这个意义上，制度建设增加了腐败成本，从而去除腐败的激励。相对堵住腐败的某一个或某几个通道的方式，提高腐败成本的方式更具有治本的效果。

以上四个层面的对市场中的政府的误读在目前的“政府与市场”问题研究中大

① Matthews Chris. America's Most Corrupt State Defends Itself[N]. Fortune,2014-07-28.

量存在，将原本复杂的问题变得更加混乱。本书通过对这些问题的分析发现，其产生普遍由于将某些理论或结论机械地运用。一是脱离实际基础，中国的政府企业化现象是不同于经济学理论和西方实践的全新状况，不能用脱离实际的假设和不同的经验替代。二是对一些理论和结论过于简单、草率地应用，忽略结论产生的背景和理论的适用条件。在缺乏合理性和逻辑性的情况下做出判断，就容易产生背离现实的结论。在注重实际的情况下，更加具体而微观地分析是有必要的。

3.4 小结

本章的目的是研究企业化政府运行对经济的影响，因为“中国的地方政府经济行为呈现出普遍的差异性和复杂性”①。这一工作一向是富有挑战和充满争议的，笼统地说，政府干预、调控的作用和影响要么是因片面而受到质疑，要么是以“完全正确，而又完全无用”的结论贻笑大方。除单独分析某一具体行为，有针对性地对政府的经济行为进行区别、归类，再加以分析是研究这一问题的可行方法，一直以来学者们对此做了大量的努力。政府企业化从提出到用来分析政府在市场中发挥的作用是“政府与市场”问题研究的一大突破，地方政府的企业化更像是一种现象的描述，仍无法实现对具有企业职能的政府的针对性研究。本书采用企业化政府概念，将地方政府在市场参与中的具有与企业相同或相似性质的属性抽象出来，以抽象的“企业化政府”作为研究对象。

抽象出“企业化政府”这一概念，需要从职能上对地方政府进行分析，而讨论地方政府的职能，首先得从地方政府角色的考察入手。就像经济学分析其他对象，作为经济主体的行为假设是基础，将政府看作具备理性（或有限理性）的“经济人”已是经济学界的主流做法。接下来，地方政府的职能与政府具有的权利的关系值得重视，权利对职能的决定作用下，当地方政府被赋予了经济意义上的产权，相应地具有了作为市场参与者的经济主体的职能。这种职能与传统理论中政府的行为、作用相比，使得政府有了全新的市场影响方式和结果；与市场中其他参与主体相比，有同样的市场参与方式和作用结果。虽然这里重点分析地方政府的参与职能，要明

① 张汉．“地方发展型政府”抑或“地方企业家型政府”？：对中国地方政企关系与地方政府行为模式的研究述评[J]．公共行政评论，2014（3）：157-175，180.

确的是，本书承认地方政府与市场存在除此之外的其他关系，特别是地方政府作为市场管理人的角色。本书的目的在于认可地方政府的市场管理职能及其作用，针对地方政府的参与职能进行具体化、操作化的分析。

中国的企业化政府运行是上述分析的现实基础，中国的特殊现象并非市场理论的创新，而是市场理论研究的问题的创新。在企业化政府的视角下，许多脱离现实基础的认识和观点暴露无遗。在理论的使用上，将政府参与看作计划手段配置资源，将政府投资行为看作总需求管理的宏观调控，不符合真实情况。在政府职能的认识上，认为政府不应有企业化职能是对政府经济产权的忽视，认为企业化政府会导致公共管理缺失是一种想当然的思维。企业化政府的运行并不是对市场机制的破坏，而是市场机制下的一般性经济活动，不存在理性条件下的所谓的政府间恶性竞争。在企业化政府运行的后果和影响上，认为经济效率低下，更多的是对书本知识的盲目使用；认为政府与民争利，误解了市场机制的意义；认为企业化带来腐败，经不住“非企业化职能政府也普遍存在的腐败经验”的反驳。本书提出这些误区的意义在于，分析市场中政府的作用时，应该回归更单纯的思路——市场理论，从而让分析更具有逻辑性和合理性。

最后，也应该看到，企业化政府运行需要一个完善、有效的市场，但作为新生事物的企业化政府仍然给市场带来了一些破坏市场机制的负面力量。通过法制建设、制度规范，进一步完善和保障市场机制是解决企业化政府下某些市场问题的方向，而不是单纯的对企业化政府的否定。企业化政府如何发挥其市场机制下的作用，为什么企业化政府的模式对经济有正面作用，考察这些问题需要一个可操作的分析框架，将是下面章节的重点研究内容。

4 交易成本视角下的市场理论

由于不可能将社会主义市场经济理论全面叙述，本章的主要目的是为研究社会主义市场经济实践而应用更适宜的市场理论，主要阐述新制度经济学以交易成本为核心的市场理论，在批判吸收新制度经济学相关理论的基础上发展新的理论。本书重点研究地方政府企业化运行下的社会主义市场经济实践的市场理论。当然，本章涉及的市场理论只是社会主义市场经济理论的部分内容①，但作为本书的理论工具，本章对传统中国市场理论的有关部分不再赘述，主要集中于分析产权与治理结构的相关内容。

① 刘诗白．社会主义市场经济理论[M]．西南财经大学出版社，2011.

4.1 新制度经济学

新制度经济学源于科斯的开创性研究，他在此基础上做出了奠基性的贡献：一是打破了交易成本为零的理论限制；二是开启了对存在正交易成本世界的研究；三是用比较制度分析的方法来研究各种在所有可行的结构下存在相应缺陷的经济组织；四是考虑到人的行为细节贯穿于经济活动，契约签订和组织等问题离不开详细的微观分析研究。[①]新制度经济学一词最早由威廉姆森提出，目的在于区别康芒斯、米切尔等为代表的老制度经济学。[②]新制度经济学认为：制度是重要的，制度是可以被分析的[③]，其产生源于交易成本概念的提出和应用，基本逻辑在于由于交易成本的存在，市场机制相关的制度是稀缺的，交易相关的制度对资源配置这一经济学研究的核心问题存在重大影响。研究这种制度的经济学，拟为其命名为制度经济学，但制度经济学一词早已存在，固在前面加一“新”字，以示区分，所以，这一学派的经济学家沿用了“新制度经济学”这一称呼。也有学者指出，基于科斯和他的追随者是在不改变原有微观经济学基本行为结构下，增加一个新的具有重大意义却曾被忽视的成本分类（即交易成本）的原因，将这一领域的经济研究称为新微观经济学，或许更为恰当。[④]在中国，新制度经济学因为其字面含义往往被误解为研究政治和管理制度的经济学分支，也几乎不可避免地被错误地视为旧制度经济学

① Oliver E.Williamson. Ronald Harry Coase:Institutional Economist and Institution Builder[J]. Journal of Institutional Economics.Vol.11,2015(2):221-226.

② Ronald H.Coase. The New Institutional Economics[J]. The American Economic Review.Vol.88,1998(2): 72-74.

③ Matthews,R.C.O. The Economics of Institutions and the Sources of Growth[J]. The Economic Journal. Vol.96,1986(3):3-18.

④ Lars Werin. Ronald Coase and the New Microeconomics.Institutions,Contracts and Organizations[C]. UK:Cambridge University Press,2000:42-47.

的延伸与发展。实际上，从新制度经济学的发展历程可以清楚地发现，那是一个巨大的误会。作为新制度经济学的命名者，在谈及这一意外结果时，威廉姆森也笑言，忽略了对传播问题的考虑。

新制度经济学源于传统经济学理论，是基于对新古典经济学脱离现实的批评，是对传统经济学批判和反思的结果，继承了新古典经济学的个人主义方法论、均衡分析和边际分析方法、稀缺性约束、经济人和稳定性偏好等假设，在既有框架上发展和完善，扩大解释力和解释范围，使其更加接近现实，也有学者将新制度经济学看作“新古典经济学的一般化”。①交易成本经济学要求从人的实际出发，研究在现实制度条件下的活动。作为新古典经济学的发展，新制度经济学成为本来就应该是的那种经济学。②科斯的观点很有代表性：“现代制度经济学家独树一帜的地方不在于他们谈论制度，也不在于其介绍了一个新的经济学原理（即使他们有多种方法对现有理论进行修正）；而是在于，他们用标准的经济理论来分析制度运行，并试图发现制度在经济运行中的作用。”③新制度经济学并不否定新古典经济学的基本方法，只是认为有些假设太过严格或简化，而在许多经济问题的分析中放宽或修订一些假设是必要的。（虽然新古典经济学的理论也通过放宽完美市场的假设展开进一步分析，但并非是那些触及本质的假设。）新制度经济学对传统经济学假设的修订主要有：（1）制度的非中性，它对经济行为和经济活动有重要影响；（2）存在多种形式的产权，理性的标准并非是利润或财富最大化；（3）经济系统的运行是有摩擦的，也就是交易成本广泛存在，并显著地影响交易和组织；（4）理性选择的主体是个体决策者，而非传统二分法中的家庭或企业。弗鲁博顿直言，这种修正体现了经济学研究实质的进步。④

---

① 罗必良．公共领域、模糊产权与政府的产权模糊化倾向[J]．改革，2005（7）：105-113.

② Ronald H.Coase．The New Institutional Economics[J]．Journal of Institutional and Theoretical Economics,1984(140):229-231.

③ Ronald H.Coase．The New Institutional Economics[J]．Journal of Institutional and Theoretical Economics,1984(140):229-231.

④ 弗鲁博顿，芮切特．新制度经济学：一个交易费用分析范式[M]．姜建强，罗长远，译．上海：上海人民出版社，1998.

新制度经济学[①]在延续新古典经济学的分析方法的基础上，试图将其进一步一般化并应用于新的领域。新制度经济学对新古典经济学的继承和发展至少有以下三个方面：一是增加了新的外生约束条件，最重要的是产权结果和交易成本，产权的安排和制度保障会显著影响人们的经济行为和市场的经济效率；二是将各种经济组织视为契约结构，各种组织形式的竞争产生均衡契约，从契约视角研究经济学中的组织理论显得更加重要，从而将交易和经济组织的研究引入治理结构的分析；三是社会制度、政治制度也是单个主体间进行交易的产物，制度间的竞争会带来制度均衡，从而将国家、人口、意识形态、技术变革等理论从经济学的方式纳入制度变迁理论研究。[②]

新制度经济学改变了传统经济学研究的内容和方向。新古典经济理论隐含的假设现存的制度是理想的合适的制度，集中精力研究理想世界中的协调问题，而交易成本存在带来的制度非中性，使得制度问题成为新制度经济学较之新古典经济学的新的研究内容和方向。于是，作为研究对象的制度，自然面临给出一个适当定义的任务，这又是很困难的，甚至没有一个“最好”的解决方案。本书秉持一个观点，就是对“制度”这样的概念，没办法也没必要给出一个精确化的定义，为“制度”下一个合适的定义将取决于分析的目的。[③]根据海纳和诺斯的观点，制度源于个人面对普遍不确定性的努力，目的是通过限制行为人可利用的选择来减少不确定性，由此做出可预期的行为。[④]而一旦意识到制度在减少不确定性中的根本性作用，就必须调整经济学使用的理论框架。[⑤]在这里，我们将制度看作一组正式的和非正式的规则，以及这些规则的执行安排。在对市场理论的研究中，与传统经济学将组织和制度视为内生给定，而忽略其对经济的影响的做法不同，新制度经济学认为现实

---

① 关于制度主义与新古典主义的经济学方法论，可参见盛洪．经济学方法论：新古典主义与制度主义[J]．天津社会科学，1991（3）：11-17.

② Douglass C.North．Structure and Change in Economic History[M]．USA:W.W.Norton,1981:59-71.

③ 青木昌彦．比较制度分析[M]．上海：上海远东出版社，2001.

④ Ronald A.Heiner．The Origin of Predictable Behavior[J]．The American Economic Review.Vol.73,1983(4):560-595.

⑤ Douglass C.North．Economics and Cognitive Science[P]．文明的和谐与共同繁荣——北京论坛（2004）论文集，2004：51-61.

世界的生产不仅仅涉及把投入要素转化为产出品的物质转换，还应涉及源、物品、劳务等产权的转移和相关的制度。①在市场理论领域，经过20世纪70年代以来的一大批新制度经济学家的努力，新制度经济学在产权结构和制度、经济组织与治理、不完全契约等领域，推动了市场理论更符合现实世界的发展。

虽然新制度经济学与旧制度经济学在直观感受上仿佛有很深的关系和传承性，正如前面“从交易成本到新制度经济学”的阐述，其实这只是名字上的一个巧合，两者既没有紧密的关系，也没有太多相似的观点，而且“绝大多数新制度主义学者确实是尽量不与旧制度主义者所提出的核心思想有什么瓜葛”②。科斯甚至毫不客气地说，老的制度经济学虽然有康芒斯、米切尔等充满大智慧的代表人物，但留给后人的是毫无理论价值的实际性材料，以至于很少有什么内容被继承下来，同时，对于主流经济学的分析方法没有做出任何改进。③由此可见，将新制度经济学说成是“用经济学的方法研究制度的经济学”④是一个很不严谨的表述，至少难以表现新制度经济学的本质特征和与所谓的“制度经济学”的不同。

新制度经济学包含两个部分。第一部分涉及制度环境（即博弈规则），可以追溯到罗纳德·科斯在1960年发表的论文《社会成本的问题》⑤；第二部分涉及治理制度（即博弈的开展），可以追溯到科斯在1937年发表的论文《企业的性质》⑥。本书分析的理论工具主要来自后者的发展，即威廉姆森创建的交易成本经济学。下文详细介绍交易成本经济学的相关概念。

---

① 埃格特森．经济行为与制度[M]．北京：商务印书馆，2004.

② 弗鲁博顿，芮切特．新制度经济学：一个交易费用分析范式[M]．姜建强，罗长远，译．上海：上海人民出版社，1998.

③ Ronald H.Coase. The New Institutional Economics[J]. The American Economic Review.Vol.88,1998(2): 72-74.

④ 罗必良．公共领域、模糊产权与政府的产权模糊化倾向[J]．改革，2005（7）：105-113.

⑤ Ronald H.Coase. The Problem of Social Cost[J]. Journal of Law and Economics.Vol.3,1960:1-44.

⑥ Ronald H.Coase. The Nature of the Firm[J]. Economica.Vol.4,1937(16):386-405.

4.2 交易成本

4.2.1 交易成本的含义

交易成本的概念源于科斯的《企业的性质》中的一则启发性的思考，他在文中提到："设立企业有利可图的主要原因似乎是，利用价格机制是有成本的。"在这里，科斯为解释企业为什么存在及它们承担什么样活动，引入交易成本的概念，最早将其称为"使用价格机制的成本"（cost of using the price mechanism），"在公开市场上进行交易或者交换的成本"（cost of carrying out a transaction by mean of an exchange on the open market），或者简称为"市场成本"（marketing cost）；基于同样的思想，他在后来的《社会成本问题中》，使用了"市场交易成本"（cost of market transactions），这些都是经济学文件中的交易成本。在此之后，随着交易成本研究的兴起，出现了许多存在一定差别的定义。[①] 阿罗将交易成本描述为"经济制度运行的成本"或"利用经济制度的成本"，包括信息成本与排他性成本、设计和执行公共政策的成本。[②]在《新帕尔格雷夫经济学大词典》中，交易成本起源于所有权的转移，从交易技术层面上看，交易成本（像生产成本一样）是对各种投入品聚合所需成本的一种统称，包含两种形式：交易者拥有资源的投入，交易者在市场上就相同商品发现的买价与卖价之间的差价。[③]

---

① Carl J.Dahlman. The Problem of Externality[J]. The Journal of Law & Economics,1979(22):141-162.

② Kenneth J.Arrow. The Organization of Economic Activity:Issues Pertinent to the Choice of Market Versus Non-market Allocations[M]. USA:Government Printing Office,1969:59-73.

③ 伊特韦尔. 新帕尔格雷夫经济学大辞典[M]. 北京：经济科学出版社，1996.

巴泽尔从产权分析的角度出发，认为交易成本概念与产权概念密切相关，将交易成本定义为转让、获取和保护产权有关的成本。①达尔曼从签约过程的角度出发，认为交易成本包含了解信息、讨价还价和决策制定、执行和控制成本等环节，将其定义为当交易行为发生时，随之产生的信息搜寻、条件谈判和交易实施等的各项成本。②张五常从一个更为一般化的角度，将交易成本扩展到制度成本的概念，认为交易成本产生于以契约约束竞争的需要，“交易成本包括一切非直接发生在物质生产过程中的成本”或“一切不存在于鲁滨逊（一个人的世界）经济中的成本”。弗鲁博顿将交易成本描述为所有与制度或组织的建立或变迁、制度或组织的使用有关的成本，认为交易成本典型的情形是使用市场的成本和企业内部发号施令的成本，加上必须考虑的政治体制中制度框架的运行和调整的成本，将交易成本分为市场型交易成本、管理型交易成本和政治型交易成本。③威廉姆森将交易成本形象地比喻为经济系统的摩擦力，对交易成本的描述来自其对交易更微观和从契约视角出发的考察，将交易成本划分为：（1）契约签订之前的成本，指签约谈判、起草合同及确保合同履行需要事前计划等付出的成本；（2）签订之后的成本，指契约不适应导致的成本、调整不适应的谈判中讨价还价的成本、解决合同纠纷和保持协调机制的成本、确保合同承诺兑现的成本等。④诺斯从制度与经济绩效的角度，提出制度的建立是为了减少交易中的不确定性，制度与其使用的技术一起决定了交易成本，定义为衡量交换价值、保护权利、监管与实施契约的成本，认为交易成本是社会、政治与经济制度的来源，而制度框架决定了经济绩效。⑤杨小凯从古典分工理论出发，认为交易成本由外生交易成本和内生交易成本构成。外生交易成本是交易过程中直接或间接产生的成本，是不因参与者的利益冲突导致的经济扭曲而存在的成本；内生交易成本是市场均衡与帕累托最优状态之间的差别，由参与者竞争分工带来的机

---

① Yoram Barzel. Economic Analysis of Property Rights[M]. UK: Cambridge University Press,1997:4.

② Carl J.Dahlman. The Problem of Externality[J]. The Journal of Law & Economics,1979 (22),141-162.

③ 弗鲁博顿，芮切特. 新制度经济学：一个交易费用分析范式[M]. 姜建强，罗长远，译. 上海：上海人民出版社，1998.

④ Oliver E.Williamson. The Economic Institutions of Capitalism[M]. USA:Free Press,1985:20-22.

⑤ 诺斯. 制度、制度变迁与经济绩效[M]. 杭行，译. 上海：上海人民出版社，2008.

会主义行为导致。[①]

可以看出，新制度经济学者对交易成本的定义并无本质的分歧，只是在侧重点和范围上有所不同。通过自由交换的价格机制实现资源优化配置是新古典市场理论的核心思想，新制度经济学认为这种市场机制不是免费的，需要投入真实资源去保障制度（或组织）运行。宽泛地说，真实资源就是交易成本。

中国的学术界一般将科斯提出的“transition cost”翻译为“交易成本”和“交易费用”，几乎所有的研究都将二者视为同样的意思，但交易成本的定义在学术界存在不同的理解。虽然中国有学者提出过，“交易成本”与“交易费用”是有区别的，“交易成本”应该是一个总体上的概念，“交易费用”则是局部的概念。“交易费用”之和构成“交易成本”，即交易成本=交易费用1+交易费用2 +……+交易费用n。在市场作用下，“交易成本”通常在配置到交易参与者的过程中形成不均衡的“交易费用”，这是经济学家对相关概念的定义不一致导致的[②]，不同的定义下还会出现看似丰富却无实质意义的讨论，这也是为什么对诸如“交易成本”之类的概念，不建议使用严格定义的原因之一，而且中文翻译出现了两个译名，进而造成大量混用，甚至偏离了“交易成本”概念的核心和基本意义，将其理解为“费用”。[③]因此，本书一律使用“交易成本”这一名称。建议在专业术语的使用上，进行统一和明确：“交易成本”表示新制度经济学中使用市场机制或与市场运行相关的一个抽象的成本概念，“交易费用”表示交易实施过程中涉及的具体费用。在经济学研究中，对新制度经济学理论中的“transition cost”一词，中文统一规范使用“交易成本”一词。

本书认为，对交易成本的定义虽不统一，但并不影响其研究的意义，同时应看到，在其含义上仍有一些基本的共识：首先，交易成本属于经济学中成本的范畴，

① 杨小凯. 经济学：新兴古典与新古典框架[M]. 北京：社会科学文献出版社，2003：140-212.

② 蒋影明. 交易成本理论的失误[J]. 学海，2007（6）：117-120.

③ 如在作为教材的袁庆民（2012）版《新制度经济学》一书中，这样说道：“费用即代价，包括可以用金钱表示的代价和不难以用金钱表示的代价，例如为了完成交易所花费的排队等候时间……费用和成本含义基本一致，因此交易成本与交易费用可以等价使用”仅以此为例，类似情况太多，兹不赘述。参见：袁庆明. 新制度经济学[M]. 上海：复旦大学出版社，2012.

即一种机会成本；其次，交易成本与市场机制相关，即使用市场机制的有关成本；最后，交易成本是有别于新古典经济学中生产成本的完全不同的概念。所以，将经济理论中的交易成本与其在现实世界中的同名物相混淆是一个错误，交易成本完全有别于“交易的成本”。

对“交易成本”概念的理解，包含以下三方面。

（1）属于一个学科范畴

交易成本不同于生产成本，生产成本属于新古典经济学的分析范畴。交易成本是一个属于新制度经济学范畴的概念，并非仅仅因为是新制度经济学的开山祖师科斯提出的，而是因为交易成本的存在表明制度框架为经济效率提供了激励机制，维护市场交易的制度其实是稀缺的。换言之，制度是需要，也是可以通过经济分析进行研究的。建立在交易成本基础上，新古典经济学在制度分析上的发展，形成了新制度经济学。新制度经济学修正了新古典经济学认为市场机制是没有成本的这一假定。交易成本的提出和相关研究，说明了签订契约的成本和其他一些交易成本对资源的配置和经济组织形式等是有深远影响的。经济分析中交易成本概念的提出和使用使得新古典经济学的研究框架中，研究方向发生了改变，即交易成本使产权的分配成为首要因素，提出了经济组织的问题，使经济、政治、社会制度结构成为解释经济增长的关键。交易成本存在的情况下，权利界定、组织形式、市场环境等“制度”因素对资源配置的效率产生重要影响。交易成本这一概念使得制度形成与资源配置效率的关系上找到了直接的联系，也使得对新制度经济学分析资源配置效率这一经济学核心问题的研究找到了以交易成本为中心的理论基础。

（2）是一个抽象概念

因为市场的非完美性和签约的不完全性等，使用市场机制并非在一个零成本的理想世界中。交易成本是对市场机制使用中普遍存在的摩擦力，即正成本，这一共同特征的抽象。与达成交易产生的费用、支出不一样，交易成本可以是尚未产生、尚未支付的费用，如因为产权保障的法律体系不够完备，使得某项本可以使交易双方获利的合同无法达成，从而形成双方未能实现的收益，属于交易成本，而从具体的费用、支出上看，并无任何“成本”。又如，为保障交易的完成，双方建立事后监督体系，这一项非生产性活动的成本也属于交易成本。交易成本概念的提出是因为经济问题的复杂性及其对经济不可忽视的影响，而交易成本是极其复杂的，以抽象化的方式对这一概念进行认识和理解是较为行之有效的方法。将使用市场机制（广义的市场机制实际上包含了企业组织的形式）这一资源配置手段的成本看作是交易成本，与之相对应的是物理成本（可以理解为新古典经济学的生产成本），物理成本是使用市场机制需要的物理条件和交易双方进行交易的具体活动（运输、排队等）的成本。市场的总成本可以看作是具体的物理成本与抽象的交易成本之和。而市场逻辑在于通过成本的降低（或者称为节约），为“有利的交易”（自发交易总是让双方有利可图的）的发生和扩展创造条件。

（3）并无也无需完备定义

就像新古典模型中对生产成本尚无完备的定义一样，理论界对于交易成本尚无，也无需一个明确的定义。对于“交易成本”这样的概念，对其定义应该避免不合时宜的精确性，下一个合适的定义应取决于分析的目的，这一观点来自青木昌彦对“制度”之类的概念的理解，同样适用于交易成本。①正如上文提到的，理论界对交易成本的定义有许多不尽相同之处，虽不统一，但也不是彼此批判，没有提出哪一个定义更适当或更完备一点。这种观点不同却相安无事的状态源于交易成本概念的特点。可以根据分析的不同问题，使用不同情形下的定义。如分析产权问题，可以将交易成本看作是经济个体界定、度量和交换他们对于经济资产的所有权、索取权等产权和确立其排他性权利的成本②；分析传统意义上的合同问题，将交易成本定义为履行合同的成本，即事前准备合同、事后监督及强制执行的成本③；分析组织和治理问题，如果将企业看作一种替代市场的治理结构，交易成本是企业内部科层组织运行的成本或科层组织内部的管理和协调成本④；分析国家经济制度、

① 青木昌彦. 比较制度分析[M]. 上海：上海远东出版社，2001.

② 埃格特森. 经济行为与制度[M]. 北京：商务印书馆，2004.

③ Matthews,R.C.O. The Economics of Institutions and the Sources of Growth[J]. The Economic Journal. Vol.96,1986(3):3-18.

④ Alfred D.Chandler. The Visible Hand: The Managerial Revolution in American Business[M]. USA: Harvard University Press,1977.

政治制度问题，交易成本则是整个经济社会运行的成本；甚至在信息经济学家那里，在市场体系信用成本研究中，可以将交易成本看作是索取有关交易的信息的成本。[①]根据具体分析的对象具体定义，一般化的定义应该是框架性的。

4.2.2 交易成本的存在

与大多数学者的观点一致，对于交易成本的原因，交易成本经济学创建者威廉姆森给出了较为适宜的总结。交易成本不可避免地存在，主要有三个方面的因素：(1) 有限理性（Bounded Rationality）；(2) 机会主义（Opportunism）；(3) 资产专用性（Asset Specificity）。[②]

(1) 有限理性。行为人意图做到理性，但只能保有有限度的理性，是一种获取、储存、重新获得或处理信息的有限认知能力的约束。有限理性使得不可预测性成为一个核心问题。[③]如果仅是双方存在投机性行为和投入专用性资产，但理性能力不受限制，就可以在事前考虑到各种可能的情况及那些情况下的利益分配，签订一个全面的合同，从一开始就进行全面的讨价还价，并在合同中写明各种可能发生之后如何处理。在这样一个完全理性的世界中，交易其实是一个计划的过程，而合同签订的成本和传统经济学中的生产成本没有什么区别。

(2) 机会主义。包括一般意义上的自利行为和以欺诈等手段寻求利益的行为，包括精心计算的误导、欺骗、混淆或制造各种混乱的行为，尤其应重视的是后者。对于机会主义，威廉姆森更多强调欺诈（guile），德姆塞茨更多强调偷懒（shirking），科斯则更多强调敲诈（blackmail），这些有助于理解机会主义行为。[④]如果参与者理性有限，且存在专用性资产投入，但不存在诱发投机的思想条件，即参与者严格自律、言而有信，即使合同存在不同可能的漏洞，交易双方只要

---

① George J.Stigler. The Economics of Information[J]. Journal of Political Economy,1961(3):213.

② Oliver E.Williamson. The Economic Institutions of Capitalism[M]. USA:Free Press,1985:20-22.

③ 西蒙. 基于实践的微观经济学[M]. 孙涤，译. 上海：上海人民出版社，2009.

④ 王瑞. 论交易成本经济学的基本假设[J]. 东岳论丛，2015（10）：143-148.

像合同中约定的那样“信守承诺”，保证合同执行，在只要求合理回报的情况下，追求共同利益最大化，保证了契约的有效履行，交易也就只是一个做出有效承诺的问题。

（3）资产专用性。一种专用化投资不能用于其他生产，或由其他替代者配置使用，否则会造成价值损失。相对一般性投资，专用性资产投资将提高生产效率。只有在交易双方投入的是各自干系重大的专用性资产时，才能有效地进行互利交易。如果参与者只是具有有限理性，存在投机倾向，但资产并非专用性资产，交易双方不可能存在长期互利关系。[①]于是市场中只会存在分散的、逐个签订的合同，也就是一个可以充分展开竞争的市场。

当有限理性、机会主义和资产专用性同时存在的时候，计划不可能十全十美，承诺有可能因私利而遭到背弃，专用性资产投资在提高产出的同时，面临损失的威胁。正是因为这三个因素，交易成本不可避免地存在。[②]在三个因素同时存在的世界中，交易双方形成一种相互依存的互利关系，但这种关系并非绝对稳定，而且无法用事前考虑周到的合同和可以立刻给予公正判决的法律机构来提供保障。

---

① 这里的互利指优于与市场上无差异的其他参与者交易。

② 迪特里希．交易成本经济学：关于公司的新的经济意义[M]．王铁生，葛立成，译．北京：经济科学出版社，1999：29.

4.3 交易成本对市场理论的发展

本书研究的理论基础是经济学分析方法下的市场理论，具体而言，是建立在批判吸收新制度经济学对传统经济学发展的基础上，结合中国具体情况的市场理论。本书将对市场理论的发展从三个方面进行分析：（1）市场成本。放弃传统市场理论中市场成本为零的假设，取而代之的是市场存在不可避免的“制度成本”。（2）交易范围。交易范围的发展包括交易对象和交易本身的扩展，交易包含的不再仅仅是资源配置的商品交换，交易的对象也不再局限于商品，而是一种权利。（3）现实背景，强调研究真实的世界，传统经济学严密的逻辑推理毋庸置疑，但经济理论依赖的假设必须建立在符合真实情况的基础上，而非利于分析。

4.3.1 市场成本的存在

经济学用以描述市场成本概念的正是交易成本。交易成本的提出和应用起源于罗纳德·科斯的两篇经典文章《企业的性质》和《社会成本问题》。《企业的性质》中分析了如果没有交易成本，企业就没有存在的经济基础，因为可以按照分工理论描述的那样，分工下的生产活动可以在市场中实现。在《社会成本问题》中，科斯指出，如果没有交易成本，法律就无关紧要，因为人们可以无成本地获得、分割、联合相关权利的谈判。对此，科斯曾总结：“在某种情况下交易成本被用来显示，如果它们不被用于分析之中，企业则毫无意义；而另一方面，正如我想的那样，如果交易成本没有被包含在分析之中，对于考虑的各种问题，法律是没有意义的。”[①]

---

① Ronald H.Coase. The Nature of the Firm:Influence[J]. Law,Economics and Organization,1988(4): 33-47.

交易成本问题的提出和相关研究，说明了签订契约的成本及其他一些交易成本对资源的配置和经济组织形式等是有着深远影响的。经济分析中交易成本概念的提出和使用，使得虽然经济学研究仍基于新古典经济学的研究方法和框架，但研究方向发生了改变，即交易成本使得产权的分配成为首要因素，且提出了经济组织问题，使经济、政治、社会制度结构成为解释经济增长的关键。

这样的世界中，构成经济体系的制度既没有什么目的，也没有实质意义。科斯明确指出，如果没有交易成本的概念，经济学家就不可能理解经济体系的运行，也不可能使用有效的方法分析和解决复杂的问题，或是为政策决策提供理论支持。交易成本的存在使得交易者有意识或无意识地从事能够促进交易成本减少的活动，也使得经济学家将经济制度作为一个内生要素，分析其如何实现交易成本的节约和交易成本如何影响制度。交易成本概念的提出发展了传统经济学的研究方法，研究方法的这一发展对经济学理论是极其重要的。正如科斯认为经济学和其他学科的区别不是研究方法，而是研究对象（与贝克尔的观点相相反①）。②

以交易成本概念为核心，基于传统经济学研究方法发展的新制度经济学，针对不同的研究领域和研究对象，如产权、组织、合同、经济绩效等，催生了产权理论、治理理论、不完全契约理论、制度变迁理论等新研究。

交易成本概念是任何可以被接受的关于市场经济（原话为资本主义市场经济）实际运行方式的解释的关键所在。对于经济理论来说，忽略了交易成本，就忽略了一个根本的现实特征。如果不对交易成本采取重视，无论是经济行为，还是制度安排都无法得到正常理解。③这里并非认定忽略交易成本的新古典理论没有价值或难堪大任。实际上，就像物理学利用无摩擦力的假定来确定各种复杂系统的属性，在许多领域很成功一样，借用物理学中不考虑摩擦力的方法来说明经济学中那些“不

① Gary S.Becker. The Economic Approach to Human Behavior[M]. USA: University of Chicago Press, 1976.
② 罗纳德·H.科斯. 论经济学和经济学家[M]. 罗君丽，茹玉骢，译. 上海：格致出版社，2010.
③ 弗鲁博顿，芮切特. 新制度经济学：一个交易费用分析范式[M]. 姜建强，罗长远，译. 上海：上海人民出版社，1998.

切实际的”假设也是具有解释效力的。①

4.3.2 交易范围的变化

传统的经济学理论将通过价格机制进行配置的稀缺资源作为交易的对象，表现为一个具体事物：商品（各种形式被交易的资源都可以看作商品的形式，通过市场实现资源配置）。这个视角下的交易对象，因为其具体和直观的特点被轻易地广泛接受。然而，在《企业的性质》中，科斯触发了一个思考：以商品作为交易对象的情况下，企业的生产函数内部化的安排只能通过管理和技术本身的操作得以实现。但是如果企业作为市场的替代物，内部管理方式中的行政安排（权利安排）似乎应该成为交易的对象。在《社会成本问题》中，当面对负外部性问题，科斯提出真正的问题不是如何制止侵害的一方或要求侵害的一方提供补偿，而是允许还是不允许侵害的发生，因为不允许侵害，其实意味着侵害人的利益遭到了损害。相比《企业的性质》，《社会成本问题》对交易对象的发展更加明显，提出“将生产要素视为权利”的观点，这样有助于更好地理解经济现象。对交易者而言，交易的对象是实施一定行为的权利：最简单的一般商品交易可以看作对商品实施包括所有权、使用权等在内的产权集合的转移，对具有外部性的活动进行交易是该活动的实施权在参与者中进行配置。简言之，交易的对象从一般商品扩展到了产权。

对于交易范围，传统经济学一般将交易看作商品通过价格机制实现的交换。威廉姆森将交易从“技术”的核心来定义，认为交易之发生正是源于某种产品或服务跨过在技术上可分清的边界的转移，一个行为阶段由此结束，同时另一个行为阶段宣告开始。②通过这样的定义，原来只能被看作发生在企业和组织内部的现象可以纳入交易范畴进行分析，可以将重点集中于一系列离散的生产和购买决策（前向、后向，还是横向一体化）的研究上，以确定哪些应该外包出去，哪些应纳入企业所

---

① Milton Friedman. The Methodology of Positive Economics//Positive Economics[M]. USA: University of Chicago Press,1953.

② Oliver E.Williamson. The Economic Institutions of Capitalism[M]. USA:Free Press,1985:20-22.

有权的边界之内。根据这样的描述，企业就是一个选择生产还是购买的交易集合。交易范围的扩展和新的定义对经济学的分析方法有着重大影响，可以将交易还原为契约问题，从经济分析的视角来看，可以采用契约视角替代选择视角。

对于社会主义市场经济，交易的对象也可以相应地由作为产权承载物的具体商品扩展到产权，而在扩展的交易范围内，只要是实现了承载产权的商品在技术可分界限上的转移，就可以纳入交易分析。所以，在这样范畴下的交易中，政府并不局限于市场交易的管理者，而是可以被纳入一般市场交易参与者，只要参与的主体具有经济产权，实现了技术可分界限上的商品（或产权）转移。社会主义市场经济的市场理论大大扩展了西方市场理论的研究内容。

4.3.3 真实世界的市场

虽然，经济学因其对复杂的现实问题进行简化、规范的数理分析而被誉为社会科学的皇后。[①]但是，相比简明的数理分析，新制度经济学家几乎都更强调对真实世界的研究，任何经济理论的研究、经济政策的制定都应基于其所处真实世界的现实背景，而非理想化的世界。在理想状态下，分析常常会变得故步自封且失去与现实的联系。[②]科斯为此抨击了“黑板经济学”：关注黑板上写满的公式和教条，而忽略了现实世界中发生的事情。[③]与弗里德曼的经济学的重点在于预测，而假设是否真实并不重要的观点不同[④]，科斯强调经济学研究的价值在于理解而非预测，理论选择价值的标准不应该放弃真实性。科斯主张的真实主义方法论也逐渐受到广泛

① Warren J.Samuels. Economics as Discourse:An Analysis of the Language of Economists[C]. USA: Kluwer Academic Publishers,1990:135.

② Oliver E.Williamson. Ronald Harry Coase:Institutional Economist/Institution Builder[C]. UK: Cambridge University Press,2000.

③ Ronald H.Coase. The Theory of Public Utility Pricing in the Economics of Regulation of Public Utility[P]. Northwestern University,1966:100.

④ Milton Friedman. The Methodology of Positive Economics//Positive Economics[M]. USA: University of Chicago Press,1953:3-46.

关注。[①]考虑经济理论所处的现实背景，即研究真实世界的经济学，有两方面的含义：一是，经济理论赖以成立的前提性假设应该是真实的。二是，经济制度的批判标准应该是在真实世界中存在的。

正如之前所说，新制度经济学认为传统理论“交易成本为零”的假设是不符合真实情况的，进而提出“交易成本为正”的假设前提。经济学理论中，人们熟知的科斯定理指的是：交易成本为零时，外部性问题可以在明晰的产权下通过市场机制达到最优配置。[②]然而，这并非科斯本意，恰恰相反，该论述是想说明在交易成本为零的假设下会产生多么奇怪的结论，从而指出“应当在交易成本存在的条件下去研究这个真实的世界”。[③]传统经济学对交易成本的回避受到了巨大挑战，甚至被张五常（在《交易成本范式》一文中）讽刺为“交易成本存在下的经济学，是现实世界的经济学，现实世界的经济学是学院经济学家害怕涉足的地方”[④]。另一个重要的假设是关于人的行为的假设，特别是理性人的假设。传统经济学在人的行为的假设上一般过于轻率，完全理性的假设直到西蒙的有限理性概念提出[⑤]，才得到符合现实的改进。有限理性也是交易成本存在的人的行为基础。

虽然简单模式的目的在于捕捉事物的本质，以解释当前的实践困惑，并给出可以进行实证检验的预测，针对那些与真实世界相关的主张，如果无论何种目标的企业理论能不被扩展，使之接近被研究的现象，对该理论就应持谨慎的态度。[⑥]像福利经济学以新古典经济学模型下的经济产出作为效率标准的做法是毫无意义的，如果将假设产权完全界定和零交易成本模型下的产出不一致称为“非效率”，所有的经济状态都有“改进”的空间和必要，但很多时候难以在真实世界中实施。

---

① Ronald H.Coase. The New Institutional Economics[J]. Journal of Institutional and Theoretical Economics,1984(140):229-231.

② George J.Stigler. The Theory of Price[M]. USA:Macmillan Co.,1966:113.

③ 周其仁. 研究真实世界的经济学——科斯研究经济学的方法及其在中国的实践[J]. 中国社会科学辑刊（港）1997.2-5.(18/19)：234-243.

④ 张五常. 交易费用的范式[J]. 社会科学战线，1999（1）：1-9.

⑤ Herbert A.Simon. Models of Man:Social And Rational[M]. USA:Wiley,1957.

⑥ Oliver E.Williamson. Institutions and Economic Organization:The Governance Perspective// Annual Bank Conference on Development Economics[C]. The World Bank,2010.

阿罗[①]、德姆塞茨[②]等也有相似的观点，像“非最优”“非效率”或“利用不足”“过度”等词语都是含糊不清的，也极易令人误解，除非它们描述的产出可以直接被改进。与公共政策经济学暗含着严格假设与标准现实“不完美”的制度安排之间的理想分析方法不同，分析真实世界的经济问题的可行办法是通过比较制度的分析，在现实制度安排之间进行选择。相对效率的观点必须涉及现实的稀缺性和人们的现实状况，而不是假定他们能怎么样。考虑现实背景的观点认为：不要讨论理想世界中的政策问题，应该“将分析置于近似于实际存在的环境中……考察一个政策变化所带来的后果，以及……尽力判断新的环境在总体上是好于还是坏于原来的环境”。[③]梅纳尔这样评论到：如果没有对事实的详细考察，经济学想要取得进步是不可能的，需要对经验性研究进行大量投入和对变化的实事采取持续关注。如果发现在事实面前，当前理论受到威胁，要么修正，要么抛弃这一理论。[④]

灯塔的例子说明了经济学家在不了解真相的情况下，会在错误的道路上走得多么远。[⑤]价格刚性是另一个例子，作为新古典价格理论的一大特点，均衡价格对来自需求或成本冲击的反应被理想化地认为是在瞬间完成的，这显然与现实相差甚远。回到真实世界的情况下，市场交易不仅依赖价格，事实上，对大量的市场来说，价格出清的简单模型其实并不适用。[⑥]既然我们将经济学的理论应用于现实问题的研究中，就需要正视真实世界的基础。市场理论作为经济学的一部分，也应当“从人的实际出发”[⑦]来“研究真实世界中经济系统的运行”[⑧]，以事实为基础建立经济

① Kenneth J.Arrow. Economic Welfare and the Allocation of Resources for Invention// Universities-national Bureau committee for Economic Research[C]. USA:Princeton University Press, 1962:614-615.

② Harold Demsetz. Information and Efficiency:Another Viewpoint[J]. Journal of Law and Economics,1969(1):1-22.

③ 弗鲁博顿，芮切特. 新制度经济学：一个交易费用分析范式[M]. 姜建强，罗长远，译. 上海：上海人民出版社，1998.

④ 梅纳尔. 罗纳德·科斯：制度经济学家和制度的建设者. 制度、契约与组织[C]. 刘刚，等. 译. 2003：48-52.

⑤ Ronald H.Coase. The Lighthouse in the Economics[J]. The Journal of Law and Economics,1974(2):357-376.

⑥ 弗鲁博顿，芮切特. 新制度经济学：一个交易费用分析范式[M]. 姜建强，罗长远，译. 上海：上海人民出版社，1998.

⑦ Ronald H.Coase. The New Institutional Economics[J]. Journal of Institutional and Theoretical Economics,1984(140):229-231.

⑧ Ronald H.Coase. How Should Economists Choose?//Economics and Economists[C]. USA: The University of Chicago Press,1994(a):15-33.

理论。[①]人们曾一度习惯于通过对现实市场与假定的理想市场的比较来确定市场失灵。由于现实市场可能比理想市场运行得更好，市场失灵被认为是一种普遍现象。科斯反对这种说法，提出以比较制度方法来研究市场的问题。分立结构的比较分析是将可操作性和可辩驳性很好地纳入其中的一个方式。[②]

另一个值得注意的问题是可修复性，可修复性原则是用对称的方式处理真实世界问题的一种努力，无论是针对公共还是私人部门。这个原则是如果人们找不到一个比现有组织形式更可行的组织形式，现有的组织形式就应被看作是有效的。因为所有的组织形式和交易形式都存在缺陷，可行性的原则从一开始排除了零交易成本的可能。根据可实施条件的要求，执行一项可行的替代方案的成本（该方案经过详细比较，确定比现有方案更优）必须纳入净利润的计算当中。如果预期的净收益为负，我们可以推翻“现有模式是有效率的”这一假设。但我们不能用理想化的模型结果作为效率的评判标准，对现有模式进行效率损失的指责。

经济学中许多脱离实际的假设已遭到越来越多的批评，回到真实世界的方法也越来越受到重视。但是对于中国特色问题的研究，还需要注意的是，即使是更加注重现实基础的新制度经济学运动，也多是基于西方资本主义市场经济的“真实情况”，是否符合中国的实际仍需警惕。特别是政府的职能、政府在公有经济中的作用等方面，社会主义市场经济的实践是不同于西方实践和西方理论的，简单地将社会主义市场经济中的政府、公有产权等按照西方市场理论（即使是基于西方经济学理解下的真实世界）进行分析是有悖于研究真实世界这一初衷的。社会主义市场经济的市场理论必须基于中国特殊的实践基础，具体到本书而言，就是中国社会主义市场经济实践中的政府。

---

① Herbert A.Simon. A Empirically Based Microeconomics[M]. UK: Cambridge University Press,1997: 20-26.

② Oliver E.Williamson. The Mechanisms of Governance[M]. USA : Oxford University Press,1996.

4.4 交易成本视角下市场理论研究内容

交易成本的市场理论认为制度也是稀缺的，制度通过交易成本实现对资源配置的作用。出于将正交易成本纳入核心分析范畴，新制度经济学主要沿着两个互补的方向发展：产权理论与治理理论。新制度经济学市场理论的研究也就在于产权和治理。另外，与之相关的是制度对经济绩效的影响，虽然属于经济史范畴，但也包含了制度通过交易成本影响市场效率的研究。

4.4.1 产权研究

区分经济意义上的产权和法律意义上的产权是有必要的。法律意义上的产权是指所有权关系的法律表现形式，体现的是所有权关系。而经济意义上的产权，从一般定义上说，是指人们接受的，因物的存在而引起的，与物的使用相关的人与人之间的行为关系。经济学理论研究中产权通常被看作是使用资源的权利[①]，新制度经济学中的产权一般还包括与权利相关的社会准则[②]。产权学派认为："本质上经济学是研究稀缺资源的产权……一个社会中的稀缺资源分配是指将权利在资源的使用中进行分配……（而且）经济学问题，也就是价格如何被决定的问题，其实就是产权应该如何界定和交换以及基于什么样的条件的问题。"[③]一般而言，产权的定义由三要素组成：（1）使用该项资产的权利（及该权利适用的边界的界定）；（2）从该项资产获得相应回报的权利；（3）改变该项资产状态或性质的权利。

① Armen A.Alchian. Some economics of property rights[J]. Politico,1965(5):816-829.
② Armen A.Alchian. Economic Forcesat Work[M]. 1977.
③ Armen A.Alchian. Pricing and society[A]. Occasional Papers,Institute of Economic Affairs,1967.

产权研究的逻辑在于产权的界定、转移、保护等直接与市场交易成本相关，产权的明晰和保护对降低市场交易成本是有重要意义的（也就影响经济绩效）。产权的转移因交易成本的存在而有代价，所以产权的初始配置直接影响经济效率。产权分析方法的核心任务是表明产权的内容是如何以特定和可预期的方式作用于资源配置，主要包括产权的方式激励与效率的问题。

关于产权经济学的研究在20世纪60年代十分盛行。产权经济学起源于科斯的思想："一个私营企业系统不可能正常地运行，除非产权在资源中被创造。当产权被创造之后，如果某个人想要利用某种资源，他就必须付款给资源所有者以得到这种资源。这样，混乱就会消失；同时政府也会消失，当然，存在一个法制系统来定义产权并通过仲裁解决纠纷是很有必要的。"①一旦产权被定义且其执行得到保证，资源将被分配到能够使它们的价值最大化的地方，正如神奇的市场创造它的奇迹一样。

产权的界定与执行的代价可能是高昂的，不同的产权安排会导致不同的收益——报酬结构。在交易成本为零的情况下，产权并不重要，因为可以通过无成本的交易实现最有效的配置。但在交易成本为正的情况下，产权就极为重要，不同的产权安排下，人的行为、经济结构、绩效等都是不一样的。交易的目的就是配置产权，进而获得收益。

另外，从产权的组成可以看出，资产的所有权并不在其中，二者实际上是不同的概念。相对于经济意义上的产权，所有权主要体现在其法律意义。（以阿尔钦和德姆塞茨为代表的传统产权经济学将所有权定义为剩余索取权。②以格罗斯曼和哈特为代表的产权学派则将所有权定义为剩余控制权。③米尔格罗姆和罗伯茨提出用剩余索取权和剩余控制权统一的方式定义所有权。④弗鲁博顿和瑞切特认为所有权

① Ronald H.Coase. The Federal Communications Commission[J]. The Journal of Law & Economics.Vol. 2,1959:1-40.

② Armen A.Alchian,Harold Demsetz. Production,Information Costs and Economic Organization[J]. The American Economic Review.Vol.64,1972(5):77-95.

③ Sanford J.Grossman,Oliver D.Hart. The Costs and Benefits of Ownership:A Theory of Vertical and Lateral Integration[J]. Journal of Political Economy.Vol.94,1986:691-719.

④ Paul R.Milgrom. Economics,Organization and Management[M]. USA:Prentice-Hall,1992.

包括剩余索取权和剩余控制权，以及对两者进行交易的权利 。[①]）两者基于不同的分析视角，也不存在包含或对立的关系。将产权作为市场交易的对象，与所有权归属、所有权形式、所有权性质没有必然的联系。学者往往容易陷入一个误区，就是产权与所有权的混淆。或许在产权制度不够发达、交易能力尚在原始状态的遥远的过去，产权和所有权在实际操作中并没有太大区别，随着交易技术、交易能力的大幅提升，差异不断显现出来了。所有权对价值提升并没有影响，也是为什么经济分析中将产权纳入分析的对象，而不是所有权。如果一定要说所有权在市场机制下交易的作用，本书认为主要是调适能力。当交易受到各种扰动时，调适极其重要，所有权背景能够支撑相关产权交易的非市场（即价格）手段调适，从而减少外部力量冲击给市场机制带来的不确定性。因为在真实世界中，并不是所有的交易都是在大家循规蹈矩地遵守市场秩序的情况下展开的。

社会主义市场经济下，法律意义上的公有产权参与了经济意义上的市场交易。将法律意义上的公有产权纳入经济意义上的产权分析是社会主义市场经济实践对市场理论的发展和创新。与西方市场经济不同的是，社会主义市场经济的市场理论不但包含了私有产权，还将公有产权包含在内，并从经济产权的视角，而非私有权的视角对公有产权进行重新认识。

4.4.2 治理研究

针对正的交易成本，以治理的方式研究契约问题和可以转换为契约问题的经济现象的正是交易成本经济学的研究方式。交易成本经济学派基于市场存在正交易成本的前提，以交易为基本的分析单位，将经济问题直接和间接地转换为契约问题，再通过不同途径，把各种不同属性的交易，还原为不同的治理结构（即决定契约关系是否完整的组织结构），从而形成交易成本经济学。交易成本经济学接受产权理

① 弗鲁博顿，芮切特. 新制度经济学：一个交易费用分析范式[M]. 姜建强，罗长远，译. 上海：上海人民出版社，1998.

论的方法和结论，但认为产权理论在经济组织的研究上遇到了障碍，因为产权在以下方面存在问题：（1）是否能被清楚地界定；（2）就算被清楚界定，是否能被法庭理解；（3）是否能保证有效地实施。非市场形式的组织才得以存在，而存在的目的和作用在于，为产权在上述三方面（中的任何一个或多个）缺乏效率的交易，提供使契约完整的治理结构。①产权分析基于的法律能够以一种信息充分、低成本和有效率的方式主持正义，遭到交易成本经济学派的质疑。因为交易参与人不能做到完全的理性，保障市场的法律体系并不能解决所有的争议，也不能毫无成本地运行，契约必然是不完全的。为此，本书提出一个产权学派没能解答的问题：如果界定产权、交易和保障产权的制度成本很高或是难以实施，市场往什么方向发展？无论是产权学派没有认识到产权执行成本的重要性，或是为了专注分析而有意识地进行简化和忽略，这个问题在某些不同属性的交易中确实值得分析。这一问题就转变为，为了降低市场的交易成本，除了通过产权制度路径，是否可以有其他的方法，用组织替代市场就是这种方式。

以威廉姆森为代表的交易成本经济学派重点关注经济组织问题，或者称之为契约关系的治理。在强调交易成本的研究中，威廉姆森倾向于详细分析产权效应，提出一个重要的命题——契约问题的事后支持机制（ex post support institution of contract matter）。换言之，威廉姆森避免了按照新古典理论中简单的即期均衡模型来讨论企业的问题，他实际上考虑的是流动性的连续动态模型。从这种观点看，企业其实就是一个契约、一种制度，或者说是一种治理结构，它的设计主要是为了保证达到“节约”目的，使契约能够得到有效执行。相对其他经济组织的研究理论而言，交易成本经济学派在强调资产专用性的不完全契约情况下，对经济组织如何节约交易成本及其界限何在的问题的研究更具综合性。②

---

① Oliver E.Williamson. A Comparison of Alternative Approaches to Economic Organization[J]. Journal of Institutional and Theoretical Economics.Vol.146,1990(1):61-71.

② 费方域. 契约人假定和交易成本的决定因素——威廉姆森交易成本经济学述评之一[J]. 外国经济与管理，1996（5）：19-26.

虽然有学者将交易成本经济学视为不完全契约理论的一个分支[①]，但似乎并非如此，两者有根本上的区别，一个是对契约不完全情况下契约的研究，另一个仍是对契约本身的研究。交易成本经济学虽然也强调契约的不完全性，更主要是对契约在整体上的研究，特别是事后。有鉴于不完全契约这一理念曾经被视为背离，更不必提不完全契约的正式模型化，格罗斯曼和奥利弗·哈特[②]引入了成为不完全契约的“主要形式模型”的概念。虽然与之前交易成本经济学的部分工作相符（根据之前的操作，由于有限理性，契约是不完全的；由于机会主义，契约作为单纯的承诺并无法自我强化；由于不可证实性，法庭秩序受限；由于特定交易投资，参与者是双边依赖的），但是，还存有一项严重的分裂。具体来讲，鉴于交易成本经济学将主要的分析工作放在契约的事后实施阶段（适应不良导致效率缺乏），格罗斯曼、哈特、摩尔（通过在利益分配上达成共识和零成本议价）排除了事后适应不良，转而将焦点放在了实体资产产权（包括了剩余控制权）配置的差异对契约事前阶段的效率差异的影响方式上。

4.4.3 制度与经济绩效

制度与经济绩效研究的代表人物是诺斯。诺斯从制度环境对交易成本的影响出发，认为影响经济绩效的根本原因在于不同制度下的交易成本差异。他认为信息的不完全和处理信息的思维能力的有限性决定了交易成本，从而形成制度的组成基础，作为衡量交换价值、保护权利、监管与实施契约成本的交易成本，成为社会、政治与经济制度的来源。[③]交易成本反应了制度的整体，正式的与非正式的制度构成了一个经济体，或者在更大规模上，构成了一个社会。这一总体结构决定了私人

① 聂辉华．交易费用经济学：过去，现在和未来[J]．管理世界，2004（12）：146-153.

② Sanford J.Grossman,Oliver D.Hart．The Costs and Benefits of Ownership:A Theory of Vertical and Lateral Integration[J]．Journal of Political Economy.Vol.94,1986(4):691-719.

③ Douglass C.North．The New Institutional Economics and Development[J]．Economic History.Vol.17,1993(9):1389-1395.

契约层次上的交易成本。[①]制度框架对经济绩效起着重要作用，有的制度能提高经济效率，有的会降低效率，其基础逻辑在于交易成本是制度的基础，制度决定交易成本高低，制度框架影响经济绩效。

以诺斯为代表的经济学史学家将交易成本用于制度和绩效分析，将制度看做一种行为约束，表现为规则与管制、道德与伦理的行为方式[②]，认为对交易成本的研究在促进对长期经济和社会绩效的理解方面是十分关键的[③]。一个国家的产品市场或要素市场的交易成本往往是高昂的，而制度框架是通过降低交易成本，提升效率的激励机制。[④]沃利斯、诺斯尝试对交易成本进行度量，用以进行基数化比较。他们将经济活动分为交易活动与生产转换活动，相应的经济活动成本可以看作交易成本与转换成本，前者为处理交易者之间利益关系和执行交易的成本，后者为要素使用和生产转换耗费的成本。[⑤]这种从宏观层面对交易成本的考察被许多学者尝试，运用到不同国家的经验研究中。

---

① Douglass C.North. Institutions,Institutional Change and Economic Performance[M]. UK:Cambridge University Press,1990:93.

② Douglass C.North. Transaction Cost,Institutions and Economic History[J]. Journal of Institutional and Theoretical Economics,1984(140):7-17.

③ Douglass C.North. Transaction Costs Through Time[J]. Economic History,1994.

④ 梅纳尔．罗纳德·科斯：制度经济学家和制度的建设者．制度、契约与组织[C]．刘刚，等．译．2003：48-52.

⑤ J.J.Wallis,Douglass C.North. Measuring the Transaction Sector in the American Economy, 1870-1970[M]. National Bureau of Economic Research,Inc,2010.

4.5 小结

被看作“本来就应该是那种经济学”的新制度经济学是在新古典经济学基础上发展的，并对其做了一定修正的微观经济理论。新古典理论在技术上的发展获得了巨大成功，经济理论变得越发抽象，制度现象却受到越来越少的关注。新制度经济学其实还是运用新古典经济理论来解释制度安排的运行和演化，从而拓宽了微观经济学的适用范围，提高了其预测能力。这一切的开始是交易成本概念的提出，发展成后来分析的核心。

如诺斯所说，在新制度经济学出现之前，所有的经济理论都建立在收益来自贸易的坚实基础之上。从亚当·斯密开始，经济学家认识到，分工与专业化构成了经济生产的基础，允许和鼓励新技术和更有效率的生产方式发展。但这仅仅只是半个经济学理论，原因在于，它忽视了贸易的成本—分工和专业化引起的损失。[①]新古典经济学不存在交易成本的市场理论，虽然为经济学研究提供了易于处理的分析工具，然而对于普遍存在的较为复杂的真实世界中的经济现象，其依赖的假设和分析方法显得过于理想化。

经济学家早就认识到是市场并不是万能的，但是关键问题在于，当市场失效的时候，资源配置的方式该如何改变。新古典经济学理论解释市场失灵的逻辑在于，市场本身无法有效地配置资源，从而需要市场以外的力量进行干预式“帮助”，政府应该作为克服市场失灵的主体，以相应的计划手段进行调控。但是，忽视市场成本的做法的意义是有限的，在其“非常不现实的假设下”，其意义更应该在于作为一个便捷的分析工具，而不能作为效率的标准。新制度经济学改变了传统分析市场

① Douglass C.North. Transaction Costs Through Time[J]. Economic History,1994.

失灵的方法和思路，以市场成本的视角取代市场失灵，将现实可行的替代制度与现有制度的效率差异的比较分析作为效率评判的标准，从而将市场理论的研究带入新的理论结构。正如阿罗的论断："市场失灵并非绝对的，最好是考虑一个更为广义的范畴，比如交易成本，一个通常会妨碍市场形成，甚至极端情况下会阻止市场形成的范畴。"①而新制度经济学针对市场失灵的问题，将交易成本纳入一般化分析，应对市场失灵，着眼于市场交易成本的节约，给出应对市场、产权、组织、契约的方法。

另外，新制度经济学认为，交易成本的存在是实际市场与新古典经济学中完全市场状态偏离的根本原因（而新古典经济学将这种偏离归因于垄断），交易成本的节省是市场组织及非标准化契约形成的原因。其实除了新制度经济学派，许多现代经济学理论家也对实际市场与完全市场的偏离进行了深入研究，主要方式包括博弈论、信息经济学等。与之相比，新制度经济学派的典型特征是，他们强烈依赖对产权、交易成本（事前和事后）和契约概念的运用，他们也需要借助不是那么正式的分析方法，以更进一步地接近现实情况。

按照威廉姆森的说法，新制度经济学沿着两个方向发展：产权理论与治理理论。产权理论更注重交易签约前制度环境的研究，而治理理论认为签约后契约履行的问题同样重要，更加关注针对事后问题的不完全整体签约的制度安排。两者并没有实质的分歧和冲突，只是针对不同的研究对象（尤其是不同类型的交易），适用的程度存在差异。对于存在复杂交易的签约和契约治理问题，治理理论显得尤为重要。

新制度经济学对市场理论的发展是明显的，是分析市场机制行之有效的理论。本书认可新制度经济学的重大理论成果，借鉴其核心思想和主要内容，批判吸收并在基于社会主义市场经济实践的基础上进一步发展该理论，在产权方面扩展了市场交易的内容，将公有产权纳入市场一般交易中，在交易方面扩展了交易范围，将政

① Kenneth J.Arrow. The Organization of Economic Activity:Issues Pertinent to the Choice of Market Versus Non-market Allocations// The Analysis and Evaluation of Public Expenditure:The PPB System,U.S.Joint Economic Committee,91st Congress,1st Session[C]. USA:U.S.Government Printing Office,1969:59-73.

府相关行为纳入交易分析。由此，本章提供了分析社会主义市场经济下企业化政府的市场理论基础。在这一理论基础下，对相关问题的具体分析还需可操作性的分析方法或分析工具，这是本书第五章关注的问题。

5 企业化政府市场效率分析工具：交易的治理机制

社会主义市场经济中，要研究企业化政府在具体经济活动中的作用，需要对地方政府参与的交易进行分析。对于中国地方政府参与下的交易活动，本章关于交易的治理机制理论将为这一研究提供可行的分析工具。对交易的治理机制研究，本章主要采用以威廉姆森交易成本经济学为基础的现代经济组织治理理论。经济组织治理理论开始于纵向一体化和反垄断的研究[①]，进一步发展、延伸到对经济组织的一般化分析，成型为交易成本经济学[②]。现代经济组织理论一直努力校正并回归一个观点："在人类的创新中，利用组织来完成目标这个方法是最伟大的，也是最早的方法。"[③]但在此之前，相比技术上的创新，对组织创新的研究长期受到忽视。交易成本理论的发展为经济组织的研究提供了可辩驳的微观分析基础。[④]企业与市场的绝对区分已经没有通常的分析意义，两者只不过是不同契约关系下的治理结构，而经济组织的真正问题在于什么样的契约被用于什么样的经济活动，以及如何决定的。

---

① Oliver E.Williamson. The Vertical Integration of Production:Market Failure Considerations [J]. The American Economic Review.Vol.61,1971(2):112-123.

② Oliver E.Williamson. Transaction-Cost Economics:The Governance of Contractual Relations[J]. The Journal of Law & Economics.Vol.22,1979(2):233-261.

③ Kenneth J.Arrow,F.H.Hahn. General Competitive Analysis[M]. USA:Holden-Day,1971:224.

④ Oliver E.Williamson. The Logic of Economic Organization[J]. Journal of Law,Economics & Organization. Vol.4,1988(1):65-93.

5.1 行为假定

对人类行为做出必要的假设是经济学研究的一个基本问题，即使对假设的内容，不同学派持不同意见，甚至相互对立。最具代表性的当属以下两个观点：弗里德曼认为假设是否真实并不重要，更具有决定意义的在于在假设下能够获得有价值的结果[①]；科斯则强调经济理论赖以成立的假设不但应是易于处理的，更应该是真实的。本书始终认为对经济组织的研究应贯穿于对“我们熟知的人性”的理解。[②]还有一个值得注意的问题，行为假定的对象与一般经济学中有细微的出入，基于对交易的分析做出行为假设，就没必要指向所有的“经济人”，比较贴切的说法应该是交易人或契约人的行为假定。

在现实情况中契约人的本性下做出如下假定：（1）有限理性；（2）机会主义。这也是交易成本经济学依赖的关键性的行为假定。

有限理性。不可否认古典经济学行为人“绝对理性”的假设对许多经济问题的分析至今具有重要意义，“有限理性”的概念有效地丰富和拓展了经济学分析的一般性和现实性，自提出以来得到了广泛的认同和应用。有限理性在于，行为人应对各种复杂环境中的各种不确定性、认知有限、信息不完全、信息完全却难以分析等情况时，无法如古典经济学的理论毫无成本且完全地计算并决策。但是，有限理性并非表示目光短浅，相反，新制度经济学也强调交易的参与方都是深谋远虑的。借助西蒙对有限理性的描述，可以理解为“有意图，却是有限制的理性”。[③]根据威

① Milton Friedman. The Methodology of Positive Economics//Positive Economics[M]. USA: University of Chicago Press,1953:3-46.

② Frank H.Knight. Risk,Uncertainty and Profit[M]. USA:Dover Publications,2012:197-232,233-263.

③ 西蒙. 基于实践的微观经济学[M]. 孙涤，译. 上海：上海人民出版社，2009.

廉姆森的说法，有意图与有限制的两部分都是值得重视的。[①]有意图意味着具有经济取向，从交易来看，体现为通过节约而获利。有限制的理性表现为，因为个人的认知、预见、技能、时间是有限的，组织对于实现个人目的来说才是有用的投资。[②]如果经济社会处于高度理性，组织设计和分析就显得没有必要了，只需要针对各种交易设计完备的综合性合同就能解决问题。正是将有限理性作为无法回避的现实，正视由此带来的签约成本，出于对成本的节约，设计相应机制的研究就是有意义的。

机会主义。与简单追求私利的机会主义行为假设不同，这里强调一种损人利己的行为，包括精心计算的误导、欺骗、混淆或制造混乱、敲竹杠的行为，无论是在事前，还是事后，也不论是被动，还是主动。哪怕是关于利己主义的假设都存在争议，但在交易中契约人的背景下，机会主义的行为特征是重要的，因为交易中的机会主义是事后行为不确定的根源。如果契约人在交易中都能坦诚相待并信守承诺，事前达成共识并自觉遵守就能解决各种利益问题和冲突，也就不会出现用其他经济组织来代替市场的情况了。机会主义的行为假设招致了不少反对的声音，但是如果理解了行为假定对象并非“经济人”，而是契约人，其中的不少质疑会显得毫无必要。

当有限理性与机会主义共存，将作为交易的契约整理出一个可行的集合，对于一些过于复杂的或过于幼稚的签约方式，可以适当地排除在可行契约之外。所以，可行的契约集合包含两个问题：契约是不完全的，完全缔约在有限理性条件下难以实现。契约是可能被违背的，具有机会主义倾向的交易人不会完全履行协议。

在现实世界中，交易的参与者大多深知市场并不具备理想化的可靠性，他们总是关心违约的可能性。[③]至于保障交易实施和解决争端的法律体系，一方面，不存在一个“机械的司法世界”，立法者不可能具备完全的认知能力，对各种争端在事

① Oliver E.Williamson. The Economic Institutions of Capitalism[M]. USA: Free Press,1985:20-22.

② Herbert A.Simon. Models of Man:Social And Rational[M]. USA: Wiley,1957.

③ Benjamin Klein. Transaction Cost Determinants of “Unfair” Contractual Arrangements[J]. The American Economic Review.Vol.70,1980(2):356-362.

前通过法律体系做出具体规定[①]；另一方面诉诸于法律的目的无外乎是争取利益，解决争端的法律体系并非毫无成本，再加上上述人性特征，许多复杂的交易问题难以裁定。于是，事前通过合同的计算达成整体协议难以实现，或是面临太过高昂的成本，而法律裁决并非免费和理想中的高效。对于明显具有上述特征的交易，签订合同之后的制度，即事后的契约关系治理显得尤为重要。而事后治理结构的研究是经济组织问题的主要内容。

① Hart,L.A.Herbert. The Concept of Law[M]. UK: Clarendon,1961:125.

5.2 交易

5.2.1 交易与签约

威廉姆森并没有按照他的老师西蒙的思路将决策前提（decision premises），而是接受康芒斯的主张，将交易作为分析的基本单位，借用康芒斯的说法“行为的最终单位本身一定包含三个原则，冲突、相关性与秩序，这个单位就是交易”①。相比较前者，将交易作为分析的基本单位更能解决可操作化问题。斯密指出，交易的能力引发了劳动分工，制约着分工的程度，而劳动分工决定了经济效率。②对于交易，威廉姆森给出了这样的含义：交易之发生源于某种产品或服务跨过在技术上可分清的边界的转移，一个行为阶段由此结束，同时另一个行为阶段宣告开始。撇开从技术或生产的角度分析成本，而考察在不同的治理结构下，用以实现这一交易需要花费多少成本（计划成本、调整成本和监督成本），再比较各种治理结构下成本的高低。③对交易的这种描述，一方面拓展了交易的范围，不再局限于所有权的转移，将组织内部或组织间的相关活动纳入交易范畴；另一方面，将交易活动具体化，使其更具可分析性。④这种可分析性在于把属性不同的交易与成本不同的治理结构进行匹配，接下来的问题自然是如何区别不同类型的交易。

---

① Oliver E.Williamson. The Theory of the Firm as Governance Structure:From Choice to Contract[J]. Journal of Economic Perspectives,2002(16):171-195.

② Adam Smith. The Wealth of Nations[M]. USA:Createspace,2013:13.

③ Oliver E.Williamson. The Economic Institutions of Capitalism[M]. USA: Free Press,1985:20-22.

④ 王国顺. 交易、治理与经济效率[M]. 北京：中国经济出版社，2005.

契约视角。经济学最为流行的定义是罗宾斯提出的：经济学是一门把人类行为与稀缺资源之间的关系作为研究对象的科学，稀缺意味着有选择的使用。选择视角一直占据经济学的主流位置。①关于交易，在古典经济学的选择视角下，将交易看作通过选择实现稀缺条件下资源优化配置的技术手段，一直是经济学体系的主导范式。②布坎南认为，经济学作为一门学科，只关注选择理论及其相关的优化工具是错误的。不论他的判断是对是错，人们的确忽视了契约科学的并行发展。③对于复杂经济现象的一个富有启发性的研究方法是契约理论的视角。契约视角下，可以更加接近现实的情况，对经济组织加以分析并加深对其复杂性的理解。④在应用于经济组织的一般性分析上，将所有的交易直接或间接地看作契约问题，有助于了解是否节约了交易成本。从企业内部看也是如此，与价格机制作用下的产品市场的契约相对应，企业是要素市场的契约或契约组合。可以将企业理解为，并不是非市场交易方式替代市场交易方式，而是以一个市场（要素市场）替代另一个（产品市场），或是一种交易替代另一种交易。⑤这对经济组织的比较分析是有重要意义的。根据直接目的可以将契约分为垄断型契约和效率型契约。垄断型契约通过各种手段对竞争进行限制，从而获利，对于社会而言，是一种显而易见的低效；而效率型契约刚好相反，它虽也背离了古典模式，但因其产生的非完全竞争性组织并不是垄断的形式，而是在具有交易成本的市场中，以节约为根本目的，达到资源优化配置而形成的一种治理结构。更详细的表述则是，效率型契约包括：（1）事前，通过产权制度、代理制度实行的激励；（2）事后，以不同治理结构的匹配达到适应。对经济组织治理结构的分析集中在事后的效率型契约上。

① Ronald H.Coase. The Nature of the Firm:Influence[J]. Law, Economics and Organization,1988(4): 33-47.

② 罗宾斯. 经济科学的性质和意义[M]. 朱泱，译. 北京：商务印书馆，2000.

③ James M.Buchanan. A Contractarian Paradigm for Applying Economic Theory[J]. American Economic Review,1975(65):225-300.

④ Oliver E.Williamson. The Theory of the Firm as Governance Structure:From Choice to Contract[J]. Journal of Economic Perspectives,2002(16):171-195.

⑤ Steven N.S.Cheung. The Transaction Costs Paradigm[J]. E.conomic Inquiry,1998(36):514-521.

5.2.2 交易的维度

对交易的分析，需要正视一种极度重要却总是容易被忽视的思想，对交易的不同类型的区分是重要的，不同类型交易的区分来自交易本身涉及内容的经济属性和交易过程中依据的行为假定，应根据不同的交易属性选择相适应的研究方法。换言之，对交易的研究方法而言①，不同类型的交易对应不同的研究方法。

为了将处于经济治理分析范围的交易进行区分，使用三个关键维度对交易进行描述，即资产专用性、不确定性、交易的频率。

资产专用性是指在不牺牲生产价值的前提下，某项资产能够被重新配置于其他用途或价值转移的程度。专用性使得资产面临适应风险。贝克尔最先从劳动力市场的视角对人力资本进行考察。②资产专用性是有条件的，专用性资产问题源于合同执行期间。对一项交易，双方通常面临两个选择，一是专项投资，二是一般性（通资产用）投资。专项投资从技术上节省成本，提高效率，但面临无法改变用途和无法转让的风险。这种权衡问题广泛存在于现实的经济组织间，专用性资产主要包括六种类型：（1）场地专用性；（2）实物资产专用性；（3）人力资产专用性；（4）特定需求追加投资；（5）品牌资本；（6）临时专用性。

资产专用性对交易成本理论至关重要，所有有别于交易双方自动匹配无差异交易对象的古典签约的根本原因在于资产的专用性。不存在专用性资产的情况下，没有任何的单边或双边依赖，也不需要签订（非垄断）契约，市场就是一个彻底的竞争市场。所以（互利的）“交易之所以称之为交易，最关键的条件就是资产的专用性”，甚至，“企业存在的理由，也都只有依靠资产专用性才能说明”。③

不确定性。威廉姆森援引库普曼斯的观点，将社会经济组织的核心问题描述为应对不确定性的问题，特别强调了自然随机因素之外，因人而异的行为引起的不确定性。因为有限理性，无法对各种可能进行现实的谋划。更重要的，由于机会主

① 如产权分析、不完全合同、交易成本经济学.
② Gary S.Becker. Investment in Human Capital:Effects on Earnings[J]. Journal of Political Economy. 1962(70):9-49.
③ Oliver E.Williamson. The Economic Institutions of Capitalism[M]. USA: Free Press,1985:20-22.

义，不确定性会更大，也更复杂。对经济组织而言，其研究意义正是源自它与不确定性的关系。“一个社会中的经济问题，主要是如何因时制宜、因地制宜的问题。”

交易的风险可以归结为在不完全签约和资产专用性共同作用下产生的行为不确定性，从经济组织研究来看，对风险的控制可以是交易双方获利的来源。不确定性使得交易双方在达成协议之后的适应变得重要，如果没有事先签订的完全合同，当不确定的事情无意或有意地发生的时候，交易双方面临新一轮的讨价还价，或诉诸法律，或由第三方解决。而在有专用性资产存在的情况下，适应会不同程度地变得更加困难。对涉及巨额专用性资产的交易，由于不确定性的增大，要求交易双方设计出某种机制来解决问题。

交易的频率是在一定条件下交易发生的次数，根据频率可以将交易简单地分为一次性交易、偶然交易和经常性交易。正如前面分析的，对于涉及巨额专用性资产的交易，适宜的方式是采取专门治理结构。那么，为建立专门治理结构付出的成本是否值得，也就是说专门治理结构的成本能否得到收益的补偿是关键。对经常性交易而言，建立专门治理结构可以起到节省交易次数的作用，从而实现整体上节省交易成本的效果。

5.2.3 签约过程

根本性转变对理解经济组织问题非常重要。按照交易成本经济学的观点，一开始市场上存在众多的买者和卖者相互竞价，但并不意味着此后会有众多交易者继续在同样条件下竞价。此后的竞价是否满足效率标准，依赖于交易的商品或服务是否得到专用性资产投资的支持。在不存在专用性投资的情况下，最初的竞价结果对胜出一方来说只是暂时的，在下一次竞价中并不能获得优势，也将面临其他竞争对手在同一起跑线上的挑战。但如果涉及专用性资产投资，竞争就不一样了，投入专用性资产的一方的竞争优势会比较明显，因为如果中断投入专用性资产，会牺牲双方的经济利益，所以（抛开其他竞争者）双方一对一的谈判是最佳方式，以竞争双边贸易带来的超额利益。于是一种多家供应商之间的竞争让位于双边竞争，根本性转变就发生了。

根本性转变发生后，这时的交易较之古典交易产生了一个新的需要——交易双方分配的利益。古典经济学依赖的两个假定，交易双方对利益分配自然达成共识，讨价还价亦无需成本，就存在了很大问题。①并且，当考虑到有限理性、机会主义和资产专用性②，交易会变得更加复杂而难以进行规范、协调，通过法律解决争端是需要成本的，甚至难以实施。这样，一种有别于依赖法律体系的私人秩序（private ordering），理解为契约履行中，相对于“集体裁决”（collective ordering）的，“经由契约裁决”（ordering through contract）或是“自动裁决”（autonomous ordering）的“私人裁决”（collective ordering）③，也就是通过努力设计治理结构，以支持合同执行期间的契约关系。

简单的签约框架。假设技术手段提供某种商品或服务，一种是通用技术，另一种是专用技术，后者需要一定规模的专用性资产投资，以便更有效率地满足稳定的需求。用k表示专用性资产，通用技术下的交易k=0。相应地，交易使用专用技术时，k>0。如果交易提前结束，专用性资产会遭受损失。在k=0时，可以看作古典市场签约，“在清晰的协议下，明确而迅速地完成交易”④。一旦交易涉及不可忽视的专用性资产，单纯的市场治理关系会暴露在风险之下，交易双方有动力设计一套机制来保障专用性投资。用s表示保障措施的程度，s=0表示不提供任何保障，s>0表示提供保障。这里的保障措施一般包括以下三种形式中的一种或多种：第一种措施是调整激励，一般包含某种类型的解约费用或提前终止协议的罚金；第二种措施是用私人安排替代法庭裁决，表示承认契约的不完全，提供一种私下解决的争端处理机制。第三种措施将交易嵌入更复杂的网络，以便更好地保持合作的连续性，且更便于调适，通过一买一卖的单边贸易向互惠的双边贸易进行拓展。如在互惠协调中，实现交易风险的均衡，或是在某种形式下，基于联合所有权结构，求助于集体

---

① Oliver E.Williamson. The Economic Institutions of Capitalism[M]. USA: Free Press,1985:20-22.

② Oliver E.Williamson. Markets and Hierarchies:Analysis and Antitrust Implications[M]. USA: Free Press,1975.

③ A.V.Mehren. Choice of Law and the Problem of Justice[J]. Law & Contemporary Problems,1977(2):27-43.

④ Lan R.Macneil. The Many Futures of Contracts[J]. Southern California Law Review,1974(47): 691-816.

决策。

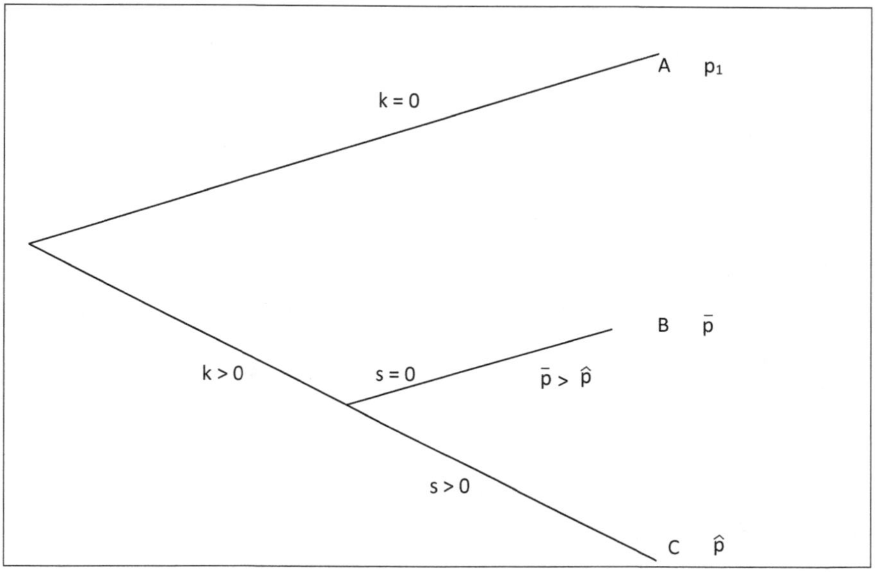

图5-1　简单签约框架图

图5-1显示了一个简单签约框架，A、B、C三点分别表示对应价格，并将用作比较分析。假定供应方：（1）风险中立；（2）愿意在各种技术条件下提供产品；（3）只要能实现预期盈亏平衡，接受任何方式的违约条件。这样，A点表示通用技术（k=0）的供给关系，预期收支平衡价格为p_1。B点表示专用技术（k>0）的供给关系，但不对其提供保障条件（s=0）时的供给关系，预期收支平衡价格为$\bar{p}$。专用技术的使用提高了生产效率，从而降低了收支平衡需要的价格，故而$p_1>\bar{p}$。C点表示使用专用技术，同时为其提供保障措施（s>0）的供给关系，预期收支平衡价格为$\hat{p}$。显然，$\bar{p}>\hat{p}$。

上述简单契约框架适用于多种契约问题的分析。通过强调技术（k）、契约的治理与保障（s）、价格（p）之间相互作用和相互决定的关系，为比较制度分析提供基础。经济社会中的各种实践基本离不开这些内容。图中A、B、C三个分支具有以下特征：(1) 通用资产 (k=0) 能够有效支持的交易位于A点，对于这类交易不需要建立保障性的治理结构，满足条件的市场是一个竞争世界，只需要分别签订合同即可。(2) 涉及不可忽略的专用性资产投资的交易 (k>0)，双方有必要进行互惠的双边交易，才更有效率。(3) 不具备保障性措施 (s=0) 的B点，预期盈亏平衡价格较有保障措施 (s>0) 的情况下更高，交易往往不稳定，可能会用替代性的通用资产而使交易回到A点，或者通过引入各种措施维持专用技术的使用，使得交易向C点转移。(4) 具备保障性措施的C点代表了资产得到风险保护的交易。(5) 由于价格与治理结构密切相关，效率（价格）与竞争（保障条款）难以达到兼得的状态。也就是说，对整体上的契约，即与契约有关的全部问题的研究，更为重要。无论是事前合同的条款，还是事后合同履行的方式，都随着投资特性和交易被嵌入的治理结构的变化而变化。

5.2.4 不完全整体签约

不完全整体签约包含两层含义：(1) 契约的不完全性；(2) 契约是一个整体的契约。

契约的不完全性，作为上述行为假定下的后果，具体可以包括以下几点：(a) 契约双方无法将未来所有可能的情况都考虑到；(b) 某些未来突发事件本身细节模糊；(c) 无法对未来突发事件的性质达成共识；(d) 无法对为适应未来突发事件采取的恰当措施达成共识；(e) 无法对未来突发事件造成的影响和后果达成共识；(f) 对为适应突发事件而采取的措施是否与契约中说明的内容一致无法达成共识；(g) 即使双方都清楚地被告知已成为现实的突发事件，且采取得到共同认可的适应措施，法庭却可能不能充分理解，双方仍有可能陷入代价高昂的讨价还价的困境。契约的不完全并不意味着当事人缺乏远见，既然一开始明知困扰契约的潜在风险，在契约达成的过程中，当事人会将事前契约达成的内容与事后契约执行的保障进行整体的考虑。事后的保障机制是交易的治理问题，应该在签约的时候被放入整体中进行研究。

5.3 契约关系的治理

5.3.1 契约的类型与契约法

契约法律体系对交易的作用不仅在于单项签约活动，还在于如何使契约达到预期目的。因此，在这一理解上，契约法作为交易的制度背景，起着以下三方面的重要作用：（1）作为解决交易争端的终极手段，用以界定威胁的位置；（2）类似“免责条款”的作用，以激励契约达成目标，避免过于严苛按照契约的字面意思强制执行造成的损失；（3）为各种独特的治理模式提供与之适应的契约法制度支持。

这里借鉴麦克尼尔的“三分法”对不同契约法的分类，将契约分为：（1）古典式契约；（2）新古典式契约；（3）关联式契约。以便将契约法应用于经济组织的研究，对契约类型与治理结构进行分析。①

古典式契约。古典式契约的特点在于通过拆分契约的方法，将需要考虑的情况在契约中进行逐一清晰明了地表述，从经济上看与这种表述对应的是待定索取权合同，需要签订完全契约才能将各种可能清楚说明，根据商品特点和未来状况拟定条款，也可以看作是贴现。②古典式契约通过以下方式得以实现：一是，交易双方的身份明确与否无关紧要，这里完全符合传统经济学中的“理想”市场交易；二是，协议的性质和明细被明确敲定，以正式协议作为日后各项矛盾的判定准则；三是，

① Lan R.Macneil. The Many Futures of Contracts[J]. Southern California Law Review,1974(47): 691-816.

② Lan R.Macneil. Contracts:Adjustment of Long-Term Economic Relations under Classical,Neoclassical and Relational Contract Law[J]. Northwestern University Law Review, 1978(72):854-906.

严格限制协议增补，即使规定的当前状况无法实现，双方也可依据协议最初的预见和共识有效应对，而不会纠缠不休。由于不存在第三方介入，协议强调法律规则、正式文件、自我清算的那类交易。

新古典式契约。古典式契约不能适用于所有交易，尤其对在不确定条件下的长期契约而言，难以做到明晰表述，协议或者无法履行，或者履行成本过高。此时会出现新的问题：一是，交易双方无法将未来所有可能完全预见；二是，对于很多意外情况，在确定发生之前，难以明确一个适当的适应标准；三是，对于无法事先明确的变化和应对，交易双方一旦出现分歧，很可能陷入互不相让的局面。这种情况下，古典式契约可能破裂，解决办法包括：一是，放弃交易；二是，放弃市场方式，改为在组织内部解决，在同一所有权下，以行政命令辅以层级激励和控制制度，实施相应决策；三是，设计一种新的契约关系，增加一层治理结构，使交易可以进行下去。第三种办法即新古典式契约。借助第三方的帮助来调节纠纷并评价业绩比诉诸法律更有效。弗里德曼发现，一般而言，一旦因纠纷对簿公堂，契约关系将就此彻底破裂。[①]威廉姆森对第三方仲裁与法庭诉讼在程序上的区别加以说明，是新古典契约的一个代表性方式。[②]

关联式契约。为维持现存交易关系，从古典式契约法律系统到新古典式法律系统，发展出了新的方式，以满足契约的复杂性和持久性不断增加的情况下，对更有效率、有针对性地就各种变数进行调适的契约法需求。此时的契约不再是单个的、互不相干的合同，而是微观世界里不局限于交换及其直接后果的一整套行为规范。与新古典经济学的契约体系不同，双方可以根据当初的协议精神，制定一个以适应未来真实情况为目标，包含一些基本标准的关系框架。换言之，不是为如何应对未来可能出现的情况制定协议，而是就未来出现新情况后应对的目标、原则、程序等机制达成协议。

契约法是交易实施的制度背景，不同的契约类型体现相应的契约法体制，契约

---

① Milton Friedman. Contracts Law in America[M]. USA:University of Wisconsin Press,1965.
② Lon L.Fuller. Collective Bargaining and the Arbitrator[J]. Wisconsin Law Review,1963(3):3-46.

法为相应的治理模式提供了支持。古典式契约极度货币化，契约法被以一种极度法律化的方式进行解释和执行。古典契约法与自发的市场组织形式一致，支持这种市场组织形式。新古典式契约双边依赖明显，相对严格、刻板地执行协议，更需要得到支持。新古典契约法的特征在于法律系统使确保履行的承诺是适度的。自制是支持内部组织的契约法，内部组织即层级制，有条件成为一种更具弹性和调适力的治理模式。企业作为一系列契约[①]，组织内部争端以层级制下的行政命令为调适依据，并以自制法则为支持。

5.3.2 有效的治理结构

由于存在有限理性、机会主义和资产专用性，一个竞争性的市场出于节省交易成本的需求，存在大量需要契约关系治理来保障的交易。根据上述不同交易维度对交易的描述，本节考虑不同类型交易下有效的治理结构。

如前所述，交易成本经济学理论区分交易类型的主要维度是资产专用性、不确定性和交易的频率。首先假设不确定性已经达到要求交易各方做出关于适应它的连续性决策的严重程度，对于不确定性带来的问题需要不断适应，且事前无法安排适当的对策，于是在不确定性下，集中分析资产专用性和交易频率两个因素，再在此基础上进行关于不确定性的讨论。考虑把资产专用性分为三类：非专用的、混合式的、高度专用的（独特）。将交易频率也分为三类：一次性交易、偶然交易、经常性交易。一次性交易与偶然交易尽管在性质上有很大不同，但在分析中，两种交易的区别并不明显，可以合并在一起分析。于是，针对这三类资产专用性和两类交易频率划分的交易，与相应的治理结构匹配情况如下表所示。

① Armen A.Alchian,Harold Demsetz. Production,Information Costs and Economic Organization[J]. The American Economic Review.Vol.62,1972(5):777-795.

<table>
<tr><td colspan="2" rowspan="2"></td><td colspan="3">资产专用性</td></tr>
<tr><td>非专用</td><td>混合的</td><td>特定的</td></tr>
<tr><td rowspan="2">交易频率</td><td>偶然</td><td>市场治理</td><td colspan="2">三方治理
（新古典式签约）</td></tr>
<tr><td>经常</td><td>（古典式签约）</td><td>双方治理
（关 联 式</td><td>统一治理
签 约）</td></tr>
</table>

表5-1　契约关系的治理

市场治理。市场治理针对的是非专用性资产技术下，偶然的和经常性的契约。首先，对经常性的交易，市场治理方式显而易见，双方只需凭借自己的经验即可决定是维持交易关系，还是轻易在市场中进行替代（购买方可以选择市场中同样条件的供应商，供给方可以改变投入的通用资产用途或转让）。另外，对于偶然性的交易，交易一方难以根据已有经验进行判断，但也可以通过他人购买或销售类似产品的经验进行评价和判断，基于这种评价，交易双方都会以负责的方式实施交易的激励。市场在这里发挥了传统经济学中的神奇作用，保障了交易需要的种种条件。契约的正式条款规定了交易的实质内容，使得交易双方的身份变得无关紧要，市场也能自然地保护双方免受投机的伤害。当然，只是表明相对于这种类型的交易，市场治理结构是适应的，并不是说现有的市场法律和规则体系已经完备。就市场本身的研究而言，关于产权保障、争议评判等规则体系的研究是重要的，但是另一个课题。

三方治理。三方治理适用于混合式的偶然交易和特定的偶然交易。对这类交易，一旦达成协议，交易者将有巨大的动机将其维持下去。因为如果改变交易，需要改变资产用途，由于存在资产的专用性，专用性资产将面临损失，交易者将面临古典式契约的局限性和交易投入到一定程度的（足够大，但并未大到能覆盖新建一个专门治理结构的成本）高昂的专用资产成本。市场治理不足以达到满意的效果，而为此专门建立一个治理结构，相对成本太高，显然需要借助适中的制度形式来建立相应的治理结构。于是，就像新古典契约大多具有的特征一样，引入第三方的帮助（仲裁）来解决纠纷，而尽量避免直接诉诸法律，通过广泛采取专业性的补救措施，保障交易持续进行下去。

双方治理。双方治理针对的是混合的资产专用性条件下的经常性交易。在混合的资产专用性支持下，如果交易是需要重复进行的，满足前述根本性转变的条件，交易关系的持续性变得有价值。与三方治理适用的交易相比，通过交易的重复进行，为补偿专用治理结构的成本提供了条件。在治理结构下，交易双方仍能各自独立行事。专用交易是指生产中所需的人力资产和实物资产必须达到专用化程度的交易，专用性决定了生产的规模经济。然而由于生产特征并未要求完全专用化的程度，生产的规模经济可以通过从市场外部购入非专用性质的要素得到弥补。与完全一体化相比，外部购入的方式既可以实现生产上的效率（规模经济），又保持了市场的激励作用，限制了官僚制度的缺陷和约束。双方治理的情况下，交易双方有维持合作关系的强烈愿望，以避免牺牲专用交易带来的利益，同时，各方为了自身利益，使得顺利完成双方接受的调整十分困难。既然存在这样的问题，又是经常性发生，于是，交易双方通过订立双边可以信赖的条款，对交易进行保障和适应。一种双边交易结构就此形成。

统一治理。统一治理适用于高度专业化的经常性交易和部分高度专业化的偶然性交易。与双方治理一样，专用性和经常性使得交易发生了根本性变化。资产专用性越强，专业化带来的规模经济效果越明显。随着专用化程度的加深，市场治理逐步让位于双方治理，从而，双方治理被统一治理取代。统一治理可以对应地看作纵向一体化，其优点在于能够适应一系列的连续变化，而无需不断对协议进行分析、设计、谈判。双方通过统一的所有权，保障利益最大化。通过企业内部管理机制对变化做出调适，通过企业内部的激励机制对效率提出要求。

5.3.3 不确定性的说明

以上分析虽然只从资产专用性和交易频率两个维度进行考量，但正如上一节一开始所说，已将不确定性考虑在内，但并没有根据不确定的程度再对交易类型进行区分，实际上，那样的做法也是相当困难的。不确定性一方面让交易变得复杂，更加体现了适应的要求，另一方面使得交易类型适应的治理结构向不同的方向移动。分别来讲，对于非专用性的交易，根据前面的分析，既然能较容易地达成新的交易，即使不确定性增大，只要是标准化的交易，就可以通过市场治理加以解决。对存在专用性资产的交易而言，涉及专用性资产的保护，不确定性的影响大了许多，也会使契约问题变得困难和复杂。就混合投资的交易而言，不确定性的增大极易使交易滑向某一个极端，要么为了得到更标准化的产品或服务而牺牲适应弹性设计，使用市场治理方式；要么保留调适的效力而将交易改到组织内部进行，实行统一治理。反之，不确定性的降低会使交易反向变化。总之，不确定性会使交易变得复杂，使交易成本增加。不确定性的增大使得对治理结构组织交易的需求更迫切，不确定的程度会从不同方向影响治理结构的适用，但就具体影响而言，更需根据交易的实际情况进行考察。

5.4 分立结构的治理选择

分立结构的选择分析（the analysis of discrete structural alternatives）是交易成本范式的基本方法①，也是交易成本理论可操作化的发展和体现。②分立结构的治理选择可以表述为，以交易成本节约为特征，将经济组织问题进行分立结构分析，以比较制度的观点探究经济组织。分立结构分析一词最早是由西蒙引入比较经济组织研究中，随着经济学从价格和商品数量为核心的研究向制度研究的拓展，使用边际方法的定量分析，逐步转向利用分立结构进行比较的制度分析。③如西蒙所言，这样的分析常常无需精确的数学模型或边际运算即可进行，与说明两个数量在边界上相等的条件相比，证明两个数量不相等显然要简单得多。除了因制度问题本身的特点，难以实施一种根据某一范围内连续变量来描述组织的有效方法，采取分立结构的比较分析④还由于：一是，企业形式不仅是市场的延伸，还需运用各种不同的手段；二是，分立契约法的差异为定义所有一般治理结构提供了支持；三是，与相同组织方式的边际分析相比，不同组织层面的分析不应该被忽略。

---

① Oliver E.Williamson. A Comparison of Alternative Approaches to Economic Organization[J]. Journal of Institutional and Theoretical Economics.Vol.146,1990(1):61-71.

② Oliver E.Williamson. Comparative Economic Organization:The Analysis of Discrete Structural Alternatives[J]. Administrative Science Quarterly.Vol.36,1991(2):269-296.

③ Herbert A.Simon. Rationality as Process and as Product of Thought[J]. The American Economic Review. Vol.68,1978(2):1-16.

④ Benjamin N.Ward. The Socialist Ecnomy:A Study of Organizational Alternatives[M]. USA: Random House,1967:38.

5.4.1 治理的维度

为节约交易成本，交易因不同属性区分的各种类型应与具有不同成本和效率的治理结构进行匹配。不同类型治理结构的成本与效率差异具体应该如何体现？什么原因导致的这种差异？需要进一步用不同的治理结构将治理维度化。具体而言，将治理结构分为三个不同的市场治理模式：市场制、混合制、层级制。进而比较三种治理模式的特征和成本就是本节的主要内容。（治理结构：决定交易完整性的制度矩阵；治理机制：交易的契约制度。）

1.适应

适应是经济组织的核心问题。因为经济问题总是且只是随着变化而出现，社会的经济问题主要是在特定情形下迅速适应的问题。交易的治理研究围绕交易成本的节约，而经济组织作为市场的替代机制，体现在其通过调适而降低交易成本的功能。只有当考察做出非计划性适应，交易成本的分析才是有意义的，市场与内部组织的对立才会产生。[①]威廉姆森综合了哈耶克和巴纳德分别利用市场和组织对适应问题的研究，提出两种具有替代性的调适方式，自发式调适和协作式调适，比较了两者在不同情况下的适应性优势。哈耶克将价格机制称为“市场的奇迹”，认为价格机制有着强烈的自发性特征，是一个人类偶然发现（并非精心设计），尚未理解便学会运用的构造之一。价格的变化反应了商品的需求或供给变化，与之相呼应的，参与者依此能够采取正确的行动，将其称为自发式调适。[②]巴纳德关注组织内部的调适，将其定义为人与人之间有意识的、有目的的、经过慎重思考的合作，通过对复杂特征的平衡的维持，调整组织内部的各种过程，而形成的“内部组织的奇迹”。[③]调适的方式对具有双边依赖特征，而不得不面临各种讨价还价、可靠承诺

① Harald B.Malmgren. Information,Expectations and the Theory of the Firm[J]. The Quarterly Journal of Economics. Vol.75,1961(3)399-421.

② Friedrich A.Hayek. The Use of Knowledge in Society[J]. American Economic Review,1945(4):519-530.

③ Barnard. The Functions of the Executive[M]. USA:Harvard University Press,1938:4-6.

等问题时，事后谈判的预期会引起事前无效规定的情况下协调的需求越来越大，交易双方将求助于不同于自发式调适，而具有协作性质的调适，即协作式调适，使得在双边依赖性质的交易中更具适应优势。①

2.治理结构的比较

市场制与层级制是两个极端的模式，本节的主要目的是联系两个极端模式，对相应特征进行比较，由此引出对混合模式的定位。内部组织对市场的替代，可以从以下三个方面进行分析和比较：（1）激励；（2）控制；（3）调适。调适即上述区分的自发式调适和协作式调适，调适的效果是不同治理结构的绩效特征，而激励强度与行政控制是实现绩效的工具。加上之前关于支持不同类型交易的契约法的讨论，可以将市场制、混合制、层级制治理结构的区别特征用表5-2表示。

	治理结构		
	市场制	混合制	层级制
工具			
激励强度	++	+	0
行政控制	0	+	++
绩效特征			
自发式调适	++	+	0
协作式调适	0	+	++
契约法	++	+	0

注：++表示强；+表示半强；0表示弱。

表5-2 市场制、混合制和层级制治理结构的区别特征

首先，就激励而言，在自发式调适上，市场制就是个“奇迹”。对于给定的扰动，价格是充分的调节手段，参与者通过价格自主调整，在个人福利的争取上，各

① Sanford J.Grossman,Oliver D.Hart. The Costs and Benefits of Ownership:A Theory of Vertical and Lateral Integration[J]. Journal of Political Economy.Vol.94,1986(4):691-719.

方都有很强的激励。当双边依赖存在时，情况发生了变化，双边依赖使得依靠层级制实现收益成为可能。随着双边依赖的逐步确立，利用正式组织对未预见的扰动进行调试更具优势，同时降低了激励，导致更多的组织成本。另外，加入对行政控制差异的考察，组织内部通过各种行政控制或强制手段，较之企业间的活动更加直接有效，无需太多花费，特别是在冲突发生的时候，以命令的方式解决是最普遍的。①行政控制的效率支持了层级制度，而往往伴随着激励强度的压低。如果较高的激励强度对双边适应造成阻碍，由更多行政控制支持的较弱激励可能是更优的。市场制和层级制在激励强度和行政控制上的特征，如表5-2表示的那样。

对于市场制和层级制在调适契约法方面的特征，根据之前的论述，市场制表现为强自发式调适特征，层级制则表现为强协作式调适特征。与市场制相匹配的是古典契约法，层级制匹配的则是自制。

市场制与层级制是极端的治理模式，现实中存在大量介于两者之间的混合模式。联系两个极端模式对混合模式，即混合制的定位，是本节的目的所在。混合制在激励强度、行政控制、自发式调适、协作式调适四个方面显示出中间特性，保留了较强激励的同时，对扰动有着相对自主的调适权，是一种激励强度和适应调整取舍的结果。对于存在双边依赖的交易，混合制虽然弱化了激励，但提高了扰动反应的协作调适能力，从而降低交易成本。而在契约法方面，混合制的新古典契约法比市场的古典契约法更具弹性，比层级制的自制契约法更符合法律规范。

概括而言，混合制是一种半强激励与中等程度的行政控制，显示出在自发式调适和协作式调适方面的半强特征，依据准法律中心主义的契约法运行。

5.4.2 治理结构的匹配

威廉姆森将分立结构的分析方式称为对节约的一阶分析，将最大化边际分析方

---

① Andrew B.Whinston. Price Guides in Decentralized Organization in Cooper,William W. Leavitt, Harold J. & Shelly,Maynard W,New Perspectives in Organization Research[C]. USA:Wiley,1964:405-48.

法称为二阶分析。①虽然在经济学界得到采用以来，边际分析法因其更容易实现满足最大化假设的结果，得到广泛使用，但不适用于最大化假设需要在分立结构上进行区分的时候，受到了质疑。即使现在，尽管分清轻重缓急的重要性不言而喻，一阶分析还是受到忽视。分立结构的分析方式仍没有被更广泛地采用，主要在于相对边际分析缺乏数学上的“精确性”，而太多经济学家似乎对数学上的精确性有种天生的痴迷，或是为了掩盖自己逻辑的缺陷。边际分析有不可否认的优势和价值，但在经济问题的分析中，应该首先研究一阶的分立结构效应，之后才是二阶边际改善。“首要的问题不是‘一个人买多少水灾保险’，而应该是‘怎样的结构条件使得买保险更理性或更有吸引力’；不是‘工资将固定在何种水平上’，而应该是‘什么情况下，工作将按照雇佣契约而非销售契约进行’。”②

前面的分析为进行治理结构的比较做了充分的准备，诚如之前所述，资产的专用性在交易的治理分析中扮演核心角色。正是由于资产的专用性，双边交易是有利可图的，从而产生了双边依赖，进而在有限理性和机会主义的人性背景下，引发了契约风险。接下来，在专用性资产条件下对不同治理结构进行比较分析。这里为简化分析，将重点置于交易成本的节约，不将生产成本和收入纳入考虑范畴。

将治理成本表述为资产专用性的一组外生变量的函数形式，从而使各种治理结构的成本差异的关键特征得到清楚地展现。虽然资产专用性有着不同的形式，但共同的结果是随着资产专用性的增加，双边依赖加强，适应的成本随之增加。当资产专用性为零时，交易呈现出经济学上理想交易的特征，也不存在任何形式的双边依赖。随着对专用性资产投入的增加，交易者身份将会因专用性资产用途（或产权）改变的成本变得重要。

对于三种不同的治理结构，首先从市场制和层级制两个极端情况出发，用k表示专用性资产，M=M(k)和H=H(k)分别表示市场制与层级制相对专用性资产的治理成本。对于各种交易来说，在不存在资产专用性的情况下，市场的自发式调适可

① Oliver E.Williamson. The Mechanisms of Governance[M]. UK:Oxford University Press,1996.

② 西蒙. 基于实践的微观经济学[M]. 孙涤，译. 上海：上海人民出版社，2009.

以有效适应各种外部扰动。而层级制一方面增加了管理成本，又能由此获得附加收益，其治理成本明显高于市场制，于是有$M(0)<H(0)$。随着资产专用性的增加，双边依赖效应逐渐加强，需要做出协调反应的各种干扰增多，交易各方由于意见分歧和追求私利的讨价还价，将带来越来越高的适应成本。即，对各种交易而言，治理成本将随着资产的专用性增加而增加。同时，因资产专用性增加，越发需要交易各方达成一致来保障交易实施的时候，市场制高强度的激励在协作式调适方面表现得无能为力，与之对应的层级制在协作式调适方面的优势开始显现，表现为边际上成本节约的优势。综合而言，有$M'>H'>0$。混合制在激励强度、适应性和官僚成本方面介于市场制和层级制之间。较之市场制，混合制牺牲了激励强度，但有利于部门（交易各方）间更高级的协作。较之层级制，混合制牺牲了合作优势而保持了更大的激励。

对于某些交易，对扰动做出的必要调适既非采用市场自发式，也非内部协作式，而是两种方式的混合。在k的某个区间范围内，以混合调适支撑的交易模式可能是分别采用市场制或层级制支持的自发式调适或协作式调适。对于混合制，用$X=X(k)$表示其相对于专用性资产的治理成本，有$M(0)< X(0)<H(0)$，$M'>X'>H'>0$。图5-2是将上述结论用图形表述的结果。

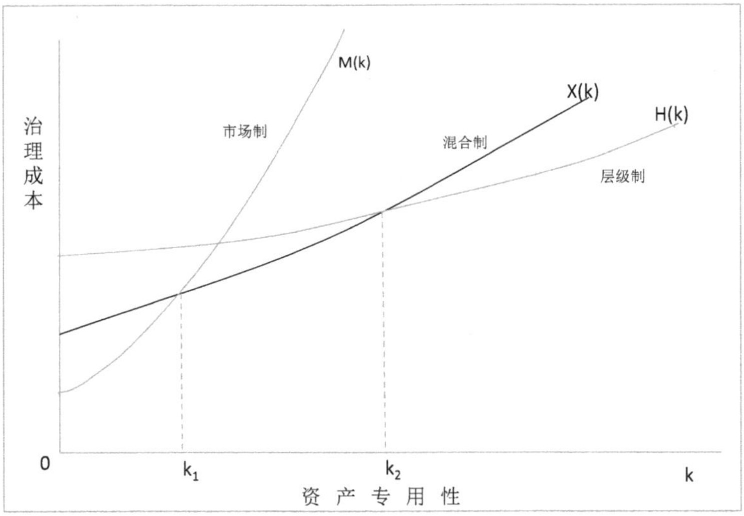

图5-2　不同治理结构的治理成本比较

如图5-2所示，有效的供给将在包络线上运行，对于特定交易，若k^*为最优专用性资产投入，交易的有效供给满足下述规则：（1）当$k^*<k_1$时，适用市场制；（2）当$k_1 < k^* < k_2$时，适用混合制；（3）当$k^* > k_2$时，适用层级制。

5.4.3 制度环境的比较静态分析

交易分布会随着制度环境中的干扰而产生变化。作为新制度经济学的命名者，威廉姆森认为新制度经济学由必不可少的两部分组成①：（1）制度环境，指一系列为生产、交易和分配奠定基础的根本性的政治、社会和法律规则，共同构成了生产、交换和分配的基础，如产权制度、契约全规则、选举制度等；（2）治理制度，即戴维斯和诺斯所说的制度安排，指经济单位规定它们之间协作和（或）竞争的方式的某种安排，以提供一种结构，在结构中能够合作……要不提供一种可以使法律或产权产生变化的机制。②

以上的分析是建立在将制度环境作为外生变量的基础上，在假定制度环境不变的情况下，交易与治理结构匹配。制度环境是指一系列为生产、交易、分配奠定基础的根本性政治、社会和法律规则，共同构成了生产、交换和分配的基础，包括各种政治、产权和契约权的规则。制度环境与治理制度是新制度经济学的两个必不可少的部分。如果将制度环境作为参数，制度环境的变化将引起比较治理成本变动，从而对治理制度产生影响。

新制度经济学认为市场机制是有成本的，无论市场机制的技术和法律保障到了何种程度，市场成本都是存在的。不可否认的是，市场机制的技术和相应规则的完善对市场成本有重大影响。比如，产权的界定和执行的进步对市场机制的治理成本的直接影响是使得M(k)曲线向右移动。因为在其他条件不变的情况

① Oliver E.Williamson. The Mechanisms of Governance[M]. UK:Oxford University Press,1996.

② Lance E.Davis,Douglas C.North. Institutional Change and American Economic Growth[M]. UK: Cambridge Press,1971.

下，随着市场机制的进步，治理成本是会下降的。反之，对于市场产权制度相对落后的经济，其M(k)曲线的位置会相应地靠左。支持市场制的古典契约法和契约法执行与保障的提升，同样是使得M(k)向右移动的力量。可以看出，在市场机制相对不够完善和健全的制度环境下，M(k)与X(k)曲线较相对完善和健全的制度环境会发生向左的偏移，从而产生混合制对市场制的替代，层级制对混合制的替代。反之，市场机制的完善会产生市场制对混合制的替代和混合制对层级制的替代。还可以看出，市场机制的技术发展和保障提升对治理成本的节约是有好处的。随着市场机制的完善，M(k)与X(k)曲线向右移动，由此引发的市场制对混合制、混合制对层级制的替代使得同样资产专用性的条件下，治理成本处于更低的位置。

管理技术的提升会引起自制契约法这一制度环境因素的参数发生变化。企业内部管理技术的提升，除了从生产的角度，从治理的角度看，会降低层级制的治理成本，在其他条件不变的情况下，H(k)曲线会向右移动。可以得出，管理技术提升，H(k)曲线会向右移动，引起X(k)曲线相应右移，从而产生层级制对混合制的替代，混合制对市场制的替代，企业的边界扩大，双边贸易相对古典市场发生扩张。而对市场制的替代不是垄断力量及其导致的市场低效，而是节约交易成本的市场经济的发展结果。

市场制的M(k)曲线位置受不同制度环境中政治、法律因素的影响较大。而层级制的H(k)曲线受文化因素影响较大，青木昌彦通过对日本企业制度的研究，比较了不同文化背景下层级制的特征和作用。[①]

不确定性对治理结构的影响更加复杂，首先不确定性的增加可能有两种形式：扰动的频率增加，扰动的方差增大。无论哪种形式，还是两种形式同时发生，不确定性的增加会使得同等情况下治理成本上升，也就是M(k)、H(k)、X(k)曲线向左上方移动，同时，混合制的调适既不能像市场治理由交易各方单方面实施，又不能

① 青木昌彦．日本经济中的信息、激励与谈判[M]．北京：商务印书馆，1994.
青木昌彦．比较制度分析[M]．上海：上海远东出版社，2001.

像层级制用行政命令进行，而必须一致同意且需要时间。如果一种混合制模式在调适时遇到新的干扰，可以预见的是，调适必然失败。当不确定性增加时，混合制更容易被替代，市场制和层级制将增加[1]，表现为X(k)曲线相对M(k)和H(k)曲线，上移幅度更大，在两个方向上分别会被市场制和层级制替代。更极端的是，当不确定性足够大时，一般而言，混合制将消失。

① W.Ross Ashby. Design for a Brain[M]. USA:Wiley,1960.

5.5 小结

本书试图从交易成本的角度说明社会主义市场经济下，政府参与市场的方式具有效率优势，为支持这一论断，需要有理论依据且具备可操作性和可辩驳性的分析工具。而本章借鉴交易成本经济学的相关理论，将交易的治理机制作为分析的工具。本章阐述了交易成本经济学的治理结构分析框架，可以描述为：以微观分析、比较制度和节约取向的方式对经济组织进行考察。通过上述方法，将交易成本分析纳入一般化、可操作且可辩驳的范式中。这一范式可以将一切以契约形式存在或可以用契约语言表达的经济活动纳入分析范畴，为第六章社会主义市场经济中具体交易的分析提供了分析工具和框架。

对治理结构的交易成本范式分析源于交易成本概念的应用，正如科斯指出的，企业存在的原因是利用价格机制的成本，而以企业的形式替代市场，实现成本的降低。对企业为什么能降低、如何降低成本，科斯没有做进一步的回答。沿着这一思路，进一步分析组织是如何降低交易成本的，从而打开了企业的“黑箱”。更大的意义是，随着这一思路的深入研究，开启了对不同经济的组织结构和治理结构的探索。

交易成本概念的提出打开了一个潘多拉的盒子：大于零的交易成本好像无处不在。[①]交易成本概念的滥用使其获得了一个“当之无愧的坏名称”，交易成本好像可以被用来解释任何与之相关的问题。[②]很长时间里，经济学研究中遇到的几乎所

---

① Oliver E.Williamson. Transaction Cost Economics:The Natural Progression[J]. The American Economic Review. Vol.100,2010(3):673-690.

② Stanley Fischer. Long-Term Contracting,Sticky Prices and Monetary Policy:Comment[J]. Journal of Monetary Economics,1977(3):317-323.

有问题都能“恰当”地使用交易成本予以“合理”解释。①威廉姆森的做法是，将交易作为分析的基本单位，以节约为核心，通过分立结构的比较制度分析，给不同属性的交易匹配不同的治理结构，这一方法为交易成本研究建立了规范的理论范式。交易成本经济学研究经济组织问题，强调如下基本观点：根据不同属性的交易方式匹配不同的治理结构（市场制、混合制、层级制），可以节约交易成本。而研究经济组织的核心问题“适应”的具体形式则是是否实现交易成本的“节约”。

经济学自产生以来，一直强调分工和市场化，将组织通常的做法看作人为的结果，而非自由市场力量下自发形成的机制。利用交易成本经济学理论，构建了连接经济组织研究中的斯密范式（个人分工通过市场实现自身和社会福利最大化）和组织理论中的韦伯范式（科层之实现最高效率）的桥梁。②在现实性上，实现了实用主义方法论中关于“正确”与“合理”的定律，交易成本经济学的逻辑推理实际上是根据真实世界的可行性来进行调节的。③

交易成本分析范式依赖两个关键性的行为假定，有限理性和机会主义。有限理性的直接后果是太复杂的经济组织形式是行不通的。机会主义使得可信任的承诺成为彻底讲求实际的观念，换言之，算计无处不在，信任是基于精心算计的信任。④在有限理性和机会主义的综合考虑下，契约必然是不完整的。在需要考虑不完全整体契约的时候，产生了需要将交易组织起来，以便应对有限理性，保护交易不受机会主义侵害的综合结果。

交易成本分析范式把交易作为分析的基本单位，借助资产专用性、不确定性和交易的频率三个维度，将交易进行区分，进而实现有效的治理结构匹配。资产专用性是交易成本分析范式的关键概念，虽然现有文献对其存在许多争议，但是争议的很大一部分来自对交易成本经济学的误解。交易成本经济学强调资产专用性，将其

① 克劳奈维根（编）．交易成本经济学及其超越[M]．朱舟，黄瑞虹，译．上海：上海财经大学出版社，2002：61-62.

② 慈玉鹏．斯密与韦伯之间：威廉姆森学术思想述评[J]．管理学家：实践，2011（11）：94-100.

③ Robert M.Solow. A Native Informant Speaks[J]. Journal of Economic Methodology,2001(1):111-112.

④ 例如，完全的或附条件的签约。参见：Roy Radner. Competitive Equilibrium Under Uncertainty[J]. Econometrica.Vol.36,1968(1):31-58.

作为与研究经济组织的其他理论相区别的重要特点，因为只有在支撑交易双方的是各自投入的专用性资产的条件下，交易双方才能有效地进行互利贸易。否则，对任何一方来说，它跟另一方的交易与跟市场上其他人的交易是无差异的，这样的交易只需要简单地用竞争性市场进行说明。他们一厢情愿地认为，交易成本经济学理论将资产专用性作为交易的重要或基本假设。事实却是，这个分析方法并不是要用于分析所有类型的交易，而是针对具有较强（或不可忽视）资产专用性的交易。

综上，本节对交易的治理机制采用的分析方法与传统的经济学方法相比，有以下特点：（1）更加微观；（2）更加强调基于真实世界的假设；（3）采用契约视角而非选择视角；（4）引入并发展了资产专用性作为经济分析的重要标准；（5）更加强调比较制度分析法；（6）将企业、经济组织视为治理结构；（7）更加注重事后契约制度，特别强调相对于法庭秩序的私人安排；（8）采用将经济学、组织学和法学结合的方式；（9）基于交易成本的节约是主要问题之所在的观点。

6 基于治理机制框架的企业化政府的效率分析

从微观的角度研究政府与市场，基于传统经济理论，政府发挥除“守夜人”之外的其他干预作用的通常理论依据是市场失灵，市场失灵使政府有理由更多地参与到市场中来。从宏观的角度，市场本身的缺陷、有效需求不足、经济短期波动等问题需要政府以“相机行事”的方式主动参与到市场调控中。本书对政府参与市场的研究摈弃了上述传统思路，以交易成本为核心，认为由于交易成本不可避免地广泛存在于市场中，使得真实世界中的市场无法达到理想化的“最优”状态，经济效率的评判标准不应是所谓竞争下的最大化，而应采用基于交易成本的比较制度分析。本书全新的逻辑是由于市场本身是存在交易成本的，政府如果通过管理和参与市场节约交易成本，将是政府参与经济的理论依据。这一视角下，政府的作用在于降低市场的交易成本，具体方式包括管理职能和参与职能。管理职能在于法律体系、市场制度的建设和自由竞争的保障。参与职能是具有企业化职能的地方政府作为市场参与的主体（即企业化政府），通过治理结构实现交易成本的节约。政府自发参与市场交易的原因在于从交易成本节约中获得好处。本章的重点是分析企业化政府的市场参与模式，其具有相对私人主体节约交易成本的优势。

中国的特殊产权背景下的市场经济实践为这一分析提供了宝贵的研究资源。中国市场经济的特色在于赋予了政府经济产权，产生了政府以参与者的身份进行市场活动的全新模式。前文企业化政府的研究和阐述为本章的分析做了充分的准备，而第五章交易的治理机制为本章的分析提供了理论基础，为从交易成本的角度研究社会主义市场经济的效率优势提供了可操作化的分析范式。

6.1 经济增长

中国经济的持续高速增长被看做一个“增长奇迹”，关于中国经济增长奇迹的讨论从来都是热门话题，从经济学的角度对其认识，离不开社会主义市场经济基础。中国特色的市场经济造就了经济总量的高速增长，可称之为“奇迹”，一方面是因为持续多年且保持高速的经济增长是让人惊讶的现象；另一方面，中国拥有独特的政治环境、产权结构和市场机制的诸多不利因素，从一般的经济学理论的角度理解，更多地体现出对经济增长的抑制和阻碍，然而，中国经济创造了与理论预期并不相符的巨大成就。几乎所有的学者都承认中国经济增长奇迹的背后是中国特有的政府力量在经济中发挥巨大作用。社会主义市场经济发展实践的直接结果是催生了中国经济增长的奇迹。对中国经济持续高速增长的研究一直以来是学术界关注的焦点，至今发展出了多种解释和认识，从经济学的角度分析，主要有以下四类。

6.1.1 结构视角

林毅夫用“后发优势”[①]解释中国经济增长，从技术创新的角度解释后发优势，

① 关于林毅夫与杨小凯关于“后发优势还是后发劣势”的讨论可以参考以下文献：
林毅夫．后发优势与后发劣势[J]．新闻周刊，2002（18）：68-69.
林毅夫．后发优势与后发劣势——与杨小凯教授商榷[J]．经济学(季刊)，2003（3）：989-1004.
林毅夫．我到底和杨小凯、张维迎在争论什么[J]．中国经济周刊，2014（40）：84-85.
杨小凯．经济发展中的后发优势和劣势[J]．经理人内参，2001（17）：16-17.
韦森．后发劣势VS后发优势[J]．新财经，2002（11）：76-77.
谢作诗．后发优势与后发劣势:硬币之两面——兼评林毅夫、杨小凯后发优势之“争”[J]．经济体制改革，2003（4）：9-12.
郭熙保，胡汉昌．技术模仿还是制度模仿——评杨小凯、林毅夫关于后发优势与劣势之争[J]．学术月刊，2004（4）：29-36.

认为技术创新和产业升级是一国现代经济快速增长的决定性因素，而从技术层面看，决定经济发展水平的主要因素有三个方面：生产要素、产业结构、技术创新，其中技术创新最为重要，决定前两者对经济发展的作用能力。[①]就技术创新而言，风险高，成本高昂，发展中国家并不一定需要通过独立发明的方式实现技术创新，可以利用本国在收入水平、技术发展水平、产业结构等方面与发达国家的差距，通过引进“先发”国家技术要素的方式，促进本国技术变迁，从而实现经济快速发展。再进一步，发展中国家在“后发优势”背景下实现经济快速发展的关键在于如何利用好与发达国家的技术差距，政府在其中的作用是决定性的。政府在经济发展的每一个阶段，根据要素禀赋结构决定的比较优势制定引导产业发展的政策，快速提升要素禀赋结构，就能实现产业结构“小步快跑”，接近发达国家。只用技术上的后发优势解释中国经济增长奇迹，不足以说明为什么相比其他后发国家，中国的发展成绩更突出。为此，林毅夫进一步扩展了他的理论，即新结构经济学的方法，认为经济发展的本质是经济结构的不断变迁，结构变迁受要素禀赋、比较优势、政府和市场四个方面的驱动，将重点放在因势利导型政府根据比较优势理论挑选具有增长潜力的产业，发挥预判、引导、协调等积极作用。[②]而中国奇迹的经验恰恰在于强有力的政府有效促进经济结构的有利变迁。不过，这一观点遭到了许多中国学者的质疑，特别是政府如何充分获取相应信息，对比较优势进行足够聪明的判断，采取恰当的方式实施激励，又是否真有这样的能力。（韦森[③]，张曙光[④]，黄少安[⑤]。）

① 林毅夫. 后发优势与后发劣势[J]. 新闻周刊，2002（18）：68-69.
林毅夫. 中国经济的后发优势[J]. 市场经济与价格，2014（4）：14-15.

② 林毅夫. 新结构经济学——重构发展经济学的框架[J]. 经济学：季刊，2011（1）：1-32.
林毅夫. 新结构经济学反思经济发展与政策的理论框架[M]. 北京：北京大学出版社，2012.
林毅夫. 新结构经济学的理论框架研究[J]. 产业经济评论，2013（2）：18-23.

③ 韦森. 探寻人类社会经济增长的内在机理与未来道路——评林毅夫教授的新结构经济学理论框架[J]. 经济学：季刊，2013（3）：1051-1074.

④ 张曙光. 市场主导与政府诱导——评林毅夫的《新结构经济学》[J]. 经济学：季刊，2013（2）：1079-1084.

⑤ 黄少安.《新结构经济学》侧评[J]. 经济学：季刊，2013（3）：1085-1086.

6.1.2 产权视角

从产权视角认识中国经济高速增长的学者很多，张五常的观点具有一定代表性。张五常最早预言了中国蓬勃发展的市场经济，称市场化改革将使中国经济快速崛起。①张五常主要从产权的角度解释中国经济增长的奇迹，认为不同权力结构约束下，稀缺资源的竞争机制决定了经济制度的本质。②中国需要通过经济改革，使以资产界定权利的制度替代以等级界定权利的制度，从而用更具竞争力的契约约束竞争，中国经济奇迹的关键是在以上两种权利约束制度之间找到平衡。以资产界定权利的实质是产权的确立和保护，张五常强调私有产权，认为市场只接受私有产权。而随着中国特有的，广泛而复杂且更具竞争力的契约结构的发展，并扩张到县际，促成了县际竞争，成为解释“中国问题”的关键因素，即使强调私人产权和市场机制，张五常也直言，中国政府的支持对中国经济增长奇迹是重要的。付强和乔岳同意并验证了张五常对中国经济增长模式的解读，但是在可持续性上提出了相反的论点，认为中国的经济增长模式是不可持续的。③

6.1.3 分权视角

张军等从分权与地方政府之间的竞争的角度解释中国经济增长的奇迹，认为中国的特殊性在于财政分权与政治集权的结合，一方面以激励促进了地方政府之间的竞争，另一方面以集权确定了激励的目标，抑制了地方保护主义。他认为中国经济高速发展的关键在于，中央和各级地方政府形成了发展的共识，各级地方政府为了发展、维护和开发市场，展开和促进竞争，激发了巨大的发展动力，形成了一种行

① Steven N.S.Cheung. Will China Go Capitalist?[P]. Institute of Economic Affairs,1982(2).

② Steven N.S.Cheung. The Economic System of China[M]. HKSAR:Arcadia Press,2008.

③ 付强，乔岳. 政府竞争如何促进了中国经济快速增长：市场分割与经济增长关系再探讨[J]. 世界经济，2011（7）：43-63.

之有效的经济发展机制。[①]邵传林将市场化进程作为门槛变量，运用中国省级门槛面板模型，对中国式分权下经济增长效应进行实证分析，验证了中国式分权和地区市场化进程对地方经济增长的促进作用。[②]朱浩将财政分权与制度供给结合起来，认为财政分权和政治集权的中央与地方关系下，产生了中央-地方政府制度供给，为地方制度创新带来了空间，建立了以经济发展为主要目标的地方政府竞争模式，从而激发各方，尤其是地方政府的经济发展动力和创造力。[③]张晏和龚六堂用实证分析了中国1986—2002年财政分权与经济增长的关系，认为分税制改革提升了各级政府之间的协调能力，促进了财政分权积极作用的发挥，为经济增长带来积极影响。[④]周业安、章泉认为市场化和财政分权是中国经济发展的双重分权过程，就二者的区别进行了实证研究，得出市场化促进经济增长，财政分权影响着市场化对经济增长的作用的结论。[⑤]分权现象是中国特色经济制度的重要特征，与经济增长的确具有相关性，但只用分权对地方政府经济发展的激励作用来解释中国经济的高速增长，忽略了一个关键问题：为什么分权下的激励能带来超过其他私有制国家的经济增长的速度和持续性。多数解释分权的研究对这一问题的回答是实证数据证明了结论。本书始终坚持的一个原则是实证只能起到检验的作用，不能提供证明。

6.1.4 制度视角

周其仁基于新制度经济学角度的观点，以制度变迁理论解释中国经济增长，认为经济体制运行成本的降低是中国经济增长奇迹的关键因素。社会主义市场经济的微观基础来自社会主义经济模式的改革。[⑥]通过自上而下的改革，重新界定产权和

---

① 张军．分权与增长：中国的故事[J]．经济学：季刊，2007（1）：21-52.
张军，周黎安．为增长而竞争：中国增长的政治经济学[M]．上海人民出版社，2008.

② 邵传林．中国式分权、市场化进程与经济增长[J]．统计研究，2016（3）：63-71.

③ 朱浩．财政分权、政府治理与中国经济增长[D]．重庆大学，2014.

④ 张晏，龚六堂．分税制改革、财政分权与中国经济增长[J]．经济学：季刊，2005（4）：75-108.

⑤ 周业安，章泉．市场化、财政分权和中国经济增长[J]．中国人民大学学报，2008（1）：34-42.

⑥ 周其仁．中国改革的真正逻辑[J]．清华金融评论，2014（1）：53-57.
周其仁．中国改革经验里的交易费用逻辑[J]．中国房地产业，2015（4）：48-49.

实施产权保护，特别是在私人产权的分立和确认后，形成了多种产权并存的特殊局面，市场经济不容纳的公有产权和社会主义不容纳的私有产权获得了共同存在和流通的自由，更重要的是，不同所有制的要素通过合股的方式创办新企业，以更好地适应环境的变化，所有这些大幅降低了制度运行成本，即市场交易成本，加上中国早已存在的成本优势和改革开放带来的人力资本的迅速积储，创造了中国在全球市场中的综合成本竞争优势。李俊青和李鑫基运用新古典经济学的交易模型，结合市场化与制度质量，认为随着市场化程度不断提高，中国市场交易的参与主体范围扩大、数量增加，而与中国市场化水平一起提高的制度质量是促进中国经济高速增长的主要因素。①

具有代表性的理论还有，受奥尔森泛利性组织理论②的启发，姚洋等用“中性政府”③、李刚和许跃辉用“准中性政府”④解释中国经济的增长奇迹。“中性政府”指政府对各利益集团保持相对无偏的态度，基于中国独特的政治和历史背景，政府应对不同阶层的利益冲突采取的中性或准中性的行动是促进中国经济高速增长的关键。陈平指出，中国模式吸纳了市场经济竞争的灵活性和社会主义的稳定性。政治稳定保障了高层决策者用长远的眼光制定国家的经济战略，避免过于重视短期和阶段性的得失。在政府的用人机制上，中国具备巨大优势，将富有实干能力和发展远见的人力资源配置于掌握一定社会资源的政府部门。⑤从实践的效果看，中国政府实行的五年计划（后改为五年规划）指标的完成率不仅远高于西方政府竞选中承诺的指标完成率，政府官员创造的经济政绩也远高于西方竞选中的经济承诺。

---

① 李俊青，李鑫．市场组织、制度质量和经济增长之谜[J]．经济与管理研究，2016（4）：10-17.

② Mancur Olson．The Rise and Decline of Nations:Economic Growth,Stagflation and Economic Rigidities[M]．USA:Yale University Press,1982.

③ 姚洋．中性政府:对转型期中国经济成功的一个解释[J]．经济评论，2009（3）：5-13.
贺大兴，姚洋．社会平等、中性政府与中国经济增长[J]．经济研究，2011（1）：4-17.

④ 李刚，许跃辉．中国经济增长之谜(1978-2010):准中性政府、制度变迁与包容性发展[J]．华东经济管理，2012（7）：49-54.

⑤ 陈平．剖析“中国模式”[J]．中国国情国力，2014（6）：27-29.

6.2 市场经济现实基础

从斯密首次对市场经济进行总结与阐述，到以哈耶克为代表的奥地利学派在经济学理论中深化“市场的奇迹”，再到新自由主义经济学派对自由化、私有化和市场化的极力鼓吹，市场机制是资源配置的基础、核心方式，成为经济学界普遍的共识。市场经济是以市场机制为主导的自由交易经济体系。市场机制是一种以价格机制为核心的资源配置方式，通过价格变动进行资源配置。

按照传统市场理论，市场经济下，作为私有产权拥有者的个人或私有企业自发地参与市场交易，以追求自身利益最大化的方式实现市场对其自身的激励，也实现了对经济社会的价值贡献。也就是说，完美的市场经济通过实现个人利益最大化的方式实现社会利益最大化，即市场“看不见的手”。市场经济的定位基于资源配置的方式，市场经济的基本特征是以价格机制为核心，基本保障是可供市场交易（配置）的产权和交易的自由性。在产权得到有效保障的前提下，私利的自发交易带来了“市场的奇迹”。

6.2.1 从计划经济到市场经济

中国的市场经济实践是一个渐进的发展历程，始于计划经济模式的改革。从1982年的“计划经济为主、市场调节为辅”[①]，到1984年的“有计划的商品经济”[②]，

---

① 胡耀邦. 全面开创社会主义现代化建设的新局面[N]. 胡耀邦在中国共产党第十二次全国代表大会上的报告，1982-10-12.

② 中共中央关于经济体制改革的决定：中国共产党第十二届中央委员会第三次全体会议[EB/OL].（1984-12-20）. http://cpc.people.com.cn/GB/64162/64168/64565/65378/4429522.html.

再到1992年正式提出将建设社会主义市场经济体制作为经济体制改革的目标[①]，初步确立了市场经济体制，这一过程主要实现了市场机制作为资源配置的基础手段。可以看到，市场经济的本质是以价格机制为核心的资源配置方式，与产权的属性没有关系。产权是市场交易的对象，明晰的产权是市场经济的必要条件，但对产权的所有制并无限制。

6.2.2 产权制度

产权制度是市场经济运行的基础之一，在中国经济改革的市场化建设中，产权制度得到了充分的发展，包括产权确立、产权行使和产权保障。

产权的含义。产权的定义并不唯一，普遍认可的是物的存在引起的人与人之间的行为关系。经济意义上的产权与法律意义上的产权并不相同，法律意义上的产权包括所有权，而在经济意义上，产权通常被看作是使用资源的权利。[②]一般而言，经济意义上的产权由三个要素组成：使用该项资产的权利及其适用的边界的界定；从该项资产获得相应回报的权利；改变该项资产状态或性质的权利。这三类产权可以共同存在，也可以单独存在于经济主体之中。经济主体通过市场进行产权交易。我们通常看到的商品交易实质上是以商品作为产权载体进行的产权交易。

产权的行使。产权的行使是市场机制得以运行的基本要求。在计划经济下，相应的权利往往受到政府的管制，一方面简单地以所有权的形式将各类经济产权混在一起，无法进行区分和配给；另一方面产权的使用需要经过批准，即使对某些资产想要行使相应的产权，又受到"许可"的限制无法进行。通过市场化改革，一是以确权为基本手段，逐步明晰各项产权，私人产权得到确认，公有产权相对清晰；二是逐步放开对产权使用的限制，允许私人开展更多形式的产权交易和产权使用，公有产权在市场机制下积极参与。

---

① 江泽民. 加快改革开放和现代化建设步伐 夺取有中国特色社会主义事业的更大胜利[N].江泽民在中国共产党第十四次全国代表大会上的报告，1992-10-21.

② Armen A.Alchian. Some Economics of Property Rights[J]. Politico,1965:816-829.

产权的保障。作为市场交易对象的产权，其保障是影响交易成本的重要因素。市场机制的水平很大程度上体现在产权的保障。产权的保障主要通过市场制度和法律体系建设，始终伴随着中国市场经济的改革和发展：一是产权确立的保障，从法律和制度上保障产权更加明晰和完备，同时保障产权的排他性、可分割性；二是产权交易的保障，对市场中侵犯产权、违约、欺诈、诱骗等违法行为，利用法律进行规范、控制和惩罚；三是产权的延续与稳定的保障，产权包含了其未来预期，将产权的稳定性和延续性纳入保障范围，为产权所有者提供可持续的保障。

6.2.3 自由市场交易

绝对自由本身是没有意义的概念，对自由市场交易的聪明的理解是基于自由的程度。交易的自由性一般包括：从经济主体的约束上，体现在经济主体自由参与市场活动；从价格形成上，体现在价格由市场自发产生而不受非市场力量的影响或控制；从交易能力上，体现在交易能力提升，以更大限度地实现自由。

（1）经济主体的市场活动。生产者自主决定生产、投资等经济活动，是否进行生产、投资等活动，生产什么、生产多少、是否投资、如何决定投资的领域与数量等，根据生产者的理性判断和自主选择。消费者自主决定购买商品的类型和数量，当市场存在供给的时候，根据价格机制进行交易，不受配额约束。从计划经济向市场经济改革，市场准入逐步放开，无论是私有企业，还是国有企业，在生产、投资等经济活动中的自主选择权得到了确认。而在消费领域，也实现了从计划配额到基本竞价机制双向选择的转变。

（2）价格形成。价格由市场供求决定是自由市场的基本特征，自由性体现在两个方面：一是价格由市场供求决定，而不是行政命令对价格进行指定，包括直接指定商品价格或限价等；二是不以行政手段改变市场自发形成的供求水平，特别是以行业补贴、税收等形式，用行政力量引起供求变化。需要看到的是，对于价格形成，没有绝对的自由，任何市场经济体都存在对特定商品的特别限价，比如最低工资，也存在产业政策下的政府补贴、差别税率等。中国通过不断深入市场化改革，基本实现了价格形成的市场决定模式，虽然在上述两方面还存在一定的管制和干预，仍属于相对自由的价格形成机制。

（3）自由交易能力。这里的交易能力主要指通过各类商品或要素的具体市场建设，更多的潜在交易得以完成，特别是专业化交易市场的建立，大大提升了经济主体交易的能力和活跃度。一个例子是证券市场的发展，证券市场被看作是提升交易能力的有力工具，包括创业板、新三板等丰富的股权交易市场的推出有力地提升了市场自由交易的能力。当然对于金融市场的特殊性、存在的风险和必要的管控属于行业问题，本书不做过多讨论。

6.3 中国特色社会主义市场经济中的产权

中国的市场经济从开始实行就具有特殊的一面，官方称之为中国特色社会主义市场经济，是一种在社会主义制度下实行的市场经济。邓小平认为社会主义与市场经济之间并不存在根本矛盾，在他的领导下，中国开始了社会主义制度下的市场经济建设。对社会主义，从不同角度有不同的理解，根据邓小平的说法，社会主义包含两个重要方面，一是公有制为主体，二是不搞两极分化。在经济层面，社会主义体现在所有制的性质上，是公有制为主体的所有制。抛开政治因素，中国特色社会主义市场经济是产权公有制体制下的市场经济。

6.3.1 社会主义公有制经济

社会主义公有制是生产资料属于全体人民或劳动者集体所有的形式，包括社会主义全民所有制和劳动群众集体所有制。按照官方一般的定义，全民所有制是指全体劳动人民作为一个共同体，共同占有相应的生产资料，生产资料具有不可分割性，由全体劳动人民以共同体的形式行使产权，实现共同行使的实践方法是以国家所有制的形式，由国家代表全体人民行使全民财产的产权，而具体表现是政府行使。集体所有制的全称是“社会主义劳动群众集体所有制”，是指经济社会中生产资料和劳动成果由部分劳动群众以集体占有的方式实现的公有制形式，是在集体范围之内的公有制，集体或集体成员在统一管理下行使产权。

全民所有制主要是中国共产党夺取政权后，通过没收官僚资本建立起来的，随后通过赎买等方式对民族资本主义工商业进行社会主义改造，从而实现了资本主义私有制向社会主义全民所有制的转变。全民所有制经济的财产主要包括属于全体人民的工厂、公路、铁路、金融、商业资本等和矿产、土地、水流、森林等自然资源。集体所有制最早是通过对农业、手工业、商业与服务业进行社会主义改造建立起来的。集体所有制在农村表现为各种形式的区域性农业合作经济组织和生产、销售等工副企业的合作经济，在城镇表现为手工业、商业、服务业等形式的集体经济。

公有制经济包括国有经济，集体经济，混合所有制经济中的国有或集体成分。其中，国有经济是社会主义全民所有制经济，集体经济是劳动群众集体所有制经济，混合所有制经济是私有制等不同所有制性质经济按照一定原则，通过入股等方式将生产要素组织到一起，进行统一经营并按照股份承担有限责任的所有制经济形式。公有制经济的实现，实质上是公有资产的经营方式与组织形式。

6.3.2 公有产权

集体所有制下的所有权是可以分割的，分割到私人的产权与一般私人产权并无区别，对其也就自然参照一般私有产权进行处理。而全民所有制产权具有不可分割的特性，由政府代为行使产权。所以，本书对公有产权的研究主要针对的是全民所有制产权。

需要注意的是，上述公有产权并非经济意义上的产权，应该看作所有权。虽然公有制规定的是所有权，但是相应的经济产权是随着所有权被确立到了作为公有产权代理人的政府手中。在进行经济分析的时候，有必要从经济产权的角度进行考察。

经济意义上的产权包括三个要素：（1）使用该项资产的权利和该权利适用的边界的界定；（2）从该项资产获得相应回报的权利；（3）改变该项资产状态或性质的权利。从经济产权的角度看，集体产权中有一个特殊的情况：《土地管理法》规定任何单位和个人需要使用土地进行建设时，必须依法申请使用国有土地，建设、占用土地时，农用地转为建设用地的，须经审批办理农用地转用手续。这项规定的意义在于集体土地的经济产权是受到限制的，不能作为建设用地使用。

再看全民所有制产权，一般而言，政府对代理持有的资产具有使用和一定范围内改变状态或性质的权利。中国的实际情况是，政府使用代理持有的资产相比其他国家的政府有更大的权限。特殊之处在于，中国通过财政分权和分税制改革，使得代理行使公有产权的地方政府具备了从该项资产获得相应回报的经济产权，形成了地方政府以企业化政府的形式参与市场的特殊模式。

从所有权的角度看，中国经济的特点虽然是公有制，公有制如何在市场机制中具体运行却无从考察。从经济产权的角度看，这些问题就变得清晰起来。

6.4 企业化政府的治理结构

本书关注的问题是中国特色社会主义市场经济的市场效率。为此，前文通过对中国特殊的产权制度的分析，得到了作为分析对象的企业化政府的概念。前文的充分准备可以帮助我们从微观层面对这种经济组织形式或经济行为进行研究。交易成本经济学为这一分析提供了可辩驳的逻辑和可操作的方法。具体而言，根据第五章中“交易的治理结构”提出的分析范式，将企业化政府参与的交易作为分析的基本单位，以交易成本节约为核心，通过分立结构的比较分析，为研究企业化政府的市场效率提供可辩驳的观点。

6.4.1 有关假设

基本行为假设包括交易者（无论是企业化政府，还是与之交易的企业）作为“经济人”具有有限理性与机会主义的行为特征。有限理性使得交易达成的所有复杂契约不可避免地是不完整的，机会主义则使得所有契约暴露在风险之中。

相关的假设还有企业化政府追求的目标是经济收益，通过两个方式实现，一是公有产权的收益，比如土地出让金直接由土地价格决定；二是自有资产价值增值，通过开发建设等城市经营方式实现并提高价值。虽然企业化政府的实际管理者具有一般政府官员属性，其追求的目标本质上是政治考核，由于政治考核中经济发展占较大比重，同时经济收益实际上是完成其他政治考核的得力保障，将企业化政府的目标简化假设为经济收益是可以接受的。企业化政府主要依靠以土地为代表的公有产权的交易收入，将土地作为交易的资产，由此可以将土地交易作为企业化政府的核心经济活动。

6.4.2 公有产权的交易

根据前文对中国企业化政府的特殊产权背景的介绍，企业化政府对公有产权，特别是土地，具有完整的经济产权。以公有产权作为交易对象，企业化政府通过公有产权交易获得收益。根据本书的分析框架，以交易作为分析的基本单位，在这里以土地交易为例。企业化政府用于交易的土地有两个来源：一是地方政府存量土地，二是地方政府通过征收并给予补偿获得的土地。

用于交易的土地是一种中间产品，用途包括商业地产开发、工业用地建设、城市经营建设等。本节从交易的三个维度考察土地交易。(1）交易频率。具体的交易频率不体现在土地在一定时期内的交易次数，而是体现在与土地相关的配套项目的交易数量，包括影响土地的价值、用途等的相关规划、周边项目、基础设施建设等。规划和建设越多，交易的频率越高。根据交易的频率，将土地交易分为：(a）偶然性交易，如简单的商业地产开发或工业用地建设，这类交易用“土地出让”来指代；(b）经常性交易，如城市片区的规划等，这类交易用“建设开发”来指代。这两类划分并没有严格的界限，是相对渐变的关系，简单的土地出让类交易一般伴随着许多相关的规划、建设。交易频率低的土地出让类交易并不是普遍的，更多的是经常性交易。(2）不确定性。除一般交易可能面临的不确定性，土地交易的最大不确定性是政策的变化，包括地方政府和上层政府的政策、规划等的变化。(3）资产专用性。无论是土地出让类，还是建设开发类的土地交易，都具有很强的资产专用性。对土地出让类，买方在土地上进行的投资基本上属于专用性投资，一般还会为提升地产的价值进行配套投资；卖方则不存在太多专用性资产投资，双方达成的契约中为卖方提供相关配套服务或建设，会相应地增加资产的专用性。对建设开发类，买方和卖方会因太多相关配套的建设任务或规划要求，而需要进行更大规模的专用性资产投资。总体而言，两类交易都有很强的资产专用性，后者大过前者。表6-1描述了两类土地交易在三个维度上的情况。

		交易维度		
		交易频率	不确定性	资产专用性
土地交易	土地出让	偶然或较常	受政策影响	较强
	建设开发	经常	受政策影响	很强

表6-1　土地交易的维度

回顾第五章针对不同交易频率和资产专用性情况划分的交易，以及与之匹配的治理结构：

		资产专用性		
		非专用	混合的	特定的
交易频率	偶然	市场治理	三方治理（新古典式契约）	
	经常	（古典式契约）	双方治理（关联式	统一治理契约）

表6-2　契约关系的治理

根据第五章对不同类型交易进行的有效治理结构的匹配分析，土地出让类交易是在资产具有较强专用性下的偶然性和经常性交易，与之匹配的治理结构表现为新古典式契约的三方治理。在交易频率逐渐提高的情况下，相匹配的治理结构向关联式契约的双方治理转变。交易双方（企业化政府与地产开发企业）为适应可能产生的不良结果，借助第三方或双边的非标准化协议进行处理。现实中，这一类型的交易往往表现为地方政府与地产开发企业的半强双边依赖，基于交易频率较低的土地出让的增加，相应的配套交易增加增强了资产专用性，由此，双方以新古典式契约的方式开展合作，形成三方治理的结构。或者，我们也常常看到地方政府与地产开发企业或前来投资的相关企业通过签订合作框架协议等非标合同，形成双边治理的结构。建设开发类交易具有更强的双边依赖性，交易频率更高，资产专用性更强，与之匹配的治理结构更多地表现为统一治理，一体化的模式更常见，在某些专用性相对较弱的情况下，也可能出现双边治理。现实中，建设开发类交易很多时候是政府将其内部化（这与将建设服务外包不同，需要注意两者的区别），通过基础设施建设、城市规划等方式，将土地的交易与开发由企业化政府进行一体化，对于可能出现的连续变化，不用与开发企业不断协商、谈判，企业化政府统一承担适应的要求。也有一些建设开发类交易在相对较低的资产专用性程度下，政府和企业以战略合作的方式共同开发。

土地交易的特点决定了高度的双边依赖性，相匹配的治理模式更倾向于关联式契约的双边治理和统一治理，从治理机制上看，出于节约交易成本的考虑，层级制对市场制的替代更具效率优势。

6.4.3 效率的比较分析

与匹配何种治理模式相比，具有更重要意义的问题是，企业化政府与私有企业相比，在进行土地交易的时候，谁更有效率优势。这里从两方面的影响进行分析：相同治理机制的治理成本和不同治理机制的效率因子。两者并非同一事物的两个方面，而是共同发挥作用的，最终的作用为二者之和。若影响的方向一致，可以直接做出判断；若影响的方向不一致，需比较影响的具体大小，但是难以实现的。

（1）相同治理机制的治理成本。根据第五章关于治理成本的讨论，将治理成本看作资产专用性的函数，将不确定性作为外生影响因素。三类治理机制的治理成本都是资产专用性的增函数。

将治理成本表述为资产专用性的一组外生变量的函数，使各种治理机制的成本差异的关键特征得到清楚地展现。虽然资产专用性有着不同的形式，但共同的结果是随着资产专用性的提高，双边依赖加强，适应的成本随之增加。当资产专用性为零时，即经济学中理想交易的特征，不存在任何形式的双边依赖。随着对专用性资产投入的增加，交易者的身份将会因专用性资产用途（或产权）改变的成本变得重要。同时，不确定性会让交易变得更加复杂，扰动增多、增强，在同等情况下使得治理成本增加，表现为各条治理成本曲线向左上方移动。

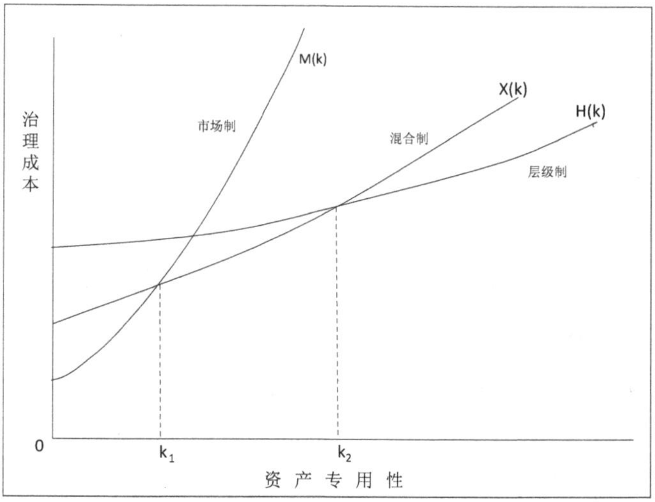

图6-1　不同治理机制的治理成本比较

土地交易的不确定性，除市场中一般交易面临的情况外，更多受政策的影响。企业化政府受政策影响的不确定性要小于私有企业，一方面企业化政府预判和解读中央政策相比私有企业更有优势；另一方面，对于地方政策的制定，企业化政府也是实际的参与者，无论是对事前政策的预判，还是当政策调整，企业化政府在其中发挥作用以减少不利，都优于私有企业。

土地交易的资产专用性主要受土地开发的规划和建设、土地开发后利用的影响。无论土地上的投入，还是为提升土地价值在配套上的投入，企业化政府改善投入方式并使其继续保有一定价值的能力强于私有企业。因为政府可以通过新的规划，使投入发挥新的价值，而私有企业只能更多地被动接受政府的规划。在资产专用性上，同样的投入对私有企业专用性更大。表 6-3描述了其中的差异。

土地交易	不确定性	资产专用性
企业化政府	小	小
私有企业	大	大

表6-3　企业化政府与私有企业交易特征比较

对于土地交易，企业化政府相比私有企业有更小的不确定性，使得企业化政府具有更低的治理成本曲线。更小的资产专用性使企业化政府在治理成本曲线上以更低水平对应治理成本。所以，无论是匹配何种治理机制的土地交易，企业化政府比私有企业都具有更低的治理成本。

（2）不同治理机制的效率因子。在第五章治理机制的比较中可以看到，不同的治理机制依赖实现绩效的工具存在差异，适用于不同的契约法支持。对于层级制的治理机制，依赖行政控制下的协作式调适，政府的行政体系、规范和习惯比私有企业更加成熟，行政手段在企业化政府中的运行能力远远高于私有企业，私有企业的行政控制能力较弱。另外，契约法对交易效率有一定作用，不同的契约法为与之匹配的不同治理机制提供支持。层级制中的自制契约法，以行政命令为调适依据，显然与政府的内部管理模式高度吻合。自制契约法在企业化政府中的运行比在私有企业中有更多的层级文化和环境的支撑。

根据6.3.2的分析，与土地交易匹配的治理机制更倾向于层级制，在层级制或更多层级制性质的治理机制中，企业化政府相比私有企业在行政控制和自制契约法的支持上有更强的作用。所以，对采用层级制治理机制的土地交易而言，企业化政府具有更好的治理效果。

土地交易	行政控制	契约法支持
企业化政府	强	强
私有企业	弱	弱

表6-4　企业化政府与私有企业交易特征比较

综上，对于土地交易，从契约关系治理的视角，企业化政府比私有企业具有更高的效率。

土地交易是企业化政府对经济最具影响的交易，也是企业化政府参与市场经济有代表性的交易。通过对土地交易的分析，我们看到企业化政府参与市场经济的模式相比私有企业达到了节约交易成本的效果。而交易成本的节约是经济发展的有效依据。以下的第七章与第八章从企业化政府参与的具体的土地交易实践进一步分析企业化政府运行的经济效率。

6.5 小结

科斯发起的新制度经济学运动告诉我们市场机制是有成本的，用理想化的完美市场的标准评价市场效率是脱离真实的，顶多是“黑板经济学”的研究方法。同样的，组织也是有成本的，在我们评判一个组织是否效率低下或是否不合理而应被替换的时候，应该比较的不是目前组织的成本与理想中的无成本或低成本，而是真实世界中的组织与其可能的替代物（如市场）的成本。

交易成本概念的提出和应用让我们对垄断和经济组织有了新的认识。为什么我们对政府在市场经济中作用的认识迟迟没有跟上？中国市场经济的特殊性是政府参与其中，对于这个极具研究价值的课题，现有的研究要么从政府纠正市场失灵、实施宏观调控的视角，鼓吹政府促进经济发展的积极作用，要么从计划干扰市场配置、垄断降低经济效率的视角，批评政府在经济发展中的错误。但是，中国市场经济的特殊性在于：（1）政府的确“严重”干扰了“纯粹”的市场经济，深度参与其中，却没有像经典经济学理论预言的那样阻碍经济发展，反而催生了三十多年的高速增长奇迹；（2）如果只因为实行市场经济的同时，发挥政府纠正市场失灵、实施宏观调控的作用，为何只有中国造就了经济持续高速增长的“奇迹”？

从交易成本的逻辑出发，市场具有交易成本，不同的治理机制才会存在。同时，对于某些交易，企业化政府与私有企业相比在交易成本节约上的优势是实现政府参与市场经济模式下“增长奇迹”的微观效率来源。

无论是传统经济学，还是新制度经济学，市场理论的研究对象都是非计划的自由市场经济，经济组织的活动源于自发的利益追逐。（新古典经济学强调垄断利润，新制度经济学则强调交易成本节约。）从市场理论的角度看（有别于政治经济学），上述具有中国特色的交易治理结构并不是政府有意设计的，而是经济主体在中国特殊的制度环境下因追求效率而自发形成的。中国经济在效率上的奇迹源于市场机制，而中国市场经济有别于其他市场经济的特色在于其特殊的制度环境，特征在于一种特殊的产权安排，即公有产权的赋予和保障。

研究中国经济的学者几乎一致认为市场机制下私有产权的保障是改革开放后中国经济腾飞的关键。我们还应该看到，对公有产权的保障是中国市场经济具有特色的关键。在公有产权保障的基础上，企业化政府参与的以土地交易为代表的市场交易活动比起只能以私有产权模式参与的市场经济更具效率优势。

7 交易视角下的土地财政

7.1 土地财政的概述

中国的土地财政在特殊的历史背景下，经过一系列改革形成了特殊的制度安排。这里就中国的土地财政背景、历程和表现等方面进行概述，为本书从交易成本的角度分析土地财政提供基本的分析背景。

7.1.1 土地财政的背景

尽管“土地财政”不是一开始就形成的，但目前学术界对土地财政形成了比较一致的看法，即土地财政是指政府依靠土地获得财政收入，具体而言，这个概念描述的是政府通过土地出让而获得土地出让金形成的财政收入。土地财政主要来自三个制度根源，一是我国的土地公有制度，二是分税制改革，三是官员晋升政绩考核。

1.土地公有制

在土地所有权方面，我国的土地制度是土地公有制和集体所有制。从新中国成立到改革开放前，形成了“城市土地国家所有、农村土地集体所有”，经由1982年宪法修改，在国家最高法律层面上正式确立为中国土地基本制度。土地公有制是指部分或全体劳动者共同占有土地的一种制度。我国的宪法和土地管理法规定，我国实行的是土地的社会主义公有制，也就是全民所有制和劳动群众集体所有制，城市市区的土地属于全民所有，也就是国家所有，土地集体所有制主要指的是农村土地的所有制形式。总的来说，我国现在的土地性质属于公有制，所有权和个人的使用权是分离的。1988年4月通过的宪法修正案明确“土地的使用权可以依照法律的规定转让”，确立了土地所有权与使用权相分离的合法性。

按照宪法规定，国家可以根据公共利益的需要依据法律通过补偿对土地进行征收和征用。土地管理法规定任何单位和个人需要使用土地进行建设时，必须依法申请使用国有土地；另外，建设、占用土地时，对于农用地转为建设用地的，须经审批办理农用地转用手续。此后相关的国有土地使用权规定进一步明确了国有土地的征收和使用，比如2002年《招标拍卖挂牌出让国有土地使用权规定》规定商业、旅游、娱乐等经营性用地和商品住宅用地要以招、拍、挂方式出让国有土地的使用权；2015年土地管理法修正案吸取之前的土地管理经验，完善了土地征收范围、征地审批程序和征地补偿机制。

可以看出，上述宪法和土地管理相关法律将中国的土地划为城市建设用地和农用地二元结构，在此基础上形成土地使用和征用制度。这种制度下，土地的支配和收益等产权实质上属于政府，地方政府可以通过征用、出让、开发土地获取收入。

2.分税制改革

1994年推行的分税制改革是土地财政的重要驱动因素。20世纪80年代，中央政府通过财政包干制度授权，鼓励地方政府自主发展经济。尤其是1994年分税制改革的实施，提高了中央财政在国家财政收入中的占比，极大地压缩了地方政府的税收分成比例，但将土地收益划给了地方政府，奠定了地方政府转向“土地财政”的制度基础。在改革过程中，地方政府承担主要的支出，而分税制实际上是财权的集权改革，直接导致了事权与财权不匹配。地方政府为发展当地经济和提供公共品供给，存在巨大的财政缺口，分税制让地方政府可以获得土地出让金和房地产业、建筑业的营业税，成为地方政府解决财政资金不足的手段。

正是在分税制改革的背景下，地方政府通过土地交易获得支持地方经济发展的财政资金。从经济产权的角度看，地方政府通过分税制改革获得了国有土地的收益权利，加上前文提到的土地公有制度背景，地方政府实际上拥有土地这一要素的完整的经济产权。尽管地方政府拥有了土地的经济产权，但是土地财政发展的原因是地方政府竞争，或称为官员晋升激励的“政治晋升锦标赛”。[①]

3.官员晋升激励

官员晋升激励是土地财政形成的诱因。改革开放以来，我国主要采取的是分权的地方经济发展模式，一方面是中央政府赋予地方政府更多的自主发展权，另一方面中央对地方政府官员的考核标准是辖区内的经济绩效。因此，地方官员受到政治晋升的考核激励，导致地方政府为了经济增长而互相竞争[②]，也就是周黎安提出的“政治晋升锦标赛”发展模式。

分税制改革后，地方政府积极出让土地，通过低价出让土地，吸引外资进入辖区开展投资，亦高价出让居住用地，以补偿财政资金。低价出让土地吸引外资，有助于增加地方政府未来的税收收入。在以GDP为考核指标的“政治晋升锦标赛”模式中，地方官员具有强烈的竞争激励，形成了地方政府以土地为核心的招商引资和财政融资策略。结果是现实中可以看到的地方政府不断征收和出让土地，建设开发区、工业园等，从而吸引资本流入，使土地财政发展壮大。

7.1.2 土地财政的进程

根据前文介绍的土地财政背景，土地财政在土地公有制、分税制改革和官员晋升激励等制度背景下不断发展。从发展历史看，土地财政的发展可以分为三个阶段：一是从改革开放到分税制改革前的初期探索阶段；二是分税制改革之后的快速发展阶段；三是后土地财政的新发展阶段。

---

① 周黎安. 晋升博弈中政府官员的激励与合作——兼论我国地方保护主义和重复建设问题长期存在的原因[J]. 经济研究，2004（6）：33-40.

② 张军，高远. 官员任期、异地交流与经济增长——来自省级经验的证据[J]. 经济研究，2007（11）：91-103.

1.初期探索

从1978年改革开放到1994年主要是土地财政的探索阶段，这一时期形成了土地财政的基本制度和运行模式。20世纪80年代，我国开始出让土地使用权。1987年，深圳首次以协议出让的方式转让了五千多平方米的土地，是地方政府出让土地使用权的开端，之后在全国展开。1988年通过宪法修正案，明确规定“土地使用权可以依照法律规定转让”，土地管理法相应地进行了改革，从法律的层面确定了地方政府转让土地使用权并获得收益的权力。

此后一段时间，中央政府和地方政府针对国有土地出让收入的分配展开了一系列博弈。1989年，国务院颁布的《关于加强国有土地使用权有偿出让收入管理的通知》规定国有土地使用权有偿出让的收入必须上缴财政，主要用于城市建设和土地开发。同年9月，财政部颁布的《国有土地使用权有偿出让收入管理暂行实施办法》规定国有土地使用权出让收入扣除土地出让业务费后，全部上缴财政。上缴财政的部分，取得收入的城市财政部门留下20%作为城市土地开发建设费用，其余部分40%上交中央财政，60%留归取得收入的城市财政部门。此后，1992年颁布的《关于国有土地使用权有偿使用收入征收管理的暂行办法》和《关于国有土地使用权有偿使用收入若干财政问题的暂行规定》进一步调整了中央政府和地方政府关于土地出让的收入分配比例，结果是大幅减少了中央政府的分成。

2.扩大发展

1994年的分税制改革赋予了地方政府获得土地收益的权力，获得了土地的完整经济产权。从1994年到2016年，中央调整房地产市场，土地财政不段发展壮大。首先，1994年分税制改革出台后，地方政府积极开展土地交易，土地交易收益被称为地方政府的第二财政，土地财政模式逐渐形成。1995年，中央政府规定了房地产商住用地的拍卖、招标方式，进一步推动土地交易的规模扩大。到1998年，住房制度改革和税收制度改革刺激了房地产市场的发展，使得土地财政进入爆发阶段。住房市场的土地出让逐渐从原来的出让方式，转变成以招、拍、挂为主的出让方式。2004年，国土资源部、监察部联合颁布的《关于继续开展经营性土地使用权招标拍卖挂牌出让情况执法监察工作的通知》规定："在2004年8月31日前将历史遗留问题界定并处理完毕。8月31日后，不得再以历史遗留问题为由采用协议方式出让经营性土地使用权。"土地财政的爆发式发展可以从数据上窥见一斑，土地转让收益从1998年的500亿元，2004年达到5000亿元，短短几年时间，土地出让收益增长了10倍。同时，土地财政占财政收入的比重不断提高，从1998年的10%，提高到2004年的50%。这一时期，土地财政还是属于预算外管理，中央政府和地方政府关于土地财政收入的分成稳定在30∶70，三成上缴中央财政，七成留给地方政府。从2007年到2016年，土地财政的管理规范化。2007年，中央政府加强了对土地出让收入的管理，颁布的《国务院办公厅关于规范国有土地使用权出让收支管理的通知》规定："从2007年1月1日起，土地出让收支全额纳入地方基金预算管理。收入全部缴入地方国库，支出一律通过地方基金预算从土地出让收入中予以安排，实行彻底的'收支两条线'。"这一规定让地方政府获得了完整的土地出让收益，土地出让收益纳入到地方预算管理中，地方政府的土地财政收入占比超过50%，达到70%。

可以看出，这一阶段的发展不仅扩大了土地财政的规模，地方政府还完全获得了土地交易的收益，使得土地财政飞速发展。土地财政的发展有助于地方政府实施工业化和城市化发展计划，也造成了一些负面影响。

3.新发展阶段

2016年以来，中央政府开始严控房地产市场，标志着土地财政发展到新阶段。经过前两个阶段的发展，土地财政为地方政府做出重要贡献的同时，让地方政府发展依赖土地交易和房地产市场，引发了一系列的经济和社会问题。如房价和地价过高，导致企业投资成本上升，出现了过早的去工业化趋势。另外，地方政府隐性担保使得以土地为基础的债务融资规模巨大，形成了潜在的地方政府债务风险和系统性金融风险。土地财政使房地产市场不断聚集资本，形成了对其他产业发展的挤出效应，对实体经济的高质量发展形成了阻碍。研究表明，从1998—2015年，土地财政收入占地方财政收入的比重每提升1个百分点，实体经济在我国经济中的结构比例相应下降0.033个百分点，虚拟经济相应提升0.033个百分点。[①]

随着中国经济发展进入新阶段，面临发展方式转型，其中重要的一环是土地财政改革，土地财政对中国经济发展做出重要贡献，企业化政府作为土地经济产权的所有者和交易者在其中扮演着重要角色。本书的主要目标是解释企业化政府在土地交易中的效率问题，新发展阶段的土地财政问题不是我们讨论的重点。

7.1.3 土地财政的表现和特征

1.土地财政的表现形式

从更一般的意义上讲，土地财政有以下四种表现形式：一是地方政府出让和租赁国有土地使用权获得的高额收益；二是城市建设和发展带来的土地税收收入；三是土地上城市开发和经营带来的工商业税收；四是地方通过土地获得的投资、融资资金。第一种方式是地方政府通过招、拍、挂的方式对国有土地使用权进行转让，是地方政府对土地最直接的交易方式。第二种方式是地方政府通过辖区城市建设和经济发展，使土地价值增值，即地方政府通过类似于投资的方式，使土地增值，在今后的土地交易中获得更多的收益。第三种方式是地方政府通过城市经营，比如发展城市中的产业、建设开发区和产业园，吸引外部资本进入，地方政府为了未来更多的税收收入，进行前期基于土地上城市经营的投入。第四种方式是地方政府基于土地和土地相关隐性担保进行的投资、融资，比如地方的融资平台。

从企业化政府的角度看，上述四种土地财政的表现形式具有内在的一致性。企业化政府拥有了完整的土地经济产权后，可以通过转让土地获得收益（第一种表现形式），也可以通过对土地进行相关投资来获得土地价值的增值（第二和第三种表现形式）。同时，企业化政府能够利用土地的经济产权作为融资的抵押品（第四种表现形式）。本书主要关注前三种土地交易，下文从交易成本框架分析不同类型的

① 林瑞瑞，梁小亮，梁颖，陈鸣飞．土地财政模式的发生、发展与评价研究[J]．中国管理信息化，2018. V.21（12）：126-129.

土地交易。

2.土地财政的特征

从本质上讲，土地财政是地方政府获得完整的土地经济产权，通过土地交易形成的财政形式。首先，土地财政是在完整的土地经济产权下形成的。中国特殊的土地政策和分税制改革使地方政府获得了土地的使用权、收益权和改变土地用途的权力。其次，土地财政是通过企业化政府进行土地交易形成的，其特征是企业化政府参与市场，进行土地交易。其中企业化政府是本书的分析主体，是地方政府参与经济职能的抽象概念。

土地财政的表现形式和特征为下文介绍土地财政的内容和分析土地交易提供了理论基础。土地财政的主要模式和内容围绕土地的管理与获取（征收）、出让、经营和开发，下文对土地财政的模式和内容进行介绍。

7.2 土地财政的模式

这一节主要介绍中国的土地财政模式。这一领域的研究主要集中在土地管理、土地收益和土地收益分配三个方面，下面主要从这三个方面介绍土地财政。

7.2.1 土地管理

根据宪法和土地管理法的规定，我国实行土地公有制。2014年修订的《中华人民共和国土地管理法实施条例》明确了具体类型土地的国家所有权："（一）城市市区的土地；（二）农村和城市郊区中已经依法没收、征收、征购为国有的土地；（三）国家依法征收的土地；（四）依法不属于集体所有的林地、草地、荒地、滩涂及其他土地；（五）农村集体经济组织全部成员转为城镇居民的，原属于其成员集体所有的土地；（六）因国家组织移民、自然灾害等原因，农民成建制地集体迁移后不再使用的原属于迁移农民集体所有的土地。"单位和个人依法使用国有土地，由土地使用者向土地所在地的县级以上人民政府土地行政主管部门提出土地登记申请，由县级以上人民政府登记造册，核发国有土地使用权证书，确认使用权。未确认使用权的国有土地由县级以上人民政府登记造册，负责保护管理。

土地的用途需政府批准。首先，全国层面的土地利用总体规划需由国务院相关部门编制并报国务院批准。其次，省、自治区、直辖市的土地利用总体规划需由省、自治区、直辖市人民政府组织本级土地行政主管部门和其他有关部门编制，报国务院批准。需要说明的是，根据土地管理法规定，土地利用总体规划应将土地划分为农用地、建设用地和未利用地。县、乡、镇一级需要根据土地使用的条件和需要，确定每一块土地的用途。依法改变土地用途的需要获得政府的批准，向土地所在地的县级以上人民政府土地行政主管部门提出土地变更登记申请。禁止单位和个人在土地利用总体规划确定的禁止开垦区从事土地开发活动。值得注意的是，宪法为土地有偿使用制度提供了基本法律依据，国家对国有土地使用者和集体土地所有者依法征收土地税，对建设用地依法征收土地使用费等。土地管理法和城市房地产管理法等①规定了具体的土地有偿使用制度。

在土地占有方面，政府严格规定了土地用途，也明确了城市规划占有土地的征地程序。如在农用地转为建设用地的过程中，政府具有决定权，《条例》规定："建设、占用土地，涉及农用地转为建设用地的，应当符合土地利用总体规划和土地利用年度计划中确定的农用地转用指标；城市和村庄、集镇建设、占用土地，涉及农用地转用的，还应符合城市规划和村庄、集镇规划。不符合规定的，不得批准农用地转为建设用地。"另外，农用地转建设用地涉及征地程序。《条例》规定，市、县人民政府根据土地利用年度计划拟订农用地转用方案、补充耕地方案、征收土地方案，分批次逐级上报有批准权的人民政府。"有批准权的人民政府土地行政主管部门对农用地转用方案、补充耕地方案、征收土地方案进行审查，提出审查意见，报有批准权的人民政府批准。"这种制度下，我国实行城乡分割的二元土地制度，对农村土地转用实行严格限制，农用地转为城市土地必须经过政府征收。②

从上述土地管理制度看，中国政府拥有土地要素的完整经济产权。从前文阐述的经济产权（使用资产、获得收益、改变性状的权利）的三个方面看，将土地相关的经济产权赋予政府。首先，宪法和土地管理的相关法律规定了政府拥有土地使用权，有权规定土地的用途（改变性状），确立了土地的有偿使用制度。在这些制度下，土地的支配、收益和改变用途等产权实质上属于政府，地方政府可以通过征用、出让、开发土地获取收益。

① 还有《城镇国有土地使用权出让和转让暂行条例》《外商投资开发经营成片土地暂行管理办法》等（以下简称"《条例》"），规定了土地有偿使用的具体制度内容。

② 孙秋鹏. 农村土地征收问题研究述评与展望[J]. 学术探索，2019（5）：10-20.

7.2.2 土地收益

根据中国的土地管理制度体系，政府是土地的所有者代表和管理者，具有完整的经济意义上的土地产权，政府有权获得土地的收益。[①]根据《条例》规定，国有土地有偿使用的方式包括：（1）国有土地使用权出让；（2）国有土地租赁；（3）国有土地使用权作价出资或入股。

（1）国有土地使用权出让，是指国家将土地使用权在一定时期内出让给土地使用者，土地使用者向国家支付土地使用权出让金的行为。国家作为土地所有权人将土地的使用权分离并出让，是一种经济产权的权利转移，本质上是国家对土地产权的交易处分。值得注意的是，这种土地交易并不是所有权的转移，而是经济意义上的使用权转移，印证了前文提到的经济产权中所有权并不重要的观点。另外，土地使用权的出让是有偿的，本质上是政府对土地使用权的交易。土地使用者获得一定期限的土地使用权，以支付土地使用权出让金为代价。关于土地使用权的交易契约是有法律效力的，是中国的土地管理制度决定的（参考前文）。其中《城镇国有土地使用权出让和转让暂行条例》明确表明："土地使用权出让合同应按照平等、自愿的原则……由市、县人民政府土地管理部门与土地使用者签订。"

（2）国有土地租赁，指的是国家将国有土地出租给使用者，获得土地使用者的租金的行为。使用者需要与县级以上人民政府的土地行政主管部门签订土地租赁合同。国有土地租赁也是土地使用权交易并获得收益的一种方式，是土地使用权出让的补充。国有土地租赁一般适用于短期使用土地或难以一次性支付土地使用权出让金的使用者。以出让的方式取得的土地多用于土地重新开发和利用，而土地租赁要解决的问题主要是城市中大量原有行政划拨用地如何扩大到有偿使用的范围。[②]《规范国有土地租赁若干意见》规定："对发生土地转让、场地出租、企业改制和改

① 张立彦从土地产权理论、地租理论和土地收益权三个方面论述了政府获得土地收益的理论依据。这些理论实质上与本书进行的经济产权分析和所有权分析相关，但是侧重点不同，本书不再详述这些理论，读者可以参考张立彦提出的相关理论。

② 张立彦．中国政府土地收益制度研究[J]．北京：中国财政经济出版社，2010.

变土地用途，应当依法有偿使用的，可以实行租赁。对于新增建设用地，重点应是推行和完善国有土地出让，租赁只作为出让方式的补充。对于经营性房地产开发用地，无论是利用原有建设用地，还是利用新增建设用地，都必须实行出让，不实行租赁。”

（3）国有土地使用权作价出资或入股，是指国家以一定时期内的国有土地使用权作价，投入改组后的新设企业的行为。土地使用权由新设企业持有，可以依照土地管理的相关法律、法规关于出让土地使用权的规定转让、出租、抵押土地。土地使用权作价出资或入股形成的股权根据国有资产投资主体，由有批准权的人民政府土地行政主管部门委托有资格的国有股权持股单位统一持有。

国有土地使用权主要通过上述三种方式参与交易并获得相应的收益。土地使用权出让金采取预收的方式，土地使用者只有支付了出让金，土地管理部门才能交付土地使用权给土地使用者，核发土地使用证。根据国有土地使用权出让的具体方式，土地出让金可分为协议出让价款、拍卖出让价款、招标出让价款和挂牌出让价款四种形式，经营性房地产的土地使用权主要以后三种方式交易。国有土地使用权租金与国有土地出让金都属于地租的范畴，但在收取的方式上有所不同，土地出让金是政府预先收取的一定年限的地租之和，而土地使用权租金一般是在取得土地使用权后，土地使用者按年或按期缴纳。国有土地使用权作价出资或入股的收入是国家以一定年限的国有土地使用权作价出资，从企业利润中取得的股息或分红收入，是国有土地资产的投资收益。

本书主要针对上述三种土地使用权交易方式中的土地使用权出让展开分析。因为上述三种土地使用权交易方式本质上是土地要素使用权作为公共产权参与市场的形式，现实中以使用权出让较为常见。另外，政府在获得土地并出让的过程中，涉及土地征用的成本。学术界关于土地征收和征地补偿程序做了较多的研究（孙秋鹏①；陈怡竹②；黄忠③）。土地征用涉及征地补偿问题，是政府获得土地要素的成

① 孙秋鹏．农村土地征收问题研究述评与展望[J]．学术探索，2019（5）：10-20.

② 陈怡竹．中国土地征收程序模式之转型:从管理主义到协商合作[J]．中国土地科学，2020（4）：35-40,47.

③ 黄忠．成片开发与土地征收[J]．法学研究，2020（5）.

本，但是征地补偿并不会对政府的土地交易有实质性的影响，这里不再赘述。

7.2.3 收益分配

在张立彦的关于政府土地收益分配的研究中，将土地收益定义为“政府作为国有土地的所有者和管理者，在土地征收、使用、出让等过程中与其他经济体发生的及政府内部不同层级、不同届政府之间发生的利益分配”。按照这个定义，我们从土地交易过程来讨论土地收益的分配。土地交易过程中主要的两个收益分配对象，一是土地征收过程中的征地补偿，即政府与农民之间的土地收益分配；二是中央政府与地方政府的土地收益分配。下文主要从这两个方面展开。两种土地收益分配与本章研究的土地财政紧密相关。

1.政府与农民之间的土地收益分配

基于所有权的收益分配。前文提到，中国的土地公有制规定了城市土地归国家所有，农村和城市郊区的土地和宅基地、自留地等属于集体所有。城乡二元土地所有制决定了土地收益分配：国家拥有城市土地的收益，集体拥有城市郊区和宅基地、自留地等土地的收益。收益分配主要由法定所有权决定。

基于使用权交易的分配。交易的背景主要是农村的农业用地被政府征收，转换为建设用地，用于城市建设开发。主要的法律背景是《国家建设征用土地条例》和土地管理法等法律、法规规定的征地补偿办法。征地补偿办法的变化基本描述了政府与农民（集体）在土地使用权交易的过程中使用的土地收益分配办法。比如2004年之前，根据当时的土地管理法，按照被征用的农用土地的原用途产值的倍数进行补偿，政府需要承担农民安置责任。2019年的土地管理法在农村土地拆迁补偿方面做了修订，从“被征收土地的原用途”的补偿方式变为“保障被征地农民原有生活水平不降低、长远生计有保障”。相对而言，在新土地管理法实施前，按照农用地的原用途补偿，城市建设的征地补偿成本是比较低的。一般研究认为“征地补偿的标准低”，但是关于如何确定补偿标准，什么方法测量没有共识。随着城市地价的攀升，土地收益分配制度导致征地期望价格增加。[①]

2.中央政府与地方政府之间的土地收益分配

尽管中央政府是土地所有权的代表者，但是根据土地管理法分级管理土地的。比如，中央政府的土地管理职能包括:(1) 编制和执行全国土地利用总体规划和批准下级地方政府的土地利用总体规划。(2) 对于国家建设占用耕地1000亩以上，其他土地2000亩以上，拥有批准权。(3) 制定和实施土地使用权和国有土地有偿使用具体办法，中外合资经营企业、中外合作经营企业、外资企业使用土地的管理办法，大型水利、水电工程建设征用土地的补偿标准和移民安置办法等。县以上地方政府的土地管理职能包括:(1) 编制本行政区域内的土地利用总体规划，报上级政府批准后执行，上级政府拥有批准下级政府土地利用总体规划的权限。(2) 县政府对集体所有土地登记造册，核发证书，确认所有权；县级以上地方政府对国有、集体单位和个人依法使用的国有土地登记造册、核发证书、确认使用权等。基于分级管理制度，地方政府对辖区土地的使用及其交易具有管理和控制的权力，存在中央和地方政府关于土地收益分配的博弈。

1994年分税制改革后，由于中央将财政权力集中，地方政府财权与事权不匹配，但是中央赋予了地方政府将土地收益作为预算外财政的补充。这一时期土地财政还是属于预算外管理，中央政府和地方政府关于土地财政收入的分成稳定在30∶70，三成上缴中央财政，七成留给地方政府。到2007年，中央政府颁布的《国务院办公厅关于规范国有土地使用权出让收支管理的通知》规定:“从2007年1月1日起，土地出让收支全额纳入地方基金预算管理。收入全部缴入地方国库，支出一律通过地方基金预算从土地出让收入中予以安排，实行彻底的‘收支两条线’。”这一规定让地方政府获得了完整的土地出让收益，土地收益纳入到地方预算管理当中，地方政府的土地财政收益占比超过了50%，达到70%左右。

---

① 刘玮琪，余文学. 土地征收补偿价格研究综述[J]. 合作经济与科技，2020（11）：4-7.

7.3 土地财政的内容

前文对土地财政的具体模式做了介绍，本节以土地交易为中心，从不同形式的土地交易来具体介绍土地财政。首先介绍直接土地出让，即地方政府通过征地获得土地并通过土地使用权出让获得收益。然后介绍地方政府通过土地经营，即城市建设、经营的投资，获得未来土地使用权出让的增值。最后介绍地方政府城市建设的模式，即对新的土地要素的开发，从拆迁到城市建设，完成对新的土地要素的整合投资，通过土地交易获得收益。值得注意的是，7.1.3介绍的土地财政的表现形式中提到了地方政府依赖土地经营开发获得商业收益、以土地为基础的融资等土地财政的表现形式，本书主要关注土地要素的直接交易，商业收益和融资不是本书的研究对象。

7.3.1 土地交易

宪法和土地管理法等相关法律赋予了地方政府国有土地资源管理者的身份，地方政府可以控制土地的征收、出让与使用。1994年的分税制改革进一步赋予了地方政府通过土地出让获得收益的权力。从经济意义上讲，地方政府拥有土地的完整产权，为地方政府参与土地交易提供了制度基础。而官员晋升激励制度成为促进地方政府进行土地交易，获得收益的重要制度诱因。

地方政府不断出让土地获得补充性财政资金，出让的方式主要有两种：一是协议出让，二是招、拍、挂方式。协议出让的价格一般比较低，主要是地方政府通过行政手段制定出让价格，吸引外部资金和企业进入辖区进行商业投资。招、拍、挂方式的价格较高，主要针对商住用地的出让。地方政府通过低价协议出让的方式提供土地优惠，是为了促进地方经济发展并获得未来的商业税收收入。如前文所述，协议出让方式不是本书关注的重点。2002年颁布的《招标拍卖挂牌出让国有土地使用权规定》规定：“自2002年7月1日起，必须以招标、拍卖或挂牌方式出让商业、旅游、娱乐和商品住宅等各类经营性用地。”中央政府在2004年重申了不再以历史遗留问题为由，采用协议方式出让经营性土地使用权。

招、拍、挂方式是以市场化的形式进行土地交易，这几种交易方式虽然有所差异，共同点是公开竞价。以市场化的形式交易土地，从而实现土地资源要素的合理价格。因为以招、拍、挂方式出让的是经营性土地，土地交易的卖方是拥有土地经济产权并参与市场的企业化政府，买方是房地产开发企业，双方以公开竞价的方式进行土地交易。表7-1是一则经上海市嘉定区人民政府批准，以挂牌方式出让国有土地使用权的公告。

宗地编号:	202026701	宗地总面积:	51774.9平方米	宗地坐落:	东至金园一路，南至洮阳路，西至东沙江，北至南虬江。
出让年限:	50年	容积率:	等于3	建筑密度(%):	
绿化率(%):		建筑限高(米):			
主要用途:					
工业用地					
明细用途					
用途名称			面积		
工业用地			51774.90		
投资强度:	万元/公顷	保证金:	2059万元	估价报告备案号	3102720BA0103
起始价:		加价幅度:			
挂牌开始时间:	2021年01月12日09时30分	挂牌截止时间:	2021年01月12日14时00分		
备注:	土地用途：科研设计用地。				

表7-1 上海市嘉定区规划和自然资源局国有土地使用权挂牌出让土地基本信息[①]

上表体现了出让土地使用权的地块的主要信息，如地块的位置、出让年限、出让金、土地用途等。有意向的竞买者通过土地交易市场和指定的网上交易受理平台向上海市嘉定区规划和自然资源局提交申请，缴纳竞买保证金。上海市嘉定区人民政府将在指定的时间段（2021年1月12日9点30分到14点）进行竞价交易，确定竞买者的竞买资格。

① 资料来源：https://www.landchina.com/.

7.3.2 土地经营

地方政府也通过城市建设和开发投资来提升土地交易价值。地方政府能够在城市建设完成后获得土地交易的增值收益，更重要的是，地方政府在城市建设开发过程中如何进行土地交易。在城市建设开发中，地方政府身兼多种职能，既是规划者、决策者，也是经营者，其中一个重要的组织机构是城投企业。城投企业指城市建设投资平台公司，是我国城市化进程中的特殊产物。地方政府在城市建设开发的过程中，以城投企业承担基础设施建设项目的投融资主体和地方政府融资平台的职能。这里我们关注城投企业作为城市建设开发者的职能。①

城投企业是地方政府为城市公共基础设施建设的投融资设立的企业平台，能够直接参与土地的开发和建设。1992年，上海率先成立建设投资开发总公司，主要职责是城市基础设施投资、建设和运营。1994年分税制改革后，财政上移而事权下移，财政与事权不匹配，城市建设开发出现庞大需求，但是地方政府受预算法的约束，不能直接向银行借贷，融资渠道受到限制。可以看出，在城市建设开发中，城投企业参与土地市场的交易有一个明显的好处是可以缓解地方政府建设城市基础设施的融资压力，另一个好处是降低交易成本（将在后文中详述）。有研究表明，从2000到2012年，全国地市级以上城市的土地市场交易中，作为地方政府融资代表的城投企业有相当比例参与了土地市场的购地活动。②特别是在2008年后，中央政府实行四万亿刺激计划，支持地方政府设立各类城投企业，发挥投融资平台作用，加速大型基础设施落地建设。

以北京城市副中心投资建设集团有限公司（简称“北投集团”）为例。北投集团的前身是2003年北京新奥集团公司在北京奥运场馆土地一级开发指挥部的基础上成立的。该集团在2005年的主要任务是接受北京市委、市政府的委

---

① 城投企业一般也作为地方政府融资平台存在，随着地方债务问题凸显，2014年9月国务院发布《关于加强地方政府性债务管理的意见》，强调要加强对地方政府融资平台运作的约束和监管，要剥离地方政府融资平台的政府融资职能。

② 弋代春，樊纲治. 地方政府融资平台的土地市场参与研究[J]. 宏观经济研究，2015（10）：151-159.

托，负责奥运中心区土地一级开发建设、市政基础设施建设和地上、地下各项开发建设，负责奥运中心区奥运场馆建设的组织、协调、服务和管理工作。该集团从2005年到2008年，负责完成了北京市政府的奥林匹克公园中心区地下交通联系通道工程建设等29个项目。2008年奥运会结束之后，北投集团继续负责奥体文化商务园区的筹建、北京市新机场项目。2015年，该集团与通州区政府合作，承担通州区城镇棚户区改造的一系列项目；2016年，与北京新航城公司合作开展建设工程业务；2017年，与承德市政府开展经济区合作项目。2018年，北投集团组建成为北京城市副中心投资建设集团有限公司，是北京城市副中心投资建设运营平台企业，积极服务首都“四个中心”功能建设，紧密围绕“城市投资与融资、城市建设与综合运营”两大主业，积极打造城市综合运营商的“四梁八柱”，即“投资建设、产城融合、城市运营、资本运作”四大业务板块，业务领域涉及土地管理、城市基础设施建设、区域配套服务投资建设运营、人才公租房投资建设运营、商业地产、文化体育、生态环保等，并为其提供资金支持的资本服务。从其官方网站看，北投集团积极投身北京城市副中心建设，到2019年底，在城市副中心共承担项目155个，完成了北京城市副中心155平方公里的总体城市设计和重点地区详细城市设计方案的国际征集、潞城棚改和东方厂周边棚改任务，规划建设城市绿心，统筹推进副中心区域基础设施建设。①

地方政府通过城市建设开发，经营性土地出让价格上涨，进一步增强了城投公司的投融资能力，土地交易和城市建设开发形成正向循环，使地方政府实现了土地价值增值，促进了城市发展。但是随着城市发展，现有的土地要素减少，可供交易的土地相应减少。

---

① 北投集团的一些代表性建设项目有奥体文化商务园区、丽泽金融商务区、亚洲基础设施投资银行总部等，参见http://www.bj-big.com/group.php?bid=12.

7.3.3 要素开发

土地交易要求更多的土地要素开发并投入到土地市场。地方政府对土地要素的开发主要有两种方式，一是拆迁，二是新城建设。

拆迁。在城市发展中城市周围的农村被纳入到城市范围，存在政府对城市周围城中村的拆迁和改造。地方政府通过拆迁获得可供城市开发的新土地，再通过土地市场高价出让实现土地增值，为城市建设开发融资。根据2001年中央政府颁布的《城市房屋拆迁管理条例》规定，“在城市规划区内国有土地上实施房屋拆迁，需要对被拆迁人补偿、安置”，“拆迁必须符合城市规划，有利于城市旧区改造和生态环境改善，保护文物古迹”，同时，“拆迁人与被拆迁人应当依照本条例的规定，就补偿方式、补偿金额、安置用房面积和安置地点、搬迁期限、搬迁过渡方式和过渡期限等事项，订立拆迁补偿安置协议”。可以看出，通过城市房屋拆迁获得土地需要地方政府（或取得房屋拆迁许可证的单位）与众多的被拆迁人签订拆迁补偿安置协议，协商成本较高。

新城建设。地方政府在城市建设中还可以通过征地程序，获得成片农村集体土地进行开发，比如新城建设。类似地，综合性的开发区和工业园区的开发也属于该类型的土地开发。以下以新城建设为例进行介绍。新城建设涉及土地征用，建设开发和土地交易。2019年通过的新土地管理法第48条涉及农村土地征收补偿的内容，相比2004年的土地管理法，新土地管理法对农村土地拆迁补偿做了修订，从“被征收土地的原用途”补偿方式变为“保障被征地农民原有生活水平不降低、长远生计有保障”。相对而言，在新土地管理法实施前，按照农用地的原用途补偿，新城建设的征地补偿成本是比较低的。地方政府通过低价征收农村集体土地进行开发，极大地降低了新城建设的成本。①

本节以成都天府新区的建设为例，介绍地方政府的新城建设。天府新区于

① 同时，新土地管理法规定了成片土地征地的补偿原则，用片区综合地价替代被征土地年产值倍数法计算土地补偿费、安置补助费，规定片区综合地价的制定要“综合考虑土地的原用途、资源条件、产值、区位、供求关系”。

2014年经国务院同意设立，是四川省下辖的国家级新区，由天府新区成都片区和天府新区眉山片区组成，规划面积为1578平方公里。天府新区成都片区包括天府新区成都直管区全境、成都高新区、双流区、龙泉驿区、新津区、简阳市的部分地区，天府新区眉山片区包括彭山区、仁寿县的部分地区。2015年，设立四川天府新区管理委员会办公室，负责支撑新区发展的政策研究、规划管理、重大产业布局、重大项目推进和招商引资等工作。在具体建设开发的过程中，主要执行者是成都天府新区投资集团有限公司（简称“成都天投集团”）。成都天投集团的主营业务涉及四川天府新区成都直管区范围内的基础设施建设、土地管理与开发、房地产开发、区域开发、循环经济发展等业务。通过不断开拓，成都天投集团正加快构建新型城市发展、品质生活服务、高端产业聚集、现代金融服务四大主业板块。成都天投集团本部设10个职能部门，下属21个全资及参控股二级公司，20个全资及参控股三级公司。

天府新区开发建设的一个重要环节是政府征地和补偿。从2013年《天府新区成都管委会关于调整天府新区成都直管区土地补偿费、安置补助费、青苗补偿费和社保缴费标准的通知》详细公开了天府新区直管区关于集体土地征收补偿安置的细则。比如，该文件规定，对集体土地的补偿方式以征地统一年产值为计算依据，每亩耕地按照统一年产值的10倍计算，征地为非耕地的土地补偿费减半；安置费依据被征地集体经济组织人均耕地面积计算，人均耕地在1亩及以上的，每亩耕地按统一年产值的6倍计算；人均耕地在1亩以下的，每个安置人口按照统一年产值的6倍计算，征收非耕地的安置补助费减半。该文件还规定了青苗等土地附着物的补偿标准，住房安置，拆迁房屋补偿和搬家费，农民社会保险费等补偿。[①]天府新区管理委员会通过征地补偿征收土地，然后对天府新区的成片土地进行整体开发。

在整体开发过程中，天府新区打造了天府总部商务区、成都科学城和天府文创城。天府总部商务区的规划面积达50.3平方公里，支持天府新区建设面向世界的

① 2018年，天府新区成都管委会办公室调整了土地补偿费、安置补助费和社保缴费标准，参见http://gk.chengdu.gov.cn/uploadfiles/07240201020201/2019112111013213.pdf.

商务区，打造成都未来城市新中心。天府总部商务区坚持大力发展总部经济、会展博览两大主导产业，积极培育创新型金融、体验式文创两大生态配套产业，同步发展会计、律所、咨询、广告等商务服务体系，加快导入国际化商圈建设，着力构建大企业、大集团集群发展格局。截至2021年年初，成功引进招商局集团、正大集团、新希望集团等一批大型央企、国企、龙头民企总部。成都科学城规划面积达125平方公里，坚持以建设综合性国家科学中心为目标，瞄准国家重大战略，聚焦核能与核技术、航空航天、信息技术、生物医药等重点领域，围绕构建"基础研究—技术攻关—成果转化—产业培育"创新生态链。天府文创城规划面积达140平方公里，主要发展创意设计、数字影视、文博旅游三大主导产业。

可以看出，天府新区从征地、建设开发到产业规划、招商引资，都需要成都市委、市政府的参与，参与的方式是设立天府新区管委会和天投集团。通过管委会和天投集团实施天府新区的征地补偿和建设开发，后期的招商引资和运营。本书的主要目标是分析地方政府在进行土地要素开发（或更一般的公共产权的投资使用）效率方面的优势，参见下一小节。

从拆迁和新城建设的成本来看，地方政府新城建设的征地成本更低，通过土地交易实现的增值更多。前文提到征地补偿成本存在差异，还有征地过程中的协商成本。拆迁主要是宗地开发，而新城建设一般是成片综合开发。与宗地开发相比，成片开发具有面积大、容纳建设项目多和整体连片等特征，成片开发的周期长、资金占用量大、风险也高。因此，相对于宗地开发，新城建设等成片开发多由地方政府设立的城投公司承担。本书将在第八章以开发区建设为例，介绍企业化政府的经济行为和效率。

7.4 交易视角下土地财政分析

前面的章节为这里的分析提供了基础。首先，前文详述了中国土地财政相关的制度环境，从经济意义上确定了政府对土地的完整产权，地方政府才可能以企业化政府的形式行使市场参与职能，保障了土地财政的制度合理性。其次，第四、五章提供了分析的视角和框架，从交易成本经济学的角度分析企业化政府参与市场的效率。6.4以土地交易为例，阐述了企业化政府作为公有产权的持有者参与市场能够节约交易成本，提高经济效率。下文将根据土地财政案例中土地交易的三种形式进行效率分析。

7.4.1 土地的经济产权

前文详述了中国政府对土地和与土地相关的配套项目的所有权和管理权。针对土地本身，政府通过宪法和土地管理法等相关法律获得了经济意义上的完整产权，即政府拥有土地的使用、收益和改变其性状的权力，前文已经做了相关阐述，这里简要说明。

第一，根据宪法和土地管理法的相关规定，土地归国家或集体所有。中国的土地实施全民所有制，政府为代理人。本书对公有产权的研究主要针对全民所有制产权部分。第二，上述公有制的产权并非经济意义上的产权，应看作所有权。虽然公有制规定的是所有权，但是相应的经济产权随着所有权被确立到了作为公有产权代理人的政府手中。在进行经济分析的时候，有必要从经济产权的角度进行考察。第三，经济意义上的产权包括三要素：（1）使用该项资产的权利和该权利适用的边界的界定；（2）从该项资产获得相应回报的权利；（3）改变该项资产状态或性质的权利。从经济产权的角度，集体产权中有一个特殊的情况，由于土地管理法规定：任何单位和个人需要使用土地进行建设时，必须依法申请使用国有土地；另外，建设占用土地时，对于农用地转为建设用地的，须经审批办理农用地转用手续。这项规定的意义在于集体土地的经济产权受到了限制，不能作为建设用地使用。一般而言，政府对代理持有的资产具有使用和一定范围内改变状态或性质的权利，中国政府相对其他国家的政府有更大的权限。特殊之处在于中国通过财政分权和分税制改革，使得代理行使公有产权的地方政府具备了从该项资产获得相应回报的经济产权，形成了企业化政府参与市场的特殊模式。上述规定实质上将土地使用权、收益权和改变土地使用状态的权力赋予了企业化政府。

值得注意的是，企业化政府还会以城市建设投资、土地要素开发等方式进行与土地相关的配套投资。附着在土地上的城市规划、产业规划、招商引资等项目的投资收益会体现在土地价值增值上。因此，企业化政府拥有土地要素完整的经济产权，逻辑上可以通过简单的土地交易（比如土地使用权出让）或对土地进行投资开发（土地经营和要素开发，详见7.3）两种模式进行土地交易，获得土地收益。土地交易是通过直接将企业化政府持有的土地使用权以出让、租赁或作价投资等方式让渡给土地使用者，获得土地使用者的土地出让金、租金或分红。投资开发一方面是对城市进行建设开发，通过城市发展实现土地增值。企业化政府在土地经营中作为交易主体，将土地使用权让渡给开发商，由开发商进行土地上的相关投资建设，政府负责城市建设规划、产业规划和招商引资等。另一方面是征收城市周边集体土地，将农业用地转变成城市建设用地，完成新土地要素的开发和交易，现实中具有代表性的实践是新城建设。在新城建设的过程中，企业化政府作为土地使用权的交易主体，将土地使用权让渡给开发商，开发商和政府需要对土地进行大量后续投资。可以看出，不同的土地交易方式面临的交易成本有所差别，下面对每一种土地交易的交易成本展开分析。

7.4.2 土地的交易成本

对于土地财政中的三类土地交易，按照交易成本经济学分析框架，需要分析每一类土地交易的特征，从交易的三个维度——交易频率、资产专用性和不确定性，考察土地交易。

土地交易。土地交易的方式主要包括土地使用权出让、国有土地租赁和国有土地使用权作价出资或入股。本书以土地使用权出让为例，讨论土地交易中的交易成本。（1）交易频率。本书中土地交易的频率是具体土地的交易频率，不体现在一定时期内土地的交易数量，而是体现在与土地相关的配套项目的交易数量，包括影响土地价值、用途等的规划、周边项目、基础设施建设等。规划和建设越多，交易的频率越高。土地出让过程中的交易频率主要受政府对土地规划的影响，从一般情况看，以宗地形式招、拍、挂的商业用地和工业用地一般属于宗地交易，涉及的开发面积较小，与之相关的土地交易频率较低。如表7-1提到的上海市嘉定区规划和自然资源局挂牌出让的工业用地交易地块，面积较小，交易频率较低。相应地，如果是成片开发的开发区或新城建设，涉及的土地面积较大，地面上的开发建设和产业规划需要后续大量的土地交易，交易频率较高，如北投集团对奥体公园和北京城市副中心的建设投资。（2）资产专用性。土地交易涉及后续的建设开发，具有很强的资产专用性。对土地出让，作为开发商的买方在土地上的投资基本属于专用性投资，达成的契约中卖方提供相关配套服务或建设，会相应提高资产的专用性，一般会为提升地产的价值进行配套投资。这些投资依附于交易的地块，用途已经由政府规定，如果挪作他用，会面临极大的价值折损。企业化政府作为卖方的专用性投资需要视土地开发建设的规划而定：如果是简单的宗地交易，企业化政府不存在太多专用性资产投资要求，因为在土地交易过程中，卖方一般已经规定地块的用途，不存在太多后续投资；如果是成片开发，企业化政府面临较高的资产专用性投资，买方和卖方会因太多相关配套建设任务而需要更大规模的专用性资产投资。后者的典型例子是北投集团对北京城市副中心的开发建设，成都天投集团对天府新区的开发建设。北京市政府和成都市政府在交易成片开发的土地的过程中，面临巨大的后续建设投资，需要大量的专用性资产投入，如天府新区建设中交易双方需要考虑整体的土地规划、产业布局、后续招商引资等一系列专用性投资的问题。（3）不确定性。土地交易同样面临许多的不确定性，如在土地交易之前存在的土地交易市场风险，在交易之后面临的违约风险。土地交易的最大不确定性是政策的变化，包括地方政府及其上层政府的政策、规划等的变化。比如，地方官员为了政绩而规划的建设工程被上级政府拒绝批准，某些地方政府违规规划上马的工程。①

土地经营。土地经营主要指的是城市建设开发，如城市基础设施建设和旧城改造等地方政府在城市土地上进行的投资。本书以城市基础建设相关的土地交易为例，阐述企业化政府在土地经营过程中的交易成本。（1）交易频率。如前文所述，本书中的交易频率体现在与土地相关的配套项目的交易数量，包括影响土地价值、用途等的规划、周边项目、基础设施建设等。规划和建设越多，交易的频率越高。土地经营主要体现在城市基础建设方面。企业化政府在城市建设开发的过程中会与开发商进行多次关于城市土地的交易，如建设公路、商务中心和房地产开发等。在交易中，除房地产开发，其他的土地项目投资都需要交易双方多次围绕土地上相关配套项目进行交易。可以看出，与土地经营相关的土地交易频率较高（相对于简单的房地产开发项目）。（2）资产专用性。土地经营相对于前文的土地交易（土地出让），需要政府和开发商投入更多的专用性资产。以城市基础建设为例，北投集团在2005年承担奥运会场馆的建设任务，项目显然是要作为奥运场馆交付使用，另作他用会降低场馆的专用性价值。在建设过程中，北京市政府与北投集团针对奥运场馆相关项目进行专用性投资，这也是为什么北京市委、市政府通过北投集团这一国有企业进行投资建设。因为在这种体制下，北京市委、市政府可以直接行政命令北投集团负责投资。（3）不确定性。土地经营也面临前文提到的政策不确定性。在城市基础建设中，会出现政府违规违法批准建设的工程，一旦出现这种情况并被上级政府取消，地方政府和开发商将面临极大的损失。

要素开发。本书中的要素开发主要指的是地方政府在拆迁和新城建设的过程中

---

① 2011年据凤凰资讯报道，2010年度国家土地监督管理部门报告显示存在部分地区的地方政府违法违规用地。当年全国违法违规用地3.42万宗，涉及土地面积73.35万亩，其中耕地27.45万亩，国家和省级重点工程项目违法用地33.04万亩。部分地方政府违规违法用地的主要形式：一是违法批地，如贵州省盘县人民政府违法批准贵州省首黔资源开发公司建设盘县煤钢电一体化循环经济项目；二是微观调整土地总体规划或违规批准新设和扩建开发区违规圈占土地。参见，https://news.ifeng.com/c/7fZafhpcNAv.

通过征地和补偿程序，将集体农用土地转变为可交易的城市建设用地。同时，地方政府对成片的土地进行整体开发，典型例子是新城建设。这一类土地经营的特殊性在于集体农用土地的征地和补偿程序，其他的过程与前文的土地经营相似。加入了征地补偿程序后，地方政府先从农民手中征收土地，进行用地补偿，然后将土地用途转变为可交易的城市建设用地，再通过土地交易进行成片的土地开发。上述情况的背景是中国土地的城乡二元制度，地方政府拥有改变土地用途的权力（经济产权内容之一）。在城市规模化过程中，地方政府有动力行使土地的经济产权，将土地用途转变为价值更高的城市建设用地。值得注意的是地方政府在“征地-出让”过程中充当中介或中间人的职能，在前一阶段成片征收土地，补偿、安置失地农民，在后一阶段与开发商进行土地交易和开发。这种交易结构极大地节约了交易成本。如果通过私营企业征收土地和执行补偿，谈判成本可想而知，甚至难以实现土地征收。我们将在下一节做交易成本的比较分析。回到交易成本的三个维度：（1）交易频率。与土地经营中的交易相似，要素开发涉及更多的土地上的规划建设、产业规划等，基于要素开发的交易频率较高。可以说，与前两种土地交易相比，要素开发的交易频率最高。（2）资产专用性。相似地，要素开发涉及成片土地的建设开发，需要政府和开发区持续进行后续的专用性资产投资。与前两种土地交易相比，要素开发的专用性投资规模更大。（3）不确定性。与土地经营一样，要素开发面临成片土地开发的政策风险。以开发区为例，从2003年开始，国务院开展了全国范围内针对各类开发区的清理整顿，到2006年12月，全国各类开发区由6866个核减至1568个，规划面积由3.86万平方公里压缩至9949平方公里。①

三类土地交易在三个维度上有程度上的差异，表征了土地交易面临不同程度的交易风险。按照交易成本经济学分析框架，不同属性的交易需匹配相应的治理结构，以实现交易成本的节约。以下将展开交易成本的比较分析。

① 参见，http://www.gov.cn/gzdt/2007-04/21/content_590648.htm.

7.4.3 交易成本的比较分析

为了简化分析，这里将土地交易、土地经营和要素开发三种土地交易分为“土地出让”（土地交易）和“土地建设”（包括土地经营和要素开发）两类来展开分析。因为土地投资和新城建设涉及的交易成本相似。本节的主要内容有二：一是分析企业化政府与开发商进行土地交易的过程中如何将不同类型的土地交易匹配到不同的交易治理结构；二是，更重要地，企业化政府作为公有产权的持有者为什么比私有企业更具经济效率优势。

1.交易的治理结构

前文从土地交易的三个维度考察了交易成本。为了简化分析，本节按照6.4的划分标准，将土地交易归为“土地出让”，将土地经营和要素开发归为“建设开发”。从交易频率来看，土地出让的交易频率较低，主要是偶然性交易，如房地产和工业用地开发；而建设开发的交易频率较高，属于经常性交易，如片区建设和开发。值得注意的是，这里是在一般意义上划分的，有可能出现普通的土地出让类交易伴随着许多相关规划、建设。现实中，交易频率低的简单土地出让类交易并不是普遍的，更多的是经常性的建设开发类交易。（2）资产专用性。无论是土地出让类，还是建设开发类的土地交易，都具有很强的资产专用性。相对而言，政府进行开发类土地交易需要更多的后续投资，比如在天府新区建设开发的过程中，成都市委、市政府在土地交易后，还需要进行天府新区的产业规划和招商引资。这些投资让土地交易有了更多的配套服务，相应地提高了资产的专用性。（3）不确定性。两类交易都受到政策不确定性的影响。土地交易的维度如表7-2所示。

<table>
<tr><td colspan="2" rowspan="2">交易频率</td><td colspan="3">交易维度</td></tr>
<tr><td>不确定性</td><td>资产专用性</td><td></td></tr>
<tr><td rowspan="2">土地
交易</td><td>土地出让</td><td>偶然或较常</td><td>受政策影响</td><td>较强</td></tr>
<tr><td>建设开发</td><td>经常</td><td>受政策影响</td><td>很强</td></tr>
</table>

表7-2　土地交易的维度

按照交易成本经济学的有效匹配理论。不同类型的土地交易需要匹配相应的交易治理结构，以实现交易成本的节约。根据第五章介绍的分析框架，以资产专用性为治理分析的核心。由于资产的专用性，双边交易是有利可图的，从而产生了双边依赖，进而在有限理性和机会主义的背景下，引发了契约风险。接下来，在专用性资产条件下对不同治理结构进行比较分析。将治理成本表述为资产专用性的一组外生变量的函数形式，从而使各种治理结构的成本差异的关键特征得到清楚地展现。虽然资产专用性有着不同的形式，但共同的结果是：随着资产专用性的提高，双边依赖加强，适应的成本随之增加。当资产专用性为零时，交易呈现出经济学中理想交易的特征，不存在任何形式的双边依赖，随着对专用性资产投入的增加，交易者的身份将会因专用性资产用途（或产权）改变的成本变得重要。根据前文的分析，随着资产专用性提高，不同的治理结构对应的交易成本不同，市场制（M）、混合制（X），层级制（H）三类制度结构中治理成本与资产专用性的关系如下图所示。

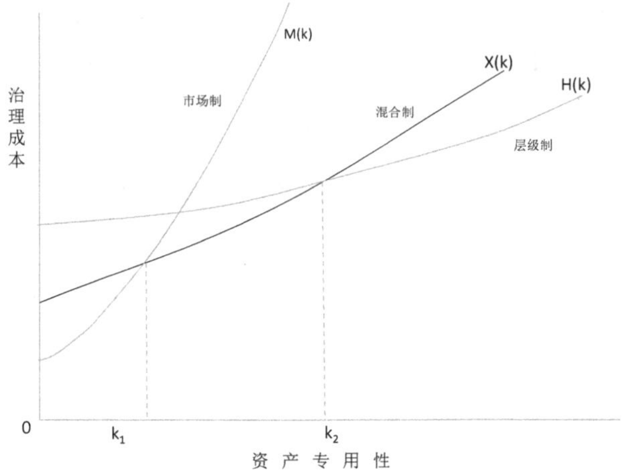

图7-1 不同治理结构的治理成本比较

在土地交易中，市场制即企业化政府和开发商在土地市场上竞价交易，如前文提到的上海市嘉定区的土地竞价交易。竞价者通过参与市场竞价，在截止日期前确定购买者资格。一般的土地出让，特别是经营性土地开发，是通过招、拍、挂等市场交易的方式进行的。这一类交易的资产专用性较低，交易频率也较低，即土地出让类。层级制是通过交易双方一体化将交易内部化，主要针对资产专用性高的交易，如企业化政府在要素开发和土地经营中的土地交易。这一类的土地交易中，企业化政府和开发商不能通过简单交易完成成片土地的开发，需要双方在达成契约后继续投入大量专用性资产，往往涉及更高的交易频率，如天府新区建设和北京城市副中心建设。因此，企业化政府在进行土地经营和要素开发的过程中，一般做法是建立国有控股的开发投资公司和管理委员会，如北京城市副中心设立了相应的北京城市副中心管理委员会（北京市委、市政府城市副中心建设领导小组下设的委员会，作为北京市委、市政府的派出机构）和北投集团公司负责建设开发。相似地，天府新区设立了天府新区管委会（四川省人民政府的派出机构，是天府新区具有议事协调性质的管理机构）和天投集团公司。可以看出，这些管委会和开发投资公司属于地方政府的派出机构或单位，属于图7-1中的层级制。

现实中，建设开发类交易很多时候是政府将其内部化（与将建设服务外包不同，需要注意两者的区别），通过基础设施建设、城市发展规划等方式，将土地的开发、交易由企业化政府进行一体化。这样对于可能出现的连续变化，就不用与开发企业不断设计、协商、谈判，具有企业化职能的地方政府统一承担适应的要求。也有一些建设开发类交易是在相对较低的资产专用性程度下，政府和开发商以战略合作的方式共同开发。下表简要总结了不同土地交易类型与相应的治理结构的匹配关系。

		资产专用性		
		非专用	混合的	特定的
土地交易	土地出让	招、拍、挂等市场方式	政府与开发商签订协议	
	建设开发		政府和开发商战略合方式	管委会和开发投资公司

表7-3　交易类型与治理结构匹配

2.效率的比较分析

本书更加关注的问题是阐明公有产权配置到企业化政府要比配置到私有企业更有效率。具体地，这里的问题可以重新描述成，企业化政府在土地交易中是否比私有企业更节约交易成本。在交易成本分析框架下，本书从以下几个方面展开分析：

(1) 企业化政府与私有企业在相同治理结构下的交易治理成本；(2) 不同治理结构的效率因子；(3) 企业化政府在征地过程中的交易成本节约。本节仅从理论上展开比较，假定上述三个方面对交易成本的影响是通过可加的方式。

(1) 相同治理结构的治理成本

在土地交易过程中，不论是企业化政府，还是私有企业拥有土地经济产权，都会按照交易成本经济学提出的有效匹配模型来将不同种类的土地交易与相应的治理结构匹配。因此，我们通过比较不同产权持有者在相同治理结构下的治理成本比较经济效率。

根据第五章关于治理成本的讨论，将治理成本看作资产专用性的函数，将不确定性和交易频率（交易频率在土地征用阶段对交易成本具有重要影响）作为外生影响因素。三类治理结构的治理成本是资产专用性的增函数。将治理成本表述为资产专用性的一组外生变量的函数形式，使各种治理结构的成本差异的关键特征得到清楚地展现。虽然资产专用性有着不同的形式，但共同的结果是：随着资产专用性的增加，双边依赖加强，适应的成本随之增加。当资产专用性为零时，交易呈现出经济学中理想交易的特征，不存在任何形式的双边依赖，随着对专用性资产投入的增加，交易者的身份将会因专用资产用途（或产权）改变的成本变得重要。同时，不确定性会让交易变得更加复杂，扰动增多、增强，在同等情况下使得治理成本上升，表现为治理成本曲线向左上方移动。如图7-1，为了简化分析，删除了图中的混合制曲线。在图7-2中，实线代表企业化政府，虚线代表私有企业。

具体分析而言，企业化政府在不确定性和资产专用性方面降低交易的治理成本。首先，土地交易的不确定性，除市场一般交易面临的情况，更多受政策的影响。企业化政府在受政策影响带来的不确定性方面优于私有企业。第一，企业化政府对中央政策的预判和解读相比私有企业更有优势。第二，地方政府也是地方政策制定的参与者，无论是对事前政策的预判，还是政策调整，具有企业化职能的地方政府在其中发挥作用，以减少不利变化，都优于私有企业。第三，企业化政府天然具有政府信用背书，相比私有企业，企业化政府面临违约的风险更小。其次，企业化政府还能通过降低土地交易的资产专用性来降低交易治理成本。土地交易的资产专用性主要受土地开发的规划、建设和土地开发后利用的影响。无论是土地上的投入，还是为提升土地价值在配套上的投入，企业化政府改变投入并使其继续保有一定价值的能力强于私有企业。比如，政府调整规划和产业布局使土地交易的资产专用性相对下降，让原有的土地规划保持专用性价值，相反，私有企业没有这样的能力，或者说执行成本高昂，只能被动承受专用性投资带来的风险。

图7-2描述了两种产权主体的关系，其中实线代表企业化政府，虚线代表私有企业。可以看出在不同的治理结构下，企业化政府的交易治理成本始终低于私有企业。①因此对于土地交易，企业化政府相比私有企业有更小的不确定性，企业化政府运行有更低的治理成本曲线，更小的资产专用性使得企业化政府在治理成本曲线上以更低水平对应治理成本。所以，无论是匹配何种治理结构的土地交易，企业化政府比私有企业都具有更低的治理成本。

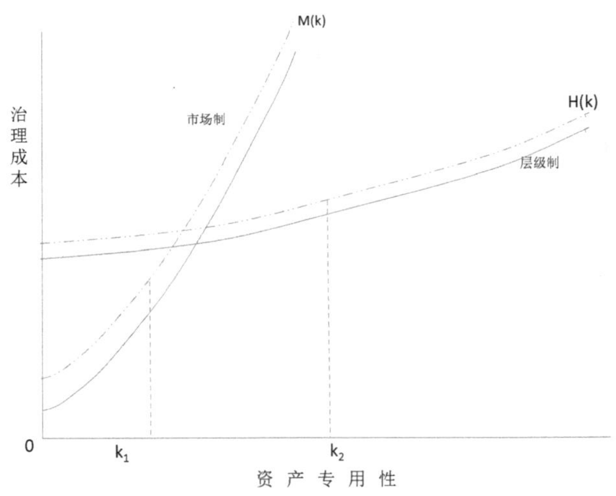

图7-2　不同产权主体在相同治理结构下的治理成本比较

（2）不同治理结构的效率因子

第五章的治理结构比较分析中提到了不同治理结构具有不同的效率特征，适用

① 需要强调的是，图7-2隐含假设企业化政府和私有企业关于交易治理成本和治理结构的函数关系趋势一致，这里仅仅是为了简化分析和表达。

于不同的契约法。假设两种产权主体在土地交易中采取了一体化的交易治理结构。对于层级制而言，企业化政府和私有企业具有不同的效率因素。首先，企业化政府在行政控制方面强于一般私有企业。其次，企业化政府内部管理与自制契约法高度吻合，自制法在地方政府中运行要比在私有企业中有更多的层级制文化和环境支撑。再次，在法律制度不健全的交易环境中，企业化政府比私有企业具有更强的契约执行能力。

如果是在市场制交易结构下，企业化政府在契约执行方面有效率优势。特别是在转型经济体制下，产权和契约的相关法律执行不健全往往会极大地影响契约执行。企业化政府具有政府公信力背书和更强的行政控制，在市场制交易结构下依然具有效率优势。

（3）企业化政府在征地过程中的交易成本节约

在要素开发相关的土地交易过程中，企业化政府充当了农民和开发商之间的中间人。这种模式可以降低交易成本。首先，在交易成本理论中，作为中间人的企业化政府可以极大地降低谈判成本。如果是私有企业执行征地和补偿程序，将会面临极高的、重复的讨价还价成本，企业化政府则可以利用行政优势对成片的集体土地进行征收和补偿。其次，企业化政府能够通过行政方式低成本征地。相对私有企业，企业化政府会兼顾社会稳定和经济收益，减少征地过程中的社会冲突。

综上，在土地交易过程中，企业化政府比私有企业更有经济效率。本书的重要创新之一是阐明公有产权是可以参与市场交易的，公有产权配置给政府更有经济效率。前文利用土地财政这一具有中国特色的制度，以土地公有制为背景，阐述了中国政府拥有完整的经济意义上的产权，通过土地财政涉及的多种土地交易类型，分析了企业化政府在土地使用权交易中的效率表现。本节从理论上进一步分析了土地产权应该配置给政府，而不是私有企业。本书的观点印证了科斯定理①，即在存在交易成本的世界中，产权的初始配置是重要的。②

---

① 李仁君. 产权界定与资源配置：科斯定理的数理表述[J]. 南开经济研究，1999（1）：17-20.

② 米献炜. 产权界定与资源配置：科斯定理的再认识[J]. 南开经济研究，2002（4）：66-69.

7.5 数字财政——土地财政新形式

土地财政为中国城市建设和经济发展做了巨大贡献，但是土地资源有限，土地财政带来了不同程度的结构性问题。[①]数字经济的发展为数字要素走向资本化并发挥拉动经济的作用提供了可能，也为中国政府从土地财政转向数字财政提供了可能。

数字财政在这里的定义是对照土地财政而来，即政府拥有数字的公有产权，通过数字使用权的交易来获得收益。数字财政与某些地方政府实施的“数字财政”定义不同，一些地区是基于云计算和大数据技术提升财政管理和服务水平。比如，浙江省数字财政建设的相关文件中提到“数字财政是以现代信息技术为支撑……对数据仓库进行深度开发和利用，为预算收支预测、资金分配、项目管理、绩效评价、政策制定、信息公开等提供有效支持，打造面向财政系统、预算单位和社会公众的服务平台，从而实现科学化、精细化的新型财政管理与服务模式”。[②]类似地，广东省推动“数字财政”建设的目的是“深度参与‘数字政府’建设，全力推动‘数字财政’建设，努力提升我省政府治理体系和治理能力现代化水平”。本书提出的“数字财政”概念与“数字财政”建设有明显不同：第一，本书的数字财政概念基于政府对数字要素公有经济产权的持有，而不是基于数字技术定义的；第二，本书的数字财政的主要目标是企业化政府通过数字要素产权交易获得财政收益，不仅为

① 赵祥，谭锐．土地财政与我国城市“去工业化”[J]．江汉论坛，2016（1）：18-26.
安勇，原玉廷．土地财政、扭曲效应与区域创新效率[J]．中国土地科学，2019（8）：36-42.
马红，侯贵生．土地财政，双向寻租与制造企业创新意愿[J]．管理学报，2020（12）：80-88.

② 浙江省数字财政建设经验材料. http://xxzx.mof.gov.cn/zhengwuxinxi/jingyanjiaoliu/201806/t20180612_2924386.html.

提升政府治理能力。

截至2021年年初，数字财政的研究主要涉及数字技术在财政上的应用前景分析，很少学者关注数字要素作为公有产权的界定问题。比如，成丹主要关注“数字政府”，认为财政作为国家治理的基础和重要支柱,是数字政府建设的关键领域，打造“数字财政”是提高财政治理能力、走向现代财政的必由之路。[①]数字财政是以财政大数据技术为基础、财政大数据应用为支撑，以大数据、云计算、人工智能等现代信息技术为主要手段,实现优化收支结构、提高效率、促进公平的目标。王志刚和赵斌从数字技术对财政赋能的角度展开研究，认为信息不对称和外部性会导致公共服务中的政府失灵、市场失灵,财政数字化转型有利于缓解两类失灵。[②]财政数字化转型通过提升政府公共服务决策、投入、产出与管理能力,进而全面提升政府公共服务能力。[③]其他一些学者也注意到数字技术对财政资金使用效率的影响[④]，对数字货币和财税体系等方面的影响[⑤]。

数字要素是数字经济时代特殊的核心生产要素。中国数字经济规模从“十三五”初的11万亿元，增长到2019年的35.8万亿元，占GDP的比重达36.2%，对GDP的贡献率达67.7%，数字经济发展取得了积极效果，数字要素的重要性不断凸显。2020年4月，国务院颁布的《关于构建更加完善的要素市场化配置体制机制的意见》将数据纳入要素范畴，为其参与收益分配破除了制度障碍。将数据视为一种新的生产要素，表明数据将从助力经济发展转变为引领经济发展。数字要素不仅为政府公共决策提供了支撑，还极大地促进了产业转型，加速了数字与实体经济的融合发展。

数字要素产权的确权问题。数字要素是重要的生产要素和社会资源，需要培育要素市场，加快数据资源化、资产化、资本化进程，涉及数字产权交易的产权边界

---

① 成丹. 数字赋能：助力财政治理能力全面提升[J]. 地方财政研究，2020（10）：1.

② 王志刚. 财政数字化转型与政府公共服务能力建设[J]. 财政研究，2020（10）：19-30.

③ 王志刚，赵斌. 数字财政助推国家治理现代化[J]. 北京大学学报(哲学社会科版)，2020（3）：150-158.

④ 张亚亮，张莉. 数字赋能 提高财政资金使用绩效——基于人大预算联网系统的数据分析[J]. 北京人大，2020（12）：57-59.

⑤ 蒋晓婉. 央行数字货币与财政数字化转型[J]. 武汉金融，2021（1）：62-66.

问题。从数字经济的发展趋势来看，数字要素可以分为两类，一类是可以在数字市场交易的私有数字要素，另一类是公共属性的公有数字要素。本书只讨论将数字要素中具有公共属性的产权配置给政府，这是数字财政得以发展的制度基础。

数字财政可能成为土地财政的新形式。政府拥有数字要素的公共产权部分，数字财政的主要内容是企业化政府运营数字要素的公共产权，通过对数字要素的公共产权交易和开发使用，促进数字要素与实体经济的深度融合和实体经济高质量转型发展，通过激活数字资源的价值来获得财政收益。可以预见，在后土地财政时代，地方政府通过企业化政府经营数字要素的公共产权部分，与土地一样，配置给政府的数字要素可能成为促进数字经济发展的关键性资源。

7.6 小结

本章以土地财政为基础，阐述了企业化政府作为土地经济产权的持有者是如何参与市场交易的。本章首先梳理土地财政的制度背景和发展历程，重点分析企业化政府是如何针对不同类型的土地展开交易的，采取了何种交易模式，应用的分析框架是第五、六章构建的基于交易成本经济学的分析框架。本章以土地交易为例，阐述了该分析框架的应用，实证了公有产权也可以参与市场交易，公有产权应配置给政府，通过企业化政府参与市场交易才是节约成本的。这是科斯定理的真正含义。最后，我们简要介绍了数字财政研究。现阶段数字财政的研究主要是数字技术在财政领域的应用研究，很少有学者从公有产权配置的角度分析数字财政。本书从公有产权配置的角度分析，认为数字财政将是土地财政的新形式。另外，以土地交易为例的交易成本分析代表了其他公有产权交易成本分析的逻辑，如一些特许经营权。也就是说，土地交易作为分析政府参与市场的例子，不仅限于土地交易，政府经营的公有产权大多可以看做土地交易模式的其他形式。

8 交易视角下的开发区建设

8.1 开发区概况

8.1.1 开发区的定义与特征

开发区是指一个国家或地区为吸引外部生产要素、促进自身经济发展而划出一定范围，在其中实施特殊的体制、政策和管理手段的特定区域。开发区的设立推进了国家和地区经济对外开放，是一种促进经济发展的有效方法。中国从20世纪80年代设立经济特区以来，形成了多种类、多层次的开发区。根据开发区的功能定位，可以将开发区分为经济技术开发区、高新技术产业开发区、出口加工区、保税区、边境贸易合作区、国家旅游度假区、台商投资合作区、新区等。按照审批级别，我国的开发区可以分为国家级和省级开发区。截至2019年，全国各类开发区共有2655个，它们是中国经济创新和发展的重要载体。

国家级开发区在《中国开发区审核公告目录（2018年版）》中只列举了6种：经济技术开发区、高新技术产业开发区、保税区、出口加工区、边境经济合作区、其他类型开发区。

本书主要从审批级别上划分开发区，即国家级开发区和省级开发区。国家级和省级开发区的发展较为成熟、规模较大、功能相对完善，具有规范性和代表性，也是未来中国城市化建设的重要组成部分。根据研究目标，本书主要关注国家级开发区。

我国的开发区主要集中在东部沿海地区，向内陆地区辐射。从国家级经济技术开发区的分布来看，截至2016年，东部有107家国家级开发区，中部有63家国家级开发区，西部有49家国家级开发区。合计国家级和省级开发区，截至2019年，约10%的开发区分布在西部，30%分布在中部，60%分布在东部。

从开发区发展的时间轴来看，根据中国开发区网公布的数据①，2019年，国家级技术开发区共有219个，是2008年的四倍。从2009年开始，省级开发区开始升级，国家级开发区的数量逐步上升。从不同地区省级开发区的数量来看，东部地区升级了75个，增长了2.4倍；中部地区升级了54个，增长了6倍；西部地区升级了36个，增长了2.8倍。与2008年相比，国家级开发区在东部、中部和西部分布趋于平衡，从2008年的2.5∶0.7∶1变成2019年的2.2∶1.3∶1。

8.1.2 开发区的发展历程

中国开发区出现的背景是第二次世界大战后，来自国际产业结构的挑战不断增加，世界贸易水平不断提高。中国在对外开放和市场化经济体制探索的过程中，在中国特有的经济体制环境下，从20世纪80年代开始设立经济特区和经济开发区。在空间上从东部沿海城市扩展到中西部内陆城市，成为中国对外开放和地区经济发展的支撑。

开发区一般选在多功能港口城市，交通发达，依靠中心城市，保持对外开发。开发区内部为了吸引外商投资，一般在土地使用和税收方面有优惠政策，使投资者具有较高的预期回报率。开发区大致有四个方面的作用：聚集要素实现资源高效利用；发展制造业；带动区域经济发展；促进城市化。

中国的开发区经历了近四十年的发展，发展历程大致分为三个阶段：要素聚集阶段、产业集聚阶段、产城融合阶段。

改革开放初期，中央政府批准沿海地区兴建了我国第一批开发区，依靠中央政府或地方政府给予的优惠政策吸引外资。通过廉价的土地和劳动力、税收优惠、广阔的国内市场，开发区迅速成为发展劳动密集型产业的特定区域，以出口加工制造业为主。

---

① 国家级技术开发区. http://ezone.mofcom.gov.cn/article/n/;http://www.cadz.org.cn/.

从20世纪90年代开始，开发区迅速成长。中央政府开始筹划开发区产业升级，以高科技产业为主导，实现产品制造、研发的复合发展，形成围绕开发区的产业集群。在国家宏观决策的引导和市场机制调节的双重驱动下，开发区开始发展技术密集型产业，积极构建产业价值链。这个阶段，开发区与中心城市的融合度不高，以产业发展为主要任务。

2009年后，中国政府对开发区进行正式升级，控制开发区的数量和质量。这一阶段，开发区注重新兴产业，强化创新及转化功能，以多产业集群的整合发展为主体，成为集居住、办公、商业、休闲、娱乐于一体的城市综合体，这个阶段，产城互动成为支撑区域发展的亮点。过去三十多年的开发区发展历程可以大致表示在下图中。

图8-1　中国开发区发展历程

1.要素聚集阶段（1984—1990年）

在这一时期，国务院先后批准了大连、秦皇岛、烟台等12个城市建立14个开发区（表8-1）。开发区主要设置在沿海地区，这个阶段的主要目的是聚集资金、技术、管理和信息，构建适合吸引投资的经营环境。早期开发区的宗旨和经济特区的“四个窗口”①相仿，但开发区随后确立了自身的发展方针，“三为主、一致力”，即“以发展工业为主、以利用外资为主、以出口创汇为主，致力于发展高新技术产业”。

从20世纪80年代中期开始，在经济、科技和教育等体制改革的推动下，许多省份开始创建开发区，不仅吸引了外资和管理技术，还吸引了一批科技人才走出学

① 四个窗口，即技术、管理、知识和对外开放的窗口。

院，创办市场化的企业，如北京中关村电子一条街。1988年，国务院在中关村电子一条街的基础上，批准建立了第一个国家级高新技术产业开发区①，给予了18条优惠政策，促进了中国高新技术产业需要的人才、资金等资源的集聚和发展。

这一时期的经济技术开发区和高新技术产业开发区（后文统称开发区）的主要特征是以国家和地方政府提供土地、税收、财政、金融及其他放权让利的优惠为驱动力。②除了税收优惠政策，政府对人员流动、准入、土地使用等给予优惠和方便。优惠政策不仅有中央政府给予的，地方政府也有权限制定某些优惠政策。此外，中央财政将开发区的财政收入全部返还开发区和所在地的政府，用于开发区的建设。

序号	开发区	规划面积（平方公里）	批准时间
1	大连经经济技术开发区	20	1984-09
2	秦皇岛经济技术开发区	1.9	1984-10
3	烟台经济技术开发区	10	1984-10
4	青岛经济技术开发区	12.5	1984-10
5	宁波经济技术开发区	29.6	1984-10
6	湛江经济技术开发区	9.2	1984-11
7	天津经济技术开发区	33	1984-12
8	连云港经济技术开发区	3	1984-12
9	南通经济技术开发区	24.29	1984-12
10	广州经济技术开发区	9.6	1984-12
11	福州经济技术开发区	10	1985-01
12	闵行经济技术开发区	3.08	1986-08
13	虹桥经济技术开发区	0.65	1986-08
14	漕河泾经济技术开发区	3	1988-06

表8-1　第一批设立的开发区③

① 高新技术产业开发区和经济技术开发区是本书所指的“开发区”的主要组成部分。

② 这一时期的优惠政策主要体现在税收政策方面。比如，1984年规定，经济技术开发区内的外资生产企业(包括中外合资、中外合作、外商独资)按照15%的税率缴纳所得税，对于经营期超过十年的，给予“两免三减半”优惠；开发区吸引的外资企业的进口设备、原材料和自用物品等免关税和工商统一税，内销产品要补税；经济技术开发区内的外资生产性企业所得合法利润汇出时免征汇出税。而且，开发区所在地的人民政府有权减免开发区企业的地方税。

③ 商务部. http://www.mofcom.gov.cn/xglj/kaifaqu.shtml.

可以看出，这个阶段的开发区主要是利用政策优惠来吸引人才、聚集资金。中央财政对地方的税收返还帮助开发区完成了原始资本积累。在这个阶段，开发区基础设施条件落后，远离中心城市，必须依靠政策优惠建设适合工业发展的环境，进而完成聚集生产要素的目标。利用政策优惠和发展外向型经济的战略背景，开发区在聚集要素的过程中，主要是吸引外资流入，以政策便利来招商引资。这与香港、新加坡等地区发展加工出口开发区的经验相似。

随着要素聚集，开发区吸引了纺织业、轻工业等劳动密集型和低技术产业。1991年，我国开发区的平均外商投资达到300多万美元，显著高于沿海城市的平均水平。截至1991年年底，第一批经济技术开发区累计利用外资13亿美元，实际利用外资3.6亿美元，实现工业产值145亿元，税收7.9亿元。

值得一提的是这个阶段，开发区在聚集要素的政策方面，一开始是以“致力于发展高新技术产业”为目标，吸引科技含量高的项目。在要素聚集阶段，这样的目标难以实现。开发区吸引的企业属于中小企业和港澳台、东南亚的投资者，以轻工业和加工装配为主。实践经验证明，开发区在这个发展阶段瞄准高新技术产业是不切实际的，也不符合产业转移和发展逻辑。从历史发展来看，这个阶段主要是要素积累，不具备吸引产业聚集和高科技要素的能力。

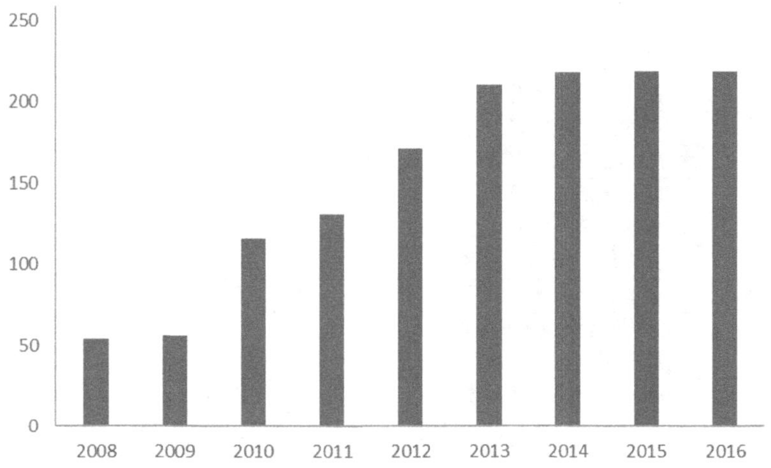

图8-2　国家级技术开发区数量趋势

2.产业聚集阶段（1991—2009年）

本书将产业聚集阶段分为两个时期来介绍。这个阶段的前一部分的主要特征是开发区扩展，为产业集聚提供基础，后一部分的主要特征是产业集聚和中西部开发区发展。

（1）前期（1991—1998年）

随着开发区对要素的集聚，引进了外资和劳动密集型产业（和少数的技术密集型产业）。从1992开始，开发区进入了高速发展阶段，为各类产业聚集提供了条件。1992到1998年，大规模的外商直接投资涌入开发区，开发区的经济增量大幅上升，产业聚集初步实现。1992年，邓小平第二次南方讲话加大了中国对外开放和吸引外资的力度。从开发区发展来看，开发区在空间上向内陆扩展，除了经济技术开发区和高新技术产业开发区，发展了保税区、边境经济合作区等其他类型的开发区。开发区规模进一步扩大，国务院新设立了18家经济技术开发区（表8-2），其中包括12家东部开发区和6家中西部开发区。

序号	开发区	规划面积（平方公里）	批准时间
1	温州经济技术开发区	5.11	1992-03
2	昆山经济技术开发区	10	1992-10
3	营口经济技术开发区	5.6	1992-10
4	威海经济技术开发区	5.7	1992-10
5	福清融侨经济技术开发区	10	1992-10
6	东山经济技术开发区	10	1993-04
7	沈阳经济技术开发区	10	1993-04
8	杭州经济技术开发区	10	1993-05
9	萧山经济技术开发区	9.2	1993-05
10	南沙经济技术开发区	27.6	1993-05
11	惠州大亚湾经济技术开发区	9.98	1993-08
12	北京经济技术开发区	39.79	1994-08
13	武汉经济技术开发区	10	1993-04
14	芜湖经济技术开发区	10	1993-04
15	长春经济技术开发区	10	1993-04
16	哈尔滨经济技术开发区	10	1993-04
17	重庆经济技术开发区	10	1993-04
18	乌鲁木齐经济技术开发区	9.6	1994-08

表8-2　第二批批准设立的经济技术开发区[①]

① 数据来源:商务部，http://www.mofcom.gov.cn/xglj/kaifaqu.shtml.

（2）后期（1999—2009年）

上一时期，开发区促进所在地区经济发展的示范作用受到各级政府的重视，开发区模式开始兴起。各地政府开始设立不同形式的开发区，带来了明显的负面影响，主要特征是地方政府违规建设开发区，大量浪费土地和其他要素资源。后来的学者对20世纪90年代到21世纪初的开发区泛滥导致的资源配置失效进行了科学实证。

1999—2009年，沿海城市的开发区与中西部的开发区差距拉大，一部分原因是沿海地区的区位优势，也来自沿海地区对中西部地区的资源挤出效应。沿海地区率先完成要素聚集，进入产业聚集时期；而中西部地区建设开发区的时间滞后，在要素和产业集聚过程中受到东部地区的挤出效应。2000年，中央政府为了促进中西部地区发展，批准了17个中西部城市的开发区项目（表8-3）。

序号	开发区	规划面积（平方公里）	批准时间
1	合肥经济技术开发区	9.85	2000-02
2	郑州经济技术开发区	12.4	2000-02
3	成都经济技术开发区	9.94	2000-02
4	长沙经济技术开发区	12	2000-02
5	西安经济技术开发区	9.88	2000-02
6	昆明经济技术开发区	9.8	2000-02
7	贵阳经济技术开发区	9.5	2000-02
8	石河子经济技术开发区	11.2	2000-04
9	南昌经济技术开发区	9.8	2000-04
10	西宁经济技术开发区	4.4	2000-07
11	呼和浩特经济技术开发区	9.6	2000-07
12	南宁经济技术开发区	10.8	2001-05
13	太原经济技术开发区	9.8	2001-06
14	银川经济技术开发区	7.5	2001-07
15	拉萨经济技术开发区	5.4	2001-09
16	兰州经济技术开发区	9.5	2002-03
17	南京经济技术开发区	11.3	2002-03

表8-3　第三批批准设立的经济技术开发区

这一时期开发区发展主要体现在东部地区的产业集聚和西部的发展布局。首先，西部的开发区布局主要是从区域经济发展考虑的，但是没有考虑产业和要素的匹配和衔接。西部开发区在基础建设和要素积累方面缺乏经验和资金的支持，导致在这一时期资本积累缓慢，招商困难。西部开发区在吸引外资和产业集聚方面能力较弱，直接导致东西部产业结构和发展水平差异。其次，东部开发区开始优化投资环境、资源整合，开始扩大开发区空间范围，产业集聚效果显著，吸引外资从制造业的低端加工环节发展到中高端环节，从生产性项目到研发、销售、运营延伸，形成了产业化集聚的规模效应。具体来看，经济技术开发区的主导产业分布在电子信息、电气机械及器材、生物医药、交通运输设备制造、食品饮料和化学原料等行业，先进制造业集群发展迅速。经济技术开发区建设促进了地区产业升级。比如，2002年，开发区汽车产量60万辆，占全国总产量的55%；移动电话产量5800万部，占全国总产量的48%。

总体来看，1991—2009年，开发区主要完成了空间范围的扩展和产业要素的集聚。尽管东西部开发区差距较大，总体上完成了全国范围内的开发区基本布局，分层次地进行地区要素的集聚和产业集聚。这一时期，开发区的经济带动作用显著，国家对开发区发展的指导思想发生了转变，从原来的“三为主，一致力”变为“三为主、二致力、一促进”，即“以提高吸收外资质量为主，以发展现代制造业为主，以优化出口结构为主，致力于发展高新技术产业，致力于发展高附加值服业务，促进开发区向多功能综合性产业区发展”。这体现了本书提出的历史发展视角：开发区在这一时期的发展主要来自资本驱动力，发展方针是“三为主”。经过发展，开发区完成了要素积累，形成了良好的产业集聚环境。开发区进入了产业发展阶段，指导思想增加了产业发展的要求，即”二致力，一促进”。从上一阶段的要素集聚转变为强调要素的质量，强调产业层次和高科技、高附加值的服务业发展。

3.产城融合阶段（2010年后）

前两个阶段主要是要素和产业的聚集和发展，并没有关注开发区所在城市的发展。全球金融危机以来，中国经济发展环境发生了根本性的变化，进入新常态。从开发区的外部环境来看，开发区原来的外向型的发展方式受到国际环境变化的冲击，开发区空间扩展与中心城市发展出现冲突。开发区应从外向型转变为内外并重，由外延扩展向内涵式发展转变。从内部发展来看，开发区发展模式在前两个阶段主要是要素驱动（资本驱动），而全球金融危机以来，资本驱动力减弱，开发区发展遇到瓶颈，需要寻找新的发展动力。

产城融合发展是开发区的转型目标。从本书的历史发展视角来看，随着以往税收、土地等优惠政策逐步变得普惠，市场竞争主体逐步平等，一系列融资与运营的公共服务逐步均等化，意味着经济技术开发区的政策优势逐步削弱，面对市场下行的压力不断加大。上一阶段拓展产业空间、增强城市服务能力的发展模式效应递减，成为经济技术开发区转型发展的重要障碍。由于工业驱动型的开发区多以劳动密集型的传统制造型企业为主，在产业发展的过程中不重视创新投入，在经济下滑的背景下产业转型变得困难。在这样的环境中，开发区需要进一步注重产业结构调整，加快技术引进，提升自主创新能力，急需合理的转型升级路径解决经济技术开发区的发展难题，适应与引领经济新常态。《国家新型城镇化规划（2014—2020年）》（以下简称"《规划》"）提出了开发区在现阶段的发展路径"加强现有开发区城市功能改造，推动单一生产功能向城市综合功能转型，为促进人口集聚、发展服务经济拓展空间"。《规划》指明了开发区发展与新型城镇化发展相互融合的要求。从中国开发区的历史发展来看，开发区发展从一开始就整合进入了中心城市的发展中，但是在开发区发展中，土地成本不断提高、管理体制出现冲突、人力资本匮乏等问题严重阻碍了开发区和中心城市的良性互动。而在开发区发展进入新阶段后，创新成为主要驱动力，围绕创新发展，需要吸引人力资本流入，要求开发区在制度创新、生产环境、生活环境、经营环境等方面完善创新支撑体系。中心城市为开发区的创新发展提供了外部环境，要求开发区进一步融入中心城市发展中。另外，开发区在前两个发展阶段出现了区域发展不平衡和同质化竞争问题。在新发展理念下，区域协同发展成为开发区转型的要求之一，需要开发区将自身发展与城市、区域的经济发展融合。

从现实发展来看，开发区转型发展面临众多实际问题，尽管政策决策者、学者都注意到产城融合是开发区转型发展的目标，但是缺乏系统讨论和路径分析。本书的任务之一是探索实现开发区转型突破的路径。

8.2 开发区建设与企业化运营

在政府批准之后，开始开发区建设，主要涉及开发区的土地征用、开发、出让等过程。开发区建设的主体是开发区政府或开发区公司。不同的开发区建设主体有不同的建设模式。在开发区建立后，开发区政府或开发区公司需要对其进行日常管理和招商引资。

8.2.1 开发区的建设

1. 土地制度

（1）改革开放后的土地制度

1978年至今，中国的土地改革让中国土地管理实现制度化和法制化，形成了中国特色的土地管理制度。在这一时期我国修订了《中华人民共和国宪法》，颁布了新中国成立后第一部《中华人民共和国土地管理法》，进行了修订和出台了《中华人民共和国城镇国有土地使用权出让和转让暂行条例》《中华人民共和国农村土地承包法》等一系列关于土地管理的法规和条例。

1978—1986年，中国形成了具有重大影响的土地管理制度。1982年，中国修订宪法，明确规定城市土地属于国家所有、农村土地属于农民集体所有的两种所有制。在农村废除了人民公社体制，实行土地集体所有制下的农村家庭承包责任制。1986年，中国颁布了第一部《中华人民共和国土地管理法》，进一步明确土地所有制："城市市区的土地属于国家所有。农村和城市郊区的土地，除由法律规定属于国家所有的以外，属于农民集体所有；宅基地和自留地、自留山，属于农民集体所有。"同时，规定了国家对城市和农村土地的总体规划："国家编制土地利用总体规划，规定土地用途，将土地分为农用地、建设用地和未利用地。严格限制农用地转为建设用地，控制建设用地总量，对耕地实行特殊保护。”

1987—1997年，土地管理制度经历了几次修订以适应市场经济发展的需要，建立土地有偿出让制度。在计划经济时期，土地管理实行的是无偿、无期限、不允许转让的土地使用制度。1988年4月，第七届全国人民代表大会第一次会议通过的宪法修正案规定“土地使用权可以依照法律的规定转让”。1988年12月29日，第七届全国人大常委会第五次会议根据宪法修正案对土地管理法做了相应的修订，规定“国有土地和集体所有土地使用权可以依法转让，国家依法实行国有土地有偿使用制度”。这些规定为国有土地进入市场奠定了法律基础。1990年颁布的《中华人民共和国城镇国有土地使用权出让和转让暂行条例》和1994年颁布的《中华人民共和国城市房地产管理法》等，建立了中国城镇国有土地的使用权出让、转让、出租、抵押等市场交易制度，使得土地要素通过市场定价，为城市发展和区域经济发展提供了重要基础。

1998年后，中国的土地管理制度走向完善，提高了土地利用效率。根据中国人多地少的情况，明确了耕地保护制度，以土地用途管制为手段，配合国家对土地的总体规划，严格保护耕地，限制城市建设用地转用，建立耕地占补平衡制度等。21世纪初，中国进一步完善了对土地的管理，如《关于促进节约集约用地的通知》《关于加强土地调控有关问题的通知》。2007年，国土资源部、财政部、中国人民银行联合制定发布的《土地储备管理办法》规定：“完善土地储备制度，加强土地调控，规范土地市场运行，促进土地节约集约利用，提高建设用地保障能力。”

从本书的目的来看，中国的土地管理制度是服务中国经济发展的基本制度。首先，中国的土地归国家和集体所有，形成了所有权和使用权分离的权力制度。在土地使用权的基础上，形成了城市和农村土地二元分割制度，使得城市土地的使用权能够在市场出让、转让、出租。其次，土地管理制度、分税制改革和官员晋升制度激励相容，地方政府具有利用土地促进区域经济发展的激励。

（2）征地制度

土地征用是指国家根据法律规定，以补偿为条件，将农村集体所有的土地收归国家所有，交土地使用者的行为。根据中国的土地管理制度，若是集体土地，任何土地的划拨、出让必须经过土地征用，成为国有土地后才能进行。在土地征用的过程中，一般是地方政府代替国家进行征地工作，向被征地单位支付土地补偿等。

在中国经济发展中，城市土地需求增长，涉及土地的征用和补偿。在中国形成现代土地管理制度前，由于缺乏土地市场定价，政府征用农民的土地，没有办法按土地财产价格进行补偿。1953年颁布的《国家建设征用土地办法》规定，土地补偿以最近两到四年的规定的农作物产量总值为标准；1987颁布的《中华人民共和国土地管理法》规定，以耕地年产值为基础，征用耕地补偿为被征用前三年平均产值的三到六倍。尽管中国逐步提高了征地补偿的标准，依然按照征用耕地的原用途进行补偿。国家将安置、安排、就业等作为补充手段，对失地农民的长远生计提供保障。

征地的一般程序：

①用地企业持批准的建设项目设计任务书和县级以上人民政府批准的有关文件，向县以上土地管理部门提出项目建址申请。

②土地管理部门会同有关部门进行审查。建址在城市规划区内的，应征得城市规划部门同意，由城市规划行政主管部门核定用地位置和界线，划定虚红线，提供规划设计条件，核发建设用地规划许可证。

③县、市土地管理部门组织用地单位与被征地单位、有关管理部门协商土地补偿条件、生活补助和就业人员安置办法，签订初步协议书，商定预计征地的范围、土地面积。

④用地单位与被征地单位根据虚红线，会同土地测量部门实地测量建设用地，确定界桩。

⑤用地单位经县以上人民政府审查批准，由审批机关填发建设用地批行通知书，开始执行补偿和安置协议。

⑥用地单位委托有资格的设计单位对建设项目进行方案设计、初步设计和施工

图设计。

⑦用地单位持有关批准文件，向城市建设主管部门申请办理施工执照，委托施工单位进行建设。

⑧建设项目竣工、验收后，用地单位向县、市土地管理部门提出土地登记申请。经土地管理部门审核、注册登记，颁发土地使用证。

在前一小节介绍的土地管理制度下，第一，中国的征地制度让农村土地转为非农用地时，农民在获得征地补偿后失去土地权利。第二，城市土地属于国家所有，地方政府享有建设用地的处置权、出让权和收益权。第三，地方政府批准成为农业用地转为建设用地的唯一合法渠道。第四，土地的征用补偿实行非市场化制度，对耕地占用实行审批制度。第五，地方政府既是土地的管理者，也是土地的经营者；地方政府在中国的土地管理制度下，低价征用土地，获得土地出让、转让等使用的收益。

（3）土地储备制度

中国大陆的土地储备制度参考中国香港的做法，采用政府收购"生地"（即未完成拆迁，水、电、气、热等基础设施建设的土地），经由一级开发环节达到"熟地"标准（即土地平整，水、电、气、热齐全），以招、拍、挂的方式投入土地市场的开发模式。1996年我国第一家土地储备机构在上海诞生以来，全国已有2000多个市、县相继建立了土地储备制度。

土地储备制度的建立是中国完善土地市场、调控土地供应、促进土地集约利用、减少土地资产流失的重要举措。土地储备制度在中国建立的初衷是有效控制新增建设用地的供应，实现政府集中供地，盘活存量土地。根据前文的制度背景介绍，中国现阶段的土地供应方式为土地出让，除一些公共设施用地采取划拨的方式。不管采取怎样的供地方式，实施土地储备制度后，土地储备机构成为土地交易的中心。土地储备成为地方政府提高土地利用效率的手段，也是地方政府获得土地增值收益的手段，即通过提前以较低的价格收购土地，进行土地的一级开发，再通过土地供应的方式以高价卖出，土地的卖出价格扣减土地收购价和一级开发的投入，成为政府获得的土地增值收益。土地储备制度为后文提到的开发区建设中的融资提供了基础。

2.开发区的土地开发

（1）开发区的设立和规划

从前文的开发区的发展历程中可知，中国开发区建设在20世纪90年代到21世纪初经历热潮，造成大量耕地被占用和违法出让、转让。2003年，国务院颁布《关于暂停审批各类开发区的紧急通知》。本节介绍的开发区土地使用是在该通知颁布以后的实践。

开发区的设立需要经过省或国务院的批准，按照征地程序获得城市建设土地。一般而言，省以上人民政府对设立开发区的申报进行审批，审批开发区规划面积、主要定位和主导产业，对符合条件的地方批准设立开发区。比如，2017年山西省政府同意设立高平经济技术开发区，成立了开发区建设领导小组，配齐领导班子和工作人员，拨付前期启动资金。高平经济技术开发区的主导产业为新能源、新材料、装备制造、轻工食品，发展方向为汽车动力锂电池全产业链、汽车轻质新材料、汽车零部件制造等新能源汽车关联产业集群。

开发区获批设立之后，按照土地征用制度对规划的土地进行征地和拆迁。根据1991年颁布的《城市房屋拆迁管理条例》和《中华人民共和国土地管理法》,对开发区征用土地进行补偿和人员安置。开发区在获得土地后，需要进行工程建设。以下介绍开发区的土地开发模式。

（2）开发区的开发模式

开发区的开发主要以两类主体来分类：一是政府开发模式，二是开发区公司开发模式。

政府开发模式，即政府作为土地开发的主体，承担最终的损益,收入为土地出让收入，支出为征地、拆迁和财务费用。但由于土地开发的加速，政府不可能拿出足够的财政资金投入土地开发，需通过一个承债主体融资，解决资金需求。各地有不同的做法。苏州高新区的做法是高新区政府委托苏新集团公司融资、征地、配套，政府出让土地，用土地出让金支付征地成本、财务费用，回购基础设施资产，不足的部分用财政收入逐年弥补。苏新集团是融资主体，而高新区政府是损益主体。重庆的做法是建立政府全资的土地储备中心，由该中心以未来的土地出让金为质押，向银行借款，由中心征地，委托有关公司提供配套服务，土地储备中心代表政府出让、拍卖土地。过去土地储备主要依靠财政资金，现在以国家开发银行为首的一批银行愿意给土地储备中心借款。选择哪种方式取决于哪个载体更易于融资。一般来讲，土地储备中心的融资比较死板，能否融资取决于土地规划和开发的可行性；而公司的融资相对灵活，但需要较好的信用、资产和获利能力。政府开发模式的特点是：第一，有利于政府招商，权责一体，土地开发、出让的损益由政府承担。第二，有效为开发区建设融资。

开发区公司开发模式是另一种土地开发模式，即地方政府委托、授权开发区公司作为土地开发的主体，由开发区公司承担最终的损益。政府所得的土地出让金全部支付给开发区公司，若开发区公司还有未补偿的成本损失，则由开发区政府通过财政补贴。开发区公司主要有以下几种形式：1）政府全资公司，如上海的各园区一般采用政府全资的开发公司开发模式，开发公司承担园区的开发和运营，政府为园区提供一些专项的财政支持，如重点招商项目的土地补贴、产业扶持基金等。再如成都天府软件园是成都高新投资集团的子公司，而成都高新投资集团是成都高新区党工委管委会批准成立的国有独资有限责任公司。2）合资公司，如著名的苏州工业园，由新加坡政府和中国政府合资组建的苏州工业园区开发有限公司负责开发。3）私营企业，如大连软件园由私营企业大连软件园开发有限公司负责开发。开发区公司开发模式的特点是：第一，有利于发挥市场化公司的优势，提高开发效率；第二，公司目标与政府目标存在冲突。

不同的开发区土地开发模式有不同的特点，一般需要权衡不同模式的投融资效率和招商能力。随着开发区发展的深入，需要适时调整开发模式。

3.开发区的建设融资

上一节介绍了中国开发区的土地开发模式，在土地开发中，政府或公司都没有能力提供足够的资金进行园区土地开发。园区的基础建设和配套的文化、教育、卫生等公益事业建设需要大量资金投入。开发区需要为建设融资，主要融资模式与建设模式大致经历了两个阶段的发展：

第一阶段，开发区发展早期（1984—1992年）。这一阶段的开发区主要是政府（开发区管理委员会）出资设立开发区公司，直接控制。开发区公司下设城建、工业等各个板块的投资公司，投资公司得到开发区政府的财政支持，同时向银行贷款，获得资金之后，负责开发区的土地开发，如通水、通电、通气、通路等“几通”建设。这一阶段的开发区融资主要是政府出资，但是随着开发区的发展，资金需求增加，需要新的融资模式。

第二阶段，开发区发展期（1992年后）。这一阶段的开发区融资吸收了市场化的模式，在开发区开发中设立开发区公司，形成与政府财政脱钩、独立核算、自负盈亏的法人主体。建设项目由开发区政府出资，转变为企业运营、政府补贴的形式。投资主体多元化，引入外国资本和民间资本。

融资模式经过发展，还是开发区公司和政府（管委会）以土地为中心的融资。一般对于大部分开发区而言，开发区公司的原始资本是待开发的土地资源。开发区公司代表开发区政府进行征地、拆迁、安置，对土地进行“几通一平”和基础设施建设，负责建设标准化的厂房、写字楼、孵化器等设施。开发区公司出让可供使用的土地给企业，从而获得土地开发收入，以支付征地成本、建设成本。实际上，开发区的产业设施为了招商，大多是低价出让，甚至对一些投资规模大、盈利预期好的项目或企业实行“零”地价出让，让开发区公司不能收回投资成本。开发区公司的资金缺口由政府财政收入补贴。中国开发区的融资模式是如下图所示的资金循环模式：1）开发区政府制定发展规划，由开发区公司负责建设。2）开发区公司和政府以待开发的土地向银行融资。3）政府或开发区公司在招商过程中，以低价出让开发的土地吸引企业入驻。4）企业投资、运营促进开发区产业发展和经济增长。5）政府通过税收形成开发区财政，其中一部分用于补贴开发区公司低价转让工业用地的亏损。6）开发区公司获得财政补贴后，支付贷款本息，弥补亏损，持续获得新贷款融资。

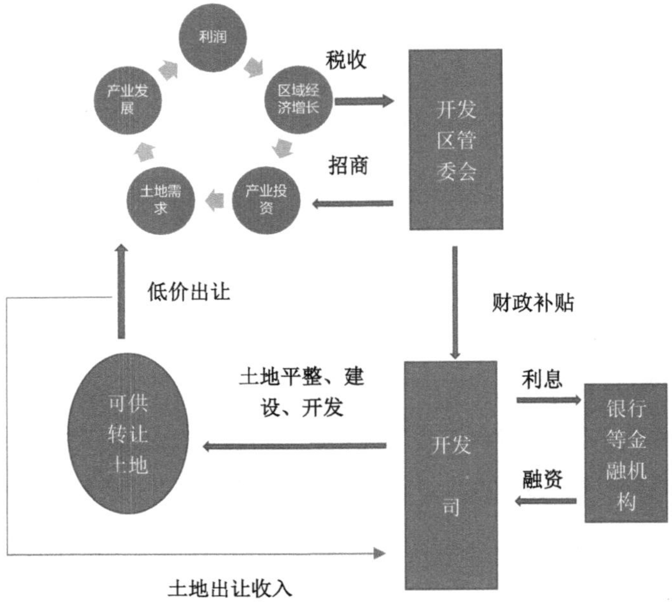

图8-3　开发区建设投融资循环

8.2.2 开发区的管理

1. 开发区管委会

前文中提到了开发区管理委员会是中国开发区管理体制中重要的机构组织。开发区管理与开发区管委会的形成和发展密切相关。

1984年中国开始设立开发区，国务院相关文件要求设立开发区管理委员会（简称“管委会”）。管委会不是行政机构，是伴随开发区设立产生的管理机构，主要负有两大职责，一是开发区的建设，二是开发区的招商。各地开发区管委会是由地方政府设立的，作为地方政府的派出机构。在开发区建设阶段，开发区管委会负责为开发区土地开发提供支持。如前文所述，开发区管委会代替政府支持开发区公司（政府设立的或私营企业）对开发区进行土地开发，如通水、通路、通讯等“几通”建设和土地平整，使土地可以转让给二级开发商开展招商。在招商阶段，管委会具体执行开发区的扶持、优惠政策，提供便利入驻企业的商务服务。

管委会的特征如下：1）开发区管委会作为政府的派出机构，属于当地的上一级政府，与所属的行政区政府不相关。比如，合肥经济技术开发区在行政区域上属于蜀山区，但其规划、建设、管理独立于蜀山区。合肥经济技术开发区管委会是合肥市政府派出机构，不属于蜀山区政府，在行政级别上高于蜀山区政府。[①]2)管委会负责开发区的经济事务，不承担社会管理职能。管委会一般实施“小政府”和简政放权思路，简化行政管理分工，实行“大部门”体制。管委会内部机构设置比较简单，高效、灵活地处理开发区的经济事务，使得开发区具有相对优良的制度环境。下表对比了开发区内设机构与城市一般行政区管理机构。早期管委会专注开发区的经济事务，与所在地区的行政区没有权限上的冲突。

开发区管委会机构	城市一般行政区管理机构
管委会办公室	市政办公厅，市政府政研室，外事办（侨办），法制局，信访局，档案局等
工委办公室	市纪委，市委办公厅，市人大办公厅，市政协办公厅，市委组织部，宣传部，统战部，市监察局，市工会，妇联等
经贸发展局	市发展改革委，市经信委，商务部，统计局，粮食局等
建设开发局	市城乡建设委，规划局，国土局，交通局，建设管理局，园林局等
社会事业局	市科技局，市科协，教育局，文化局，卫生局，体育局，民政局、司法局等
财政局	市财政局，市国税局，市地税局，国资局，预算外资金管理局等
劳动人事局	市人力资源和社会保障局，市编制办公室等

表8-4　开发区管委会机构设置与城市一般行政区管理机构对比[②]

此外，随着开发区的发展，管委会形成了不同类型的开发区管理体制。本书在下节分三种开发区管理模式进行介绍。

① 宋宏. 十字路口的选择：开发区治理体制研究[M]. 合肥：安徽人民出版社，2016.

② 资料来源：宋宏. 十字路口的选择：开发区治理体制研究[M]. 合肥：安徽人民出版社，2016.

2.开发区管理模式

本书将开发区管理模式分为三种：政府管理模式、混合管理模式、市场管理模式。

（1）政府管理模式

政府管理模式是开发区建立初期主要采用的管理模式，即管委会作为地方政府的派出机构。随着开发区扩展和城市发展，也产生了开发区与行政区合并的模式。

1）派出机构管理模式

在开发区建立之初，或是中西部地区后定的开发区，采用了中国东部地区早期的管理模式，由地方政府设立开发区管理机构（管委会）。开发区管委会作为政府的派出机构，具有行政特色，是中国区域经济发展环境和经济转型决定的。首先，在改革开放初期，市场经济发展薄弱，行政机构的属性方便利用行政手段为开发区建设开发提供支持。其次，中国从计划经济向市场经济转轨，行政管理手段具有路径依赖。值得注意的是，中国开发区管理模式在东西部之间的差异，东部的开发区发展更早，管理模式发展到了混合模式和市场模式；而中西部的开发区发展滞后，管理模式主要采用派出机构模式。

作为派出机构的管委会在开发区发展早期具有明显优势。第一，管委会具有相对独立的经济事务管理权限，替代政府负责开发区的建设、开发、招商和经营管理工作，能够方便地对区内事务开展自主管理，提高管理效率。第二，管委会机构设置简化（参考表8-4），对区内经济事务和一些社会管理事务设置合并机构，实行“小政府”管理体制。具体来看，作为派出机构的管委会可以充分利用政府的行政权力和资源调动能力，有助于为开发区发展早期的要素集聚和产业集聚提供支持，如在开发区项目审批、拆迁、安置、融资和招商优惠等方面提供政府的信用保障，极大地减少了实践上的阻碍。

总之，派出机构管理模式把各级政府的行政管理职能浓缩在开发区管委会（或办公室），主要通过行政手段处理开发区的各种问题，用行政权威协调、管理开发区企业。开发区管委会代替地方政府负责开发区的招商和管理。

2）政区合并管理模式

在开发区发展一段时间后，成熟的开发区从生产性功能区向新城市区转变，开发区管理也需要从经济事务延伸到社会管理事务。我国有部分成熟的开发区转变为行政区，与地方行政区合并（简称为“政区合并”）。政区合并管理模式是开发区扩展和城市化发展提出的新需求，即开发区经济功能扩展到了城市生活功能，要求开发区的管理职能相应扩展，其特点是经济功能区与行政区是两块牌子、一套人马。比如，上海浦东开发区在发展成熟之后，于2000年转为浦东新区，成为上海市新的市辖行政区，原来的开发区管委会改制为浦东新区政府。还有一些开发区在功能和形态上，从原来的单一制造加工生产区转向工业、生活、商贸综合区，促进政区合并，如沈阳经济开发区与铁西区合并。

政区合并的特征是开发区的经济功能与行政区的社会管理功能合并，是对开发区城市化在组织上的适应，有利于统筹规划开发区的社会事业建设、公共服务和社会管理资源配置，促进地区城市化。缺点是政区合并管理模式回到了开发区建设之前的行政管理体制，失去了开发区作为单一经济区的自主灵活性，增加了开发区的行政成本。

政区合并在本质上属于政府管理模式。政区合并管理模式适应了开发区城市化的发展路径，却增加了开发区经济发展的成本。政区合并在组织上回到了开发区建设之前的“大政府”组织。相对于管委会的“小政府”组织，政区合并增加了组织成本。

（2）混合管理模式

混合管理模式指的是“政府+市场”（管委会+开发区公司）的模式，代表是苏州工业园区。混合管理模式中政府承担管理职能，开发区公司承担开发职能。混合管理模式的特征是开发区的行政管理与开发区建设、开发等分离，以混合分立的组织模式调和开发区的经济事务和行政事务之间的矛盾。

以苏州工业园区为例，苏州工业园区隶属江苏省苏州市，位于苏州市城东，1994年2月经国务院批准设立，同年5月启动，规划面积278平方公里，是中国和新加坡政府的重要合作项目，被誉为“中国改革开放的重要窗口”和“国际合作的成功范例”。2019年，苏州工业园区实现地区生产总值2743亿元，公共财政预算收入370亿元，进出口总额871亿美元，社会消费品零售总额543亿元，城镇居民人均可支配收入超7.7万元。在商务部公布的国家级经济开发区综合考评中，苏州工业园区连续四年（2016、2017、2018、2019年）位居第一，在国家级高新区综合排名中位列第五。根据中国和新加坡两国政府协议，园区行政管理由中国政府负责，成片开发由双方合资的开发区公司负责，招商引资由双方共同负责。

具体来看，在园区行政管理方面，苏州工业园区设立党工委和管委会，属于苏州市政府的派出机构，管委会主任由苏州市专职副市长兼任，管委会下设经贸局、规划建设局、财税局、地方发展局、秘书局、组织人事局、工商局、环保局和借鉴新加坡经验办公室等。这些机构属于开发区的行政管理部门，承担经济管理和服务职能。管委会人员除了领导层，采用社会招聘方式。在园区建设方面，苏州工业园区是公司开发模式，开发区公司为中新苏州工业园区开发集团股份有限公司，承担园区成片开发、基础设施建设和招商引资。开发区公司股东由新加坡公司（占比65%）和中方的苏州工业园区股份有限公司组成。

混合管理模式有效结合了政府和公司两种组织制度的优势，在管理方面由政府负责，在建设、开发和招商方面采用公司模式，利用市场化机制运行，政府作为公司股东，为建设和招商等环节提供支持。混合管理模式被东部地区的一些比较成熟的开发区采用，如中新苏州工业园区开发集团股份有限公司与滁州市人民政府合作开发建设的中新苏滁现代产业园。

（3）市场管理模式

市场管理模式主要是通过企业管理体制管理开发区，首创于招商局公司开发的深圳蛇口工业区，也叫“蛇口模式”，上海的漕河泾、闵行、虹桥开发区和海南洋浦开发区采取这种模式。类似开发区建设过程，设立公司负责开发区的规划、开发、管理。开发区公司承担了一定的政府职能，进行公共事业的开发建设。地方政府赋予开发区公司一定的权限，方便开发区公司负责建设和管理服务，但开发区公司是损益主体，自负盈亏。

市场管理模式把开发区作为一家公司来独立运营、管理，使得开发区在公司制度下发展。高管理模式的地方政府一般不再设立管委会，而是通过国有资产投资公司控股开发区公司，以约束和监督开发区公司，使其符合地方经济社会发展规划。

开发区公司以其特有的公司制度实现产权明晰、权责分明，以市场招聘的方式管理和运营公司。

以宁波大榭开发区为例。宁波大榭开发区于1993年3月经国务院批准设立，由中国中信集团有限公司（CITIC）成片开发。管委会只负责行政管理事务，主要是制定规划和制度规范，落实政策，提供公共服务，不直接参与经营。而开发区公司通过前文介绍的土地开发，将可供使用的土地出让，获得土地开发收入，以盈利作为开发区公共事业建设的本金，实现滚动开发。

相对于政府管理模式，市场管理模式做到政企分开，降低开发区行政成本。市场管理模式虽然发挥了市场化的效率优势，也有明显的缺陷。首先，开发区没有行政管理机构，在征地、规划、项目审批等程序上没有行政职能便利，行政协调能力不足使得开发区受到行政限制。其次，市场化下的滚动开发会激励开发区公司抬高开发区地价，使开发成本大幅上升。同时，开发区公司在建设开发的过程中，需要承担一部分政府的社会职能，修建一些纯粹的公共项目，如学校、医院、休闲娱乐场所等，要求企业除了具备经济开发职能，还要有社会管理职能。显然，社会职能超越了企业的职责范围，是企业难以承担的，造成了经济职能与社会管理职能之间的矛盾。

因此，随着开发区的发展，现阶段的开发区管理模式更多倾向于混合模式，即融合管委会（政府）和开发区公司（公司）的模式，以求获得政府行政和提供社会服务的优势和公司运营效率的优势。

8.2.3 开发区的招商引资

1. 招商模式

前文介绍了开发区的建设和管理模式，本节关注开发区运营，介绍中国开发区招商引资的模式。从前文来看，中国开发区在发展的早期（要素集聚和产业集聚阶段）主要是以低价转让开发区土地来吸引企业和外资投入。但是随着开发区和经济的发展，开发区的政策优惠力度被中央政府的政策削弱，开发区招商引资的模式开始包含“软环境”因素，如营商环境、人才制度、创新环境、生态环境等。

（1）低价出让土地[①]

前文介绍开发区建设融资的部分提到开发区管委会为了招商，采用低价出让开发区土地的方式。下文将该模式简称为“以地引资”，它在学术界是关于中国经济的重要话题。开发区建成后，管委会以低地价、零地价、负地价（补贴）的方式吸引企业入驻和外商直接投资的流入，以换取本地经济、就业的持续增长和稳定的税收，而外资的流入更是通过技术溢出效应提升了中国的生产率水平。

中国特色的招商模式是中国开发区在发展初期的历史环境决定的。首先，中国开发区以地招商是在1994年分税制改革和官员晋升竞标赛两种制度下形成的。分税制改革使得地方财政收入与中央财政收入比从1993年的3.6倍，到1994年骤降至0.85倍。虽然分税制改革解决了中央政府的财政问题，却造成了地方政府财权、事权的严重不匹配。官员晋升以区域经济发展为考核标准，使得地方政府官员有激励通过开发区来促进经济发展。分税制改革后，地方政府存在弥补高速发展阶段的财政缺口的内生需求，对国有土地“出让—征收”享有一级垄断权，使得地方政府能够轻易获取高额的级差地租。地方政府通过低价转让土地给企业使用，激励企业入驻。其次，在开发区发展初期，入驻的企业需要大量资金，企业融资是开发区持续发展的重要因素。企业拿地的价格非常低，但不是土地的市场价格，当土地被拿到金融机构进行抵押贷款，企业又可以利用土地杠杆再次撬动社会资源。如此高效的融资方式不仅减轻了政府的财政负担，更是放松了企业的融资约束。

以地引资模式的缺点是：第一，地方政府竞相压低工业地价，导致工业用地超额供给，土地利用率低下。第二，土地补贴吸引了更多的企业入驻，忽略招商质量和产业匹配情况，导致新企业难以适应和带动原有的产业。

（2）优化软环境

随着以地引资模式的发展，暴露出一些弊端。在新的发展阶段，很多开发区开

① 开发区管委会（政府）在官员晋升竞标赛的激励下，对开发区发展给予了众多优惠政策，如税收优惠。尽管税收优惠极大地促进了开发区招商引资，但是这种方式被国际上相当多的开发区采用。本节主要关注中国特色的引资模式，即以地引资。

始关注内部软环境的完善，以吸引高质量产业企业入驻。其中营商环境成为开发区招商的重要软环境之一。比如，昆山经济技术开发区不仅重视开发区的硬件环境，还通过推广昆山城市形象、经营城市的多元化理念筹资，加大城市建设力度，全面加快中心城市建设，优化城市环境，发展特色小镇，增强中心城市的软实力带动功能。同时，昆山经济技术开发区对招商的服务体系进一步完善，外商投资审批、企业建设、开工投产后的经常性服务等形成完整体系。

优化软环境的招商模式注重开发区和中心城市的整体环境，而非土地低价出让的单纯经济补偿。因为招商环境的系统化构建在开发区发展初期并不可行，只有在开发区发展到产城融合阶段才适合。

2. 招商程序

开发区招商是多部门分工配合。一般是商务和投资促进局负责制订招商引资计划，指导和督促各部门的招商引资工作，负责区内投资项目的设立审批及管理服务；规划局对需购地项目提出初步选址意见；建设局、园区办负责新开工项目的基础设施完善，协助完成各项申报手续；国土分局负责需购地项目的用地指标申报和土地证办理；财政分局负责给予企业优惠政策的评审和项目政策兑现。

本节以成都经济技术开发区的招商程序介绍开发区招商的一般步骤：

1) 招商前期准备：商务和投资促进局通过举办项目推介会、上门招商、网上招商和委托招商等多种方式拓宽招商引资渠道，做好招商引资的前期准备工作，建立项目库和项目台账，增强招商引资工作的针对性。

2) 项目信息整理：商务和投资促进局通过洽谈沟通、实地考察及上网搜索，了解投资企业的经营状况、经济实力，掌握拟投资项目的具体内容，包括投资额、投资强度、需地面积、投资后的年产值、税收等，形成文字材料报送相关领导和部门。

3) 项目评审：商务和投资促进局对拟引进项目是否符合国家产业导向和工业园产业规划进行内部评估、审查，必要时可邀请有关专家协助评估。

4) 项目选址：经商务和投资促进局洽谈、审查并报请管委会领导同意，商务和投资促进局出具选址联系单，根据项目需求与规划，与国土分局协商后，完成项目初步选址。

5) 投资协议签订：商务和投资促进局与投资企业就项目选址及优惠政策等进一步沟通洽谈，在初步达成一致意见的基础上拟定投资协议。

6) 投资协议会签：由商务和投资促进局牵头，经贸、建设、规划、财政、司法局、国土分局负责人及法制办对投资协议进行会签。会签后，将协议上报管委会主任与投资商签订投资协议。

中国开发区建设以土地制度、分税制度、官员晋升竞标赛制度为基础，以土地为核心，建立了以地引资和以地招商的发展模式。在早期，开发区以地引资和以地招商的发展模式对工业化的推动存在三方面的效应：一是征地成本低；二是出让土地，扩充地方政府财力；三是获得低价土地的企业通过土地抵押缓解信用约束。

同时，在开发区管理体制上进行政府管理模式、混合模式、市场化模式的积极探索，不断适应开发区在不同发展阶段的需求。早期发展阶段普遍采用政府管理模式，为开发区保持制度上的优势，促进开发区完成要素集聚和产业集聚。在发展到一定程度之后，开发区管理体制为应对市场经济发展和缓解空间扩展的压力，探索行政体制与市场体制混合的管理模式或纯市场管理模式。

8.3 开发区建设的效率分析

开发区建设和管理都是企业化政府承担的。在政府批准之后，开始开发区建设，主要涉及开发区的土地征用、开发、出让等过程。开发区建设的主体是开发区政府或开发区公司。不同的开发区建设主体有不同的建设模式。在开发区建立后，开发区政府或开发区公司需要对其进行日常管理和招商引资。这一节将分为开发区建设阶段和运营管理阶段，分析企业化政府运行的效率优势。

8.3.1 开发区建设阶段

开发区建设阶段涉及征地、土地交易和基础建设等过程。根据中国土地制度，土地的经济产权归政府所有，但是需要有偿征用。在开发区建设中，需要进行成片土地征用，与此相关的土地交易有很高的交易成本。为了方便解释，以下从征地和建设两个方面说明相关土地交易的交易成本。

首先，征地过程主要涉及以下几个方面。第一，中国的征地制度让农村土地转为非农用地时，农民在获得征地补偿后失去土地权利。第二，城市土地属于国家所有，地方政府享有建设用地的处置权、出让权和收益权。第三，地方政府批准成为农业用地转为建设用地的唯一合法渠道。第四，土地的征用补偿实行非市场化制度，对耕地占用实行审批制度。第五，地方政府既是土地的管理者，也是土地的经营者；地方政府在中国的土地管理制度下，低价征用土地，获得土地出让、转让等使用的收益。可以看出，征地过程涉及征地补偿、土地使用审批等程序，通过企业化政府执行可以节约交易成本。相对于私营企业承担征地任务，企业化政府拥有政府行政权力的优势，通过行政命令执行，按照一定的标准补偿，能够降低和农民讨价还价的高昂成本。

其次，建设过程涉及开发区的产业规划、基础设施规划等，存在极高的资产专用性。由于建设过程不仅涉及一块土地的开发，而是成片开发，有更高的交易频率。土地和相关配套项目的交易还涉及不确定性风险，最常见的是政策的不确定性。

现实中，建设开发类交易很多时候是政府将其内部化（与将建设服务外包不同，需要注意两者的区别），通过基础设施建设、城市发展规划等方式，将土地的开发、交易由企业化政府进行一体化。这样对于可能出现的连续变化，就不用与开发企业不断设计、协商、谈判，具有企业化职能的地方政府统一承担适应的要求。也有一些建设开发类交易是在相对较低的资产专用性程度下，政府和开发商以战略合作的方式共同开发。下表简要总结了不同土地交易类型与相应的治理结构的匹配关系。

<table>
<tr><td colspan="2" rowspan="2"></td><td colspan="3">资产专用性</td></tr>
<tr><td>非专用</td><td>混合的</td><td>特定的</td></tr>
<tr><td rowspan="2">土地交易</td><td>土地出让</td><td>招、拍、挂等市场方式</td><td>政府与开发商签订协议</td><td></td></tr>
<tr><td>建设开发</td><td></td><td>政府和开发商战略合作方式</td><td>管委会和开发投资公司</td></tr>
</table>

表8-5　交易类型与治理结构匹配

根据第五、六章构建的交易成本经济学分析框架，开发区建设属于开发建设类，具有极高的资产专用性和交易频率，具有政策风险。管委会或开发总公司承担这一类企业化政府的职能，原因是：首先，土地交易的不确定性，除市场一般交易面临的情况，更多受政策的影响。企业化政府在受政策影响带来的不确定性方面优于私有企业。第一，企业化政府对中央政策的预判和解读相比私有企业更有优势。第二，地方政府也是地方政策制定的参与者，无论是对事前政策的预判，还是政策调整，具有企业化职能的地方政府在其中发挥作用，以减少不利变化，都优于私有企业。第三，企业化政府天然具有政府信用背书，相比私有企业，企业化政府面临违约的风险更小。其次，企业化政府还能通过降低土地交易的资产专用性来降低交易治理成本。土地交易的资产专用性主要受土地开发的规划、建设和土地开发后利用的影响。无论是土地上的投入，还是为提升土地价值在配套上的投入，企业化政府改变投入并使其继续保有一定价值的能力强于私有企业。比如，政府调整规划和产业布局使土地交易的资产专用性相对下降，让原有的土地规划保持专用性价值，相反，私有企业没有这样的能力，或者说执行成本高昂，只能被动承受专用性投资带来的风险。

中国开发区建设是由管委会和开发区公司负责，开发公司主要有以下几种形式：1）政府全资公司，如上海的各园区一般采用政府全资的开发公司开发模式，开发公司承担园区的开发和运营，政府为园区提供一些专项的财政支持，如重点招商项目的土地补贴、产业扶持基金等。再如成都天府软件园是成都高新投资集团的子公司，而成都高新投资集团是成都高新区党工委管委会批准成立的国有独资有限责任公司。2）合资公司，如著名的苏州工业园，由新加坡政府和中国政府合资组建的苏州工业园区开发有限公司负责开发。3）私营企业，如大连软件园由私营企业大连软件园开发有限公司负责开发。开发区公司开发模式的特点是：第一，有利于发挥市场化公司的优势，提高开发效率；第二，公司目标与政府目标存在冲突。

8.3.2 开发区运营管理阶段

开发区运营管理阶段的主要工作是招商引资。这一工作主要是由管委会和开发区公司负责，在这个过程中，相对于私营企业，企业化政府（管委会和开发总公司）具有效率优势。招商引资的主要策略是低价出让土地、税收优惠和营商环境优化等。相对于私营企业，企业化政府具有天然优势，能够节约交易成本。

管委会的特征如下：1）开发区管委会作为政府的派出机构，属于当地的上一级政府，与所属的行政区政府不相关。比如，合肥经济技术开发区在行政区域上属于蜀山区，但其规划、建设、管理独立于蜀山区。合肥经济技术开发区管委会是合肥市政府派出机构，不属于蜀山区政府，在行政级别上高于蜀山区政府。2)管委会负责开发区的经济事务，不承担社会管理职能。管委会一般实施“小政府”和简政放权思路，简化行政管理分工，实行“大部门”体制。管委会内部机构设置比较简单，高效、灵活地处理开发区的经济事务，使得开发区具有相对优良的制度环境。

值得注意的是，开发区管理模式有三种：政府模式、混合管理和市场管理模式。管理模式是随着开发区运营管理过程中主要职责的变化，也就是“交易性质”的变化而改变的。在开发区发展早期，主要任务是通过政策优惠来招商，政府模式具有效率优势。而随着开发区的发展，对于成熟的开发区，混合管理模式具有一定优势，有效结合了政府和公司两种组织制度的优势，在管理方面由政府负责，在建设、开发和招商方面采用公司模式，利用市场化机制运行，政府作为公司股东，为建设和招商等环节提供支持。混合管理模式被东部地区的一些比较成熟的开发区采用，如中新苏州工业园区开发集团股份有限公司与滁州市人民政府合作开发建设的中新苏滁现代产业园。最后一种是市场管理模式，做到政企分开，降低开发区行政成本。因此，随着开发区的发展，现阶段的开发区管理模式更多倾向于混合模式，即融合管委会（政府）和开发区公司（公司）的模式，以求获得政府行政和提供社会服务的优势和公司运营效率的优势。

8.4 小结

本章以中国开发区建设和管理为例，阐述企业化政府在这一过程中的经济意义。从开发区的建设过程可以看出，企业化政府的载体是开发区管委会或开发区公司，因为开发区建设阶段的土地交易涉及极高的资产专用性、风险和交易频率，以企业化政府的形式进行交易可以节约交易成本。从开发区建设对中国经济发展的重要意义来看，企业化政府的交易方式是中国特殊背景下的最优交易模式。

开发区运行管理阶段涉及招商引资。在开发区发展早期，主要的招商引资方式是土地低价转让和税收优惠，政府管理模式具有效率优势。开发区发展成熟之后，涉及制度供给、服务改善等方面，会出现混合管理模式和市场管理模式。从本书前文构建的基于交易成本经济学的框架分析来看，开发区管理模式的演变是由交易成本推动的。

9 企业化政府视角下的结构性问题

中国经济经过几十年的发展，表现出了明显的结构性问题，是中国长期以来的经济发展方式累积形成的，尤其是在增速换挡期、转型阵痛期和改革攻坚期三方面相互作用后，如何认识和破解结构性难题是中国进一步深化经济改革面临的重大课题。[①]本章针对结构性问题进行阐述，目的在于从企业化政府的角度提出新的解释路径，为中国经济结构性改革提供新的建议。

首先，本章对中国经济结构性问题进行介绍，梳理结构性问题在多方面的表现特征，从供给需求结构、产业结构、收入结构、城乡与区域结构、经济生态结构、内外经济结构等六个方面的结构性问题入手。然后，综述当前学术界对中国经济结构性问题的研究，主要从结构性问题的原因、影响和政策应对三个方面进行梳理。随后，本章从前文提出的企业化政府的视角来构建理解中国经济结构性问题的分析框架。在中国特色社会主义市场经济中，国家或政府对市场机制的完善具有重要的引导作用，企业化政府的模式可以降低交易成本，体现了社会主义市场经济的优越性。但是，企业化政府产权界定的不明晰导致价格扭曲，进而产生了各种经济结构性问题。之后，本章以地方政府融资平台为例，从企业化政府的角度分析相关的经济结构性问题。最后，在简单总结的基础上，提出一些应对经济结构性问题的对策。

① 2007年，温家宝总理坦言，中国经济存在巨大问题，是不稳定、不平衡、不协调、不可持续的结构性的问题。所谓不稳定，是投资增长率过高，信贷投放过多，货币流动性过大，外贸和国际收支不稳定。所谓不平衡，是城乡之间、地区之间、经济与社会发展之间不平衡。所谓不协调，是一二三产业不协调，投资与消费之间不协调，经济增长过多地依赖投资和外贸出口。所谓不可持续，是我们还没能很好地解决节能降耗问题和生态环境问题。来源：http://news.sohu.com/20070316/n248774797.shtml.

9.1 中国经济结构性问题的特征

中国经济结构性问题表现在多个方面，尽管不同的研究者对结构性问题的分类和关注的重点有所不同，一般涉及以下六个方面的结构性失衡。本章为了方便介绍中国经济结构性问题的特征，按照分类依次展开。

9.1.1 供给需求结构

总体上中国在经济发展中，需求的重要性低于供给（投资）。改革开放早期主要依靠投资拉动经济增长。近年来，尽管我国已经进入内需拉动的增长阶段，供需不平衡的问题依然显著。

第一，固定资产投资增长较快，消费所占比重较低。根据中国人民银行副行长吴晓灵在2003年的发言，中国经济当时存在供需结构性问题。2002年，在经济过热的情况下，固定资产投资增长30.5%。吴晓灵说，国外经济的消费和投资比例，消费一般占到70%以上。但中国的消费比例只有58.3%，远远低于发达国家的比例，表明大部分的投资没有进入消费。在消费没有大幅增长的时候，前期、中期投资增长会加剧经济发展的不平衡。根据王小刚的研究，到2005年，供需结构性问题更趋严重，投资占当年国内生产总值的42%，远高于世界上任何国家的投资比例。消费占GDP的比重从20世纪80年代超过62%，下降到2005年的52.1%，到2006年前三季度，消费占GDP的比重仅为51.1%。居民消费率也从1991年的48.8%下降到2005年的38.2%，达历史最低水平。[①]根据杨珺晖和肖林、史晓琛提

① 王小刚. 论中国经济的结构性问题[J]. 重庆大学学报（社会科学版），2008（2）.

供的数据，2002—2012年，我国资本总额年均增长18.4%，对GDP年均贡献率为52.1%，而消费分别较之低4.6% 和7.9%。[①]其中，投资过于集中在制造、基础设施建设、房地产领域，集中在高消耗、低效率的领域。2015年，基础设施、房地产等行业的投资占固定资产投资额的81%以上，社会领域仅占5%。[②]

第二，要素的供给结构失衡。根据肖林和史晓琛的研究，我国在要素供给方面存在突出的结构性问题。其一，在劳动力方面，适龄劳动力短缺，技术型劳动力短缺，低教育水平劳动力短缺与接受过高等教育的劳动力就业难并存，与我国产业结构仍处在价值链的中低端环节、第三产业对劳动力的吸纳能力不足有关。其二，在资本供给方面，与政府扶持相关的产业资本过剩，私有部门资本成本过高，也就是实体经济流动性不足问题突出。从货币数量来看，2015年的M2为140万亿元，M2/M1的比值差距从2000年开始逐步拉大，说明资金没有有效进入实体经济领域。其三，在技术要素供给方面，技术资源投入与市场需求匹配不够，技术资源与投入的协同也不够。

2016年以后，中国人均GDP达到1万美元以上，根据国际经验，居民的需求结构在发生变化，居民的需求从原来的生存性消费转向更多的发展性消费，如更加优质的公共服务、教育、医疗和养老等。[③]需求段的改变进一步加深了需求和供给的失衡，失衡也体现在产业结构方面。

9.1.2 产业结构

中国的产业结构失衡表现在三次产业比例失调与产业内部失衡并存。首先，第二产业，特别是工业大而不强，处于全球价值链中低端的低附加值加工业比例大、技术创新能力差使得产业升级面临困难。我国制造业约占世界制造业20%的份额，但整体上仍处于全球产业链的中低端，传统产能过剩，高端产能和关键技术

① 杨珺晖．中国经济结构性变革与经济效率的典型相关分析[J]．经济问题探索，2015（1）．

② 肖林，史晓琛．中国经济新常态的结构性问题与供给侧改革[J]．科学发展，2016（8）：30-34.

③ 刘世锦．GFP及其驱动的经济增长[J]．管理世界，2015（10）：1-6.

产能不足，高耗能、高污染产能过剩，绿色产能不足，结构性矛盾十分突出。从第三产业来看，服务消费需求增长与服务有效供给不足并存，新兴服务业增长有限，供给与需求间存在明显缺口。总量偏小，通讯、金融、网络等科技含量高的新兴产业发展水平滞后。第一产业也存在结构性问题，现代农业发展滞后，农业大而不强，农产品多而不优，结构性过剩和结构性短缺并存。[①]从三次产业之间的关系来看，我国经济发展早期主要是粗放型经济增长方式，导致产业结构不平衡、不协调的矛盾一直存在。粗放型经济增长方式的突出问题是三次产业融合发展的模式没有形成，一、二、三次产业之间不平衡、不协调的问题依然明显，成为高质量发展阶段的突出矛盾。[②]

9.1.3 收入结构

2000年以前，数据表明城乡居民的收入水平差距呈现出扩大趋势。彭正辉的研究显示，1978年，农村居民人均纯收入133元，城镇居民人均可支配收入343元，相差210元。到2002年，农村居民人均纯收入2476元，城镇居民人均可支配收入7703元，这一差距扩大到5527元。农村居民收入增长约为城镇居民收入增长的15%。城乡居民收入差距持续拉大，从1978年的2.57倍，到2002年的3.1倍，我国成为世界上城乡收入差距最大的国家之一。[③]肖林和史晓琛发现，在初次分配环节，收入分配向非劳动要素倾斜。根据相关统计数据，劳动者报酬占国民收入的比重正在下降，低于世界平均水平。而政府所得和企业所得占国民收入初次分配的比重相对较高，其中政府收入占比处于上升趋势。再次分配环节中，收入分配向少数人和政府倾斜。“少部分人占有绝大部分财富和大部分人拥有极少部分财富”的结构性矛盾较为突出。根据相关统计数据，全国平均收入最高的20%家庭与最低的20%家庭的收入差距高达20倍以上。

---

① 郭克莎．中国产业结构调整升级趋势与“十四五”时期政策思路[J]．中国工业经济，2019（7）：24-41.

② 杜秦川．实现平衡、充分发展需破解四大结构性问题[J]．宏观经济管理，2019（3）：21-30.

③ 彭正辉．中国城乡发展的失衡与统筹[J]．湖南农业大学学报（社会科学版），2004（3）：18-21.

9.1.4 城乡与区域结构

中国经济发展差距集中体现在城乡二元化和区域不平衡上。首先在城乡差异方面，除了前文提到的收入差异，还存在城乡的教育、就业、社会保障、消费水平等方面的差异。比如，在教育方面，从2000年的数据来看，城乡发展两极化，2000年小学生人均教育经费，城市是农村的1.86倍，初中生人均教育经费，城市是农村的1.92 倍，教师的数量和质量同样存在巨大差距。在居民就业方面，由于城乡户籍管理制度，在改革开放早期，农民很难自由流动到城市务工。后来，国家放松户籍管理，尽管如此，进城的农民工和城市职工的待遇依然不平等。在社会保障方面，李一星和包丽君研究发现，改革开放四十多年来，我国的社会保障事业获得了突飞猛进的发展，但在发展的同时，城乡社会保障的差距日益凸显。[①]从养老保险即可看出城乡之间社会保障存在的差距。1989—2009年，全国养老保险的资金投入和受保人员都有不同程度的涨幅，农村地区享受养老保险的人数也在逐年增加，但和城市相比，城乡养老保险的差距有进一步扩大的趋势。[②]根据2007年的数据，我国医疗卫生总费用达 11289.5亿元，其中农村人均48.5元，城市居民人均1480.5元，农村人均医疗卫生费用不足城市人均的四分之一。[③]

其次，区域差异同样巨大。从上述的教育资源差异来看，小学教育经费，最高的上海与最低的湖北相差10倍，初中教育经费，最高的北京与最低的贵州相差7倍。陈秀山和徐瑛研究了中国经济的区域特征，发现从经济发展的总量、速度和质量来看，存在明显的区域差异。总体上看，东、中、西三大区域之间和各省、市、区之间不仅在经济发展水平上存在巨大差距，更严重的是产业结构、企业规模等经济质量上存在差距；若再考虑到技术水平、创新能力、人力资源等因素，质量上的

① 李一星，包丽君. 关于缩小城乡社会保障差距问题的对策研究[J]. 劳动保障世界（理论版），2013（1）：17-20.

② 莫秋明. 城乡社会保障差距问题研究——从统筹的统一的三步走发展战略[J]. 沿海企业与科技，2010（4）：17-18.

③ 何光军. 缩小城乡差距 统筹城乡发展——兼论广东落实中央一号文件的思路与对策[J]. 市场经济与价格，2010（5）：37-42.

差距更为突出。这些差异导致进入经济高质量发展阶段后，存在严重的区域协调问题。[①]张红梅、李善同和许召元总结了改革开放以来中国的区域差异演化，他们按照人均GDP加权的基尼系数，将区域差异演化分成几个阶段：1978—1990年的大幅缩小阶段，1991—1996年的快速扩大阶段，1997—2004年的缓慢扩大阶段，2005-2014年的显著缩小阶段，2015年后的缓慢扩大阶段。[②]

9.1.5 经济生态结构

中国经济发展取得了重大成就，但是在经济发展过程中，忽视了生态环境的重要性，经济发展取得的成就在很大程度上是建立在资源的高投入、高消耗和对环境的严重污染的基础上的。我们在经济高速增长的同时，付出了沉重的资源和环境代价。比如，王文烂研究了大气和水资源污染问题，发现当年在全国600多个城市中，大气环境质量符合国家一级标准的城市不到1%。世界银行报告指出中国一些大城市空气中的颗粒物和二氧化硫浓度超过世界卫生组织的标准3倍左右,中国城市大气污染造成的经济损失每年达330亿美元，其中大部分危害人体健康。关于水资源，我国水资源匮乏，水污染成为环境污染的主要问题之一，加剧了我国水资源的短缺。[③]可以看出，在中国工业化的进程中，特别是在早期，为了快速实现工业化(主要发达国家工业化所需时间通常是50年以上[④])，出现了一些比发达国家更严重的环境污染问题，与重工业造成的高污染相关。[⑤]

从实证研究可以看出中国经济发展与生态环境保护的失衡。张煊、王国顺和王一苇基于系统论视角，将生态经济系统划分为生态、社会和经济三个子系统，构建基于矩阵型结构的网络DEA模型，对生态经济效率进行评价。他们利用该模

① 陈秀山，徐瑛．我国区域差距的结构性特征与发展趋势[J]．教学与研究，2004（6）：24-31.
② 张红梅，李善同，许召元．改革开放以来我国区域差距的演变[J]．改革，2019（4）：78-87.
③ 王文烂．论我国经济发展中的结构性矛盾与生态环境问题[J]．内蒙古财经学院学报，2001（2）：7-11.
④ 安格斯·麦迪森．世界经济千年史[M]．北京：北京大学出版社，2003.
⑤ 杜秦川．实现平衡、充分发展需破解四大结构性问题[J]．宏观经济管理，2019（3）：21-30.

型对我国省际2007—2012年的生态经济效率进行测算，发现当年我国生态经济效率仍处于低下水平，存在显著的区域差异。对比东、中、西三大区域可知，在经济层面，东部经济子系统的效率平均值高出中部0.081，高出西部0.179，但西部地区生态子系统的效率高于中部地区。①李茜等运用层次分析法和主成分分析法，建立了环境保护、经济发展与社会进步三大子系统，包括12个要素、64个指标因子的生态文明综合评价体系，研究中国生态文明和协调发展的时空演化规律。她发现生态文明指数的空间分布不完全符合东高西低的规律，各省之间也存在巨大差异。②“九五”和“十五”期间，尽管中国生态文明建设水平稳步提高，协调发展度从濒临失调到初级协调，但资源和能源消耗巨大，环境压力相应地大幅提高，说明这个时期中国高能耗、高污染、高排放行业的发展仍占主导地位。

进入强调高质量的新发展阶段后，人民群众对绿水青山的需求日益强烈，对资源环境品质的要求日渐提高，对生态环保具有越来越强的需求。因此，生态环境保护的历史欠账和需求增长的矛盾更加突出。

9.1.6 内外经济结构

我国在改革开放初期确立的外向型发展模式决定了内外经济失衡。外贸出口不仅是将中国的资源廉价出口，也导致大量的贸易摩擦。中国经济在这样的局面下面临着双重风险：一方面，西方国家必然向中国施加政治压力，要求人民币升值，实行浮动汇率和开放资本账户。如果在现在的条件下回应这些要求，中国必然面临出口下降、经济发展减速的风险。另一方面，由于经常性项目的大量顺差和对人民币升值的预期引起热钱流入，外汇储备大量增加，迫使中央银行投入大量基础货币，出现了流动性过剩的问题。王小刚提到，20世纪90年代以来，中国开始大量引进外国直接投资，促进了中国经济增长，也为中国的经济安全带来了挑战。据国务

① 张煊，王国顺，王一苇．生态经济效率评价及时空差异研究[J]．经济地理，2014（12）：153-160.

② 李茜，胡昊，李名升，张殷俊，宋金平，张建辉，张凤英．中国生态文明综合评价及环境、经济与社会协调发展研究[J]．资源科学，2015（7）：1444-1454.

院发展研究中心的一份报告，在中国已开放的产业中，排名前5位的企业几乎都由外资控制。中国的28个主要产业中，外资在21个产业拥有多数资产控制权。这是中国以廉价劳动力为比较优势，以吸引外资为手段，建立大进大出的世界工厂的发展模式的影响。陈志勇和夏晶根据经济理论和指标数据的收集，通过构建指标的方式对2000年以来中国经济失衡程度进行了测度。结果显示，中国经济内外失衡的总体状况近年来趋向恶化，内外失衡总指数从2001年的0.3856提高到2010年的0.5509，其中外部失衡指数从2001年的0.2916提高到2010年的0.4879，内部失衡指数从2001年的0.4796提高到2010年的0.6138。[①]姜巍从历史演化的角度来看中国内外经济失衡，分阶段讨论了中国内外经济发展，发现2008年后，外部经济失衡更加严峻，国际收支顺差存在结构性变化。从外部经济均衡的衡量指标来看，2007年前，中国的国际收支顺差总额逐年增加，最高没有超过3000亿美元，2007年后，国际收支顺差总额猛增到4000亿美元以上，2008年为4607亿美元，2009年为4418亿美元，2010年更是高达5247亿美元，2011后稍有下降。[②]

周靖祥总结认为，中国的经济发展模式陷入了“增长导致失衡，失衡又催生不稳定的增长”的经济系统运动怪圈，形成的路径依赖倒逼政府做出“适应性”的政策调整和管理措施调适，结果使得经济发展总是在内外失衡的困局中匍匐式地滚动前行。[③]经过改革开放四十多年的发展，中国以外向型经济模式成为世界工厂，对国内需求的满足度不高。但是进入新发展阶段后，特别是国际形式变化和新发展格局的确立，进一步加强了对国内大循环经济的关注。

---

① 陈志勇，夏晶．中国经济内外失衡的测度与分析——基于经济失衡度指标体系的构建[J]．当代财经，2012（7）：5-13.

② 姜巍．中国宏观经济内外失衡的形成演变、内外成因与战略调整[J]．经济问题探索，2013（8）：9-16.

③ 周靖祥．中国内外经济发展失衡研究[D]．重庆大学，2012.

9.2 中国经济结构性问题的研究情况

中国经济结构性问题受到了决策者和研究者的长期关注。前一节中关于中国经济结构性问题的介绍中，一些学者对该问题进行了深入探究。本小节梳理了现阶段学者对中国结构性问题的研究，我们主要分为三个方面介绍：结构性问题的原因、影响和政策。

9.2.1 对结构性问题原因的研究

现阶段学者对结构性问题的研究比较充分，主要从发展模式、体制、政策、信贷配置等方面阐述结构性问题的根源。

（1）中国改革开放确立的发展模式。改革开放初期，中国在经济发展的过程中，主要是以廉价劳动力为比较优势参与全球化竞争。依靠外部需求的发展导致中国企业依赖劳动力、土地和资本的要素投入，而不是技术创新，注重数量而不是质量。在高消耗、低效率的生产模式下，能源、资源、环境的压力日益突出，中低端产能、传统产能严重过剩，新的有效供给严重不足，自有品牌和自有技术严重匮乏，长期处于全球产业链的中低端环节。另一方面，中国采取赶超战略使得经济发展主要依靠投资，而不是消费拉动，导致严重的投资过剩，供给和需求结构失衡加剧。也可以看到，产业之间发展失衡，如三次产业内部结构失衡。这种发展模式还导致区域发展失衡，东部沿海地区具有地理优势，获得更多的发展机会和资源，进一步扩大了东西部差距。外向型经济直接导致中国内外经济失衡。由于过分重视出口对就业的促进作用，出口导向政策调整比较缓慢，导致外汇储备大量累积。大量外汇投资于美国国债市场，大量资源供美国廉价使用，面临美元不断贬值的风险，不利于产业升级，加重了内外经济结构失衡。①

（2）中国的城乡二元结构和官员晋升制度。城乡二元结构导致要素流动在城乡之间、区域之间受到一定的区域市场分割。由于官员晋升考核制度，地方政府之间盲目竞争。首先是城乡二元管理体制限制了要素流动，特别是劳动力流动。比如，中国早期严格的户籍管理是城乡二元社会的制度保障，直接把农村人口和城镇人口区分，在两者之间建立鸿沟，限制了要素，特别是劳动力的自由流动。根据前文的介绍，二元管理体制导致劳动力在收入、就业、教育、社会保障等方面具有差异，城乡差距在不断拉大（2000年前后）。另一方面是地方政府的官员晋升考核机制。1994年分税制改革后，地方政府承担了地区发展任务，获得土地收益作为发展资金的来源，在以GDP为考核标准的制度下，地方政府之间竞争加剧。竞争机制导致中国不少地方政府“盲目自信”“拔苗助长”地将中国经济增长内生动力寄托于消费驱动增长模式的加速形成，对中国仍处于特定的“投资增长驱动发展模式”的基础性和重要性认识不够，对制造业部门的高质量投资对中国未来潜在增长率的决定性作用认识不够，这是造成中国经济结构性分化的重要因素。②柳庆刚和姚洋在一个世代交替模型中加入地方政府政治“锦标赛”这一因素，对中国以低消费、高储蓄为特点的经济结构失衡做出了理论解释。③同时，政府以地融资的土地财政诱发了房地产泡沫，既对以制造业为主的旧动能国际竞争力造成了突出的挤出效应，也为新动能的发展壮大造成了难以忽略的阻碍，甚至抑制。④

（3）中国政府政策和行政干预。首先，可以从前文看出，政府倾向将财政资金分配向城市，而农村投入不足，东部地区的投资要多于中西部地区。改革开放以后，特别是1994年分税制改革重新界定了中央、地方政府之间财权与事权的范围，增强了中央政府的宏观调控能力，但由于没有处理好省级以下政府财政分配，

① 崔潮．中国经济结构失衡的成因与对策[J]．现代经济探讨，2010（5）：19-22.

② 张杰，任元明．当前中国经济结构性分化的重大现象、突出症结与破解思路[J]．江苏行政学院学报，2020（2）：47-55.

③ 柳庆刚，姚洋．地方政府竞争和结构失衡[J]．世界经济，2012（12）：3-22.

④ 刘畅，曹光宇，马光荣．地方政府融资平台挤出了中小企业贷款吗？[J]．经济研究，2020（3）：50-64.

财权与事权的划分出现了相背离的局面。省以下政府层层向上集中资金，基本事权却层层下放，在很大程度上加剧了基层财政的困难，直接导致区域和城乡之间结构性失衡。其次，在政策实施过程中，政府倾向于国有企业，比如Cong等通过收集银行和企业之间的贷款数据发现，2008年金融危机后，中国政府实施的刺激政策中，流向国有企业的资金要超过流向私营企业的。[①]一些学者运用经济理论模型来说明中国政府的政策倾向会导致结构性问题，比如张斌和茅锐在一个两部门世代交叠模型中引入扶持工业部门的政策组合，讨论工业扶持政策对资源分配和经济结构的影响。研究表明，在平衡增长路径上，工业扶持政策有长期影响，促进资金和劳动力流向工业部门，降低消费率，提高储蓄率等。工业扶持政策造成了投资需求结构失衡。[②]

（4）信贷资源的配置问题。除了政府的政策干预，信贷资源配置低效率也是中国经济结构性问题的原因之一。早期中国经济发展是通过农业支持工业化的，需要金融机构吸收农村金融资源为工业化提供资本积累，导致了信贷资源配置的结构性问题。此外，其他学者从其他方面讨论信贷资源配置问题。比如，刘小玄和周晓艳研究表明，信贷资源在实体经济中的配置状况与经济结构失衡存在关联。他们发现信贷资源的配置主要依赖企业的固定资产和销售收入，同等条件下，国有企业的利率弹性和融资成本比民营企业低。[③]刘畅、曹光宇和马光荣研究了地方政府平台是否挤出了中小企业贷款，他们将县级地方政府融资平台名单与2006-2011年县级金融机构贷款数据进行匹配，利用不同县域成立地方政府融资平台的差异构造双重差分模型，从实证上发现了地方政府融资平台对县域中小企业贷款的挤出效应。他们发现，地方政府融资平台的成立将会显著减少国有大型商业银行发放给中小企业的贷款。

---

① Lin William Cong,Haoyu Gao,Jacopo Ponticelli,Xiaoguang Yang. Credit Allocation Under Economic Stimulus:Evidence from China[J]. The Review of Financial Studies,2019(9).

② 张斌，茅锐. 工业赶超与经济结构失衡[J]. 中国社会科学，2016（3）：80-98，206.

③ 刘小玄，周晓艳. 金融资源与实体经济之间配置关系的检验——兼论经济结构失衡的原因[J]. 金融研究，2011（2）：57-70.

（5）多种影响形成的混合原因。交通银行金融研究中心课题组研究发现，中国经济非均衡结构的形成有着长期的历史渊源和深刻的体制根源。中国经济的非均衡结构肇始于非均衡的“赶超型”发展战略，各种深层次结构问题相互交织、密切相关。城乡结构失衡既是产业结构失衡，又是收入结构失衡的重要原因。[①]尼古拉斯·拉迪和尼古拉斯·博斯特指出，利率、汇率、能源三种基本经济价格的扭曲是中国经济结构性失衡的根源。[②]持类似观点的有崔潮，他认为中国政府控制着利率、汇率、自然资源等生产要素价格的形成，市场能力的发挥受到约束。还有一些学者从经济商业周期的角度研究经济失衡[③]，如从金融周期的角度研究经济失衡。[④]

9.2.2 对结构性问题影响的研究

关于中国经济结构性问题影响的研究很多，如结构性问题对政策、产业、经济发展、外贸、金融等多方面的影响。由于这一领域的研究较多，本节主要介绍当前的研究。比如，夏德仁探讨了经济结构对货币政策的影响渠道[⑤]，朱和平研究了结构性失衡对产业结构的影响[⑥]。早期的研究主要是理论探究，新近的一些研究开始采用实证研究的方法来解释结构性问题对经济的影响。比如，贾占华构建经济结构失衡评价指标体系，运用因子分析法对2015年东北地区经济结构失衡水平进行测算，基于结构方程模型，探究经济结构失衡对经济增长的影响。[⑦]结果表明，不同维度的失衡对经济的影响不同，金融结构、区域经济结构、投资消费结构失衡抑制经济增长,而适度失衡的产业结构和国际收支结构促进经济增长。徐瑞敏研究各种

① 交通银行金融研究中心课题组. 中国经济结构的非均衡性质与均衡化机制[J]. 新金融，2012（4）：8-14.

② 尼古拉斯·拉迪，尼古拉斯·博斯特，王璞，王辰. 专稿中国经济再平衡蓝图[J]. 新金融，2013（5）：4-10.

③ 杨翔宇. 中国经济结构性失衡原因探析[D]. 东北财经大学，2017.

④ 刘尧成，刘伟. 金融周期对中国经济结构失衡的传导机制分析[J]. 统计与信息论坛，2019（1）：40-48.

⑤ 夏德仁. 经济结构失衡对货币供应的影响[J]. 财经科学，1991（4）：25-28.

⑥ 朱和平. 当前经济结构失衡及产业趋同之症状[J]. 探索与争鸣，1997（7）：15-17，26.

⑦ 贾占华，谷国锋. 经济结构失衡限制东北经济增长了吗？——基于结构方程模型的分析[J]. 经济经纬，2019（6）：1-8.

经济失衡对经济高质量发展的影响，展开政策讨论。他的研究表明行业产业结构、产业投资与市场消费结构、金融体系结构、区域经济结构与国际收支结构五大经济结构对中国经济增长质量的影响不同，差异需要包含在政策中。[①]刘燕妮、安立仁和金田林将客观因子分析法与主观打分法相结合，测度了1978—2010年经济结构失衡程度，运用结构方程模型分析产业结构、投资消费结构、金融结构、区域经济结构与国际收支结构失衡对中国经济增长质量的影响。结果表明，中国经济结构失衡水平呈U形变化趋势，五大结构的失衡水平不断恶化。产业结构、投资消费结构、金融结构的失衡程度对经济增长质量产生负效应，区域经济结构与国际收支结构对经济增长质量产生正效应。[②]石永拴、肖继五和高士亮研究了结构性问题与外贸双顺差之间的关联。[③]类似地，张念明和王波针对内外经济结构失衡进行研究，提出相应的影响路径和政策建议。[④]

9.2.3 对结构性问题的政策研究

对结构性问题的关注增加和问题本身的凸显迫切需要研究如何应对结构性问题。关于结构性问题的研究成果颇丰，特别是2015年中央政府提出供给侧结构性改革以后，更多的研究围绕供给侧改革展开（和最近的需求侧改革）。本节主要从结构性问题的政策研究、供给侧和需求侧改革研究两个方面来介绍。

1.应对结构性问题的政策研究

自从中国经济进入高质量发展阶段，经济结构对经济增长的影响凸显，学者对

---

① 徐瑞敏．基于经济结构失衡背景下的中国经济增长质量[J]．经贸实践，2018（1）：158.

② 刘燕妮，安立仁，金田林．经济结构失衡背景下的中国经济增长质量[J]．数量经济技术经济研究，2014（2）：20-35.

③ 石永拴，肖继五，高士亮．我国宏观经济的结构性失衡对“双顺差”的影响研究[J]．经济学动态，2012（10）：34-40.

④ 张念明，王波．我国内外经济失衡影响因素及优化路径研究——基于因子分析法[J]．经济问题，2017（11）：1-5，10.

调整和优化经济结构展开了研究。比如，杨海波和高兴民基于中国经济结构性问题的特征，从理论机制的角度提出了一些政策建议，如发挥结构调整中的政府作用。他们认为政府有效的制度供给和改革对经济结构调整具有重要作用，呼应了政府的供给侧改革、“三降、一去、一补”政策等。[①]王高望、田盛丹构建了更加形式化的模型进行政策分析，把生产性财政支出和福利性财政支出引入两部门结构模型，考察生产性财政支出如何影响资本深化和中国的工业化进程。研究表明，伴随着资本深化，农业部门的就业和产值份额不断减少，非农业部门的就业和产值份额不断增加；生产性财政支出促进了经济的资本深化，进而推动了经济结构的转型升级。[②]隋建利、李玥蓉和李悦欣基于政府视角，从实证角度给出宏观调整政策的建议。他们分别从需求和供给两个层面构建经济结构变迁指标，研究发现，价格型货币政策与数量型货币政策均能显著影响相对价格变化和产业结构变迁。此外，政府支出政策与税收政策能有效作用于相对价格变化和产业结构变迁，中国政府通常采取利率政策和税收政策调控相对物价水平，采用货币供给政策和政府支出政策推动产业结构优化。他们还强调宏观调控政策对经济结构变迁的作用具有时变性特征。相比货币政策，财政政策对经济结构变迁的作用持续时间更长。[③]王海燕和刘兆征也强调了财政政策对结构调整的重要性。[④]最后一类学者从历史的角度做政策分析。比如，宋立刚、肖昊宸和张克非从历史的角度研究结构性改革的政策原则。前者回顾中国改革开放四十年来的发展历史，强调供给侧改革的关键是解决制度的深层问题，核心任务在于通过制度改革解决要素的最优配置。通过制度改革，不断降低制度性交易成本，提高制度的适应性。[⑤]后者从更一般性的角度提出供给侧改革的政策原则。[⑥]

---

① 杨海波，高兴民. 优化经济结构的时代意义与政策选择[J]. 财会月刊，2020（2）：146-151.
② 王高望，田盛丹. 财政政策、资本深化与中国经济结构转型[J]. 世界经济文汇，2019（4）：18-34.
③ 隋建利，李玥蓉，李悦欣. 宏观调控政策与经济结构变迁[J]. 经济评论，2020（3）：37-53.
④ 王海燕，刘兆征. 新常态下经济结构调整与财政政策取向[J]. 经济问题，2015（5）：64-68.
⑤ 宋立刚. 改革开放40年中国经济结构转型研究[J]. 人民论坛·学术前沿，2018（23）：92-99，107.
⑥ 肖昊宸，张克非. 新中国经济结构调整的类型变迁与政策逻辑[J]. 上海经济研究，2020（6）.

2.供给侧和需求侧改革相关研究

这部分研究分为两类，第一类主要从一般的角度来研究供给侧改革问题，第二类在具体领域展开供给侧改革的研究。首先，第一类的研究一般从结构性问题的原因出发，讨论供给侧改革的政策取向。肖林和史晓琛从新常态经济结构性问题的根源出发，针对结构性问题的原因提出政策建议，强调供给侧改革。类似地，刘世锦①，梁俊和李菁②，冯志峰③，胡鞍钢、周绍杰和任皓④就中国经济结构性减速问题，提出针对性措施。这些政策建议处于理论探索阶段。第二类研究针对具体领域的供给侧展开，如农业供给侧改革⑤，教育供给侧改革⑥，金融供给侧改革⑦，等等。

需求侧改革是在新发展格局下逐渐纳入政策分析范围的。前期的研究主要关于如何提高居民消费需求和内需拉动经济。新近的研究主要在“双循环”背景下，对供给侧和需求侧改革进行政策分析。李娟和沈沛龙提出要把供给侧和需求侧改革同时考虑，实现两侧均衡。⑧相似地，陆岷峰认为经济内循环为主的国内、国际双循环的新格局下，供需结构的协调十分关键；以金融为例，金融供需是一对矛盾，单纯需求侧改革或供给侧改革，虽然会有一定的作用与效果，但其整体结构性改革必须协同进行，需针对供需双向结构性矛盾的现实。⑨

以上关于中国经济结构性问题的研究几乎都是基于西方经济学理论的分析，没有形成中国特色经济环境下的分析框架，本章的目标是进行基于企业化政府对中国经济结构性问题进行分析。

---

① 刘世锦. 我国经济结构面临的主要问题与战略性调整[J]. 宏观经济研究，2000（7）：46-50.

② 梁俊，李菁. 中国经济的结构性减速与对策[J]. 上海经济研究，2016（5）：3-9.

③ 冯志峰. 供给侧结构性改革的理论逻辑与实践路径[J]. 经济问题，2016（2）：12-17.

④ 胡鞍钢，周绍杰，任皓. 供给侧结构性改革——适应和引领中国经济新常态[J]. 清华大学学报（哲学社会科学版），2016（2）：17-22，195.

⑤ 凌利. 农业供给侧改革的现状及对策研究[J]. 中国市场，2018（11）：61-62.

⑥ 朱国华，吴兆雪. “互联网+教育”供给侧改革的路径探析[J]. 现代教育科学，2018（2）：11-17，43.
秦玉友. 农村义务教育师资供给与供给侧改革[J]. 教育研究，2020（4）：139-151.

⑦ 彭文生. 金融供给侧改革的关键词[J]. 金融市场研究，2019（4）：16-22.
陆岷峰，杨亮. 供给侧改革下商业银行机遇、使命与对策[J]. 西南金融，2016（3）：3-7.

⑧ 李娟，沈沛龙. 供给侧与需求侧的协调机制与均衡实现路径探析[J]. 理论月刊，2017（3）：166-171.

⑨ 陆岷峰. 金融供给侧与需求侧协同改革策略研究——基于供需双向结构性矛盾的视角[J]. 北京财贸职业学院学报，2020（6）：5-11.

9.3 中国经济结构性问题的解释：基于企业化政府视角

本节的目的是基于前面章节构建的基于企业化政府的分析框架，分析中国经济结构性问题。这里我们首先简要回顾企业化政府这一中国特殊的经济主体，然后基于企业化政府和私营部门，运用AD-AS模型来分析企业化政府是如何形成经济结构性问题的。

9.3.1 企业化政府回顾

资源的有效配置是任何社会都面临的问题。计划和市场是资源配置的主要手段，计划机制以中央决策为主要特点，盛行于前苏联、东欧和改革开放之前的中国等社会主义国家。市场机制以分散决策为特点，在价格机制这只“看不见的手”的作用下，“理性人”在追求自身利益最大化的同时，实现资源配置。在斯密看来，产品价格对价值的偏离、产品的暂时性过剩和短缺是市场经济的“自疗性疾病”，无需政府干预，政府做好“守夜人”即可。[①]价格作为市场配置资源的信号，会自发调节生产和需求，社会生产和社会需求之间可以自动达到平衡。古典经济学派认为，任何对价格形成机制和运行机制的人为干预都会造成价格失真，从而破坏市场机制的调节作用。[②]所以，古典经济学派坚决主张取消国家对市场的干预。

计划经济体制形成于十月革命后的前苏联，早在十月革命前夕，列宁提出向社

① Adam Smith. The Wealth of Nations[M]. USA:Createspace,2013.
② 陈学彬. 价格宏观调控理论的演变[J]. 价格理论与实践，1994（8）：24-27.

会主义过渡的方略，即“四月提纲”，指出“我们的直接任务并不是‘实施’社会主义，而只是立刻过渡到由工人代表苏维埃监督社会的产品生产和分配”。[①]虽然列宁不提倡革命胜利后，立即建立社会主义公有制，但是布尔什维克党着眼于国民经济的监督和控制。十月革命胜利后，为应对国内外的敌人，苏俄需要把国民经济纳入轨道，实行了“战时共产主义政策”，即按照共产主义的原则，“用简捷、迅速、直接的办法实行社会主义生产和分配”。[②]为此，在实行余粮收集制的同时，苏俄实行产品分配的国家垄断，取消私人交易，对个人消费品实行实物配给制。由于当时的苏俄连年战争，个人消费品奇缺，为了保证前线和居民起码的生存需要，严格执行普遍的劳动义务制，实行“不劳动不得食”的原则。[③]随着战争的胜利和新经济政策实施，市场经济在社会主义制度下得到一定恢复，商品—货币关系开始发展。但是列宁逝世，斯大林上台，新经济政策被斯大林经济体制模式替代。在斯大林模式中，市场机制的作用被严格限制，虽然货币和市场依然存在，但是作用很小，价值、价格、货币等价值范畴依然存在，但也只是核算的符号。[④]高度集中的计划经济体制下，实行的计划体制制度是与资本主义自由价格体制相对立的社会主义价格管理体制。高度集中的计划价格体制下，商品的价格由苏联国家计划委员制定，成为脱离市场的人为意志，既不能反映商品生产中的物质和劳动的耗费，也不能反映市场供求关系的变化。

新中国成立，通过社会主义三大改造，实现了生产资料的私有制向社会主义公有制转变，意味着社会主义计划经济体制在中国基本确立，标志着中国步入社会主义初级阶段。计划经济体制下的中国，产品价格的管理体制照搬苏联模式，价格形成由中央统一集中管理。1978年中共十一届三中全会的召开标志着中国改革开放伟大历程的开启，在实践中确立和发展了中国特色社会主义市场经济。中共十四大明确提出中国经济体制改革的目标是建立社会主义市场经济体制。中国特色社会主

---

① 列宁．列宁选集：第三卷[M]．北京：人民出版社，2012：16.
② 列宁．列宁全集：第三十三卷[M]．北京：人民出版社，1957：70.
③ 樊亢．苏联社会主义经济七十年[M]．北京：人民出版社，1992：14-17.
④ 纪宝成．社会主义市场经济制度论[M]．北京：中国人民大学出版社，2014：27.

义市场经济脱胎于计划经济体制，是社会主义制度下的市场经济，既体现了社会主义的本质特征，也有市场经济的鲜明特点。社会主义市场经济条件下的价格体制应与市场经济体制相适应。

1992年以来，商品的价格形成于国家宏观调控下的市场机制。在改革开放之前，为了发展重工业，一直实行抑制农产品价格的政策，政府对价格机制的干预破坏了自由市场在资源配置中的作用。企业化政府不同于计划经济中的政府，只是参与市场竞争，追求自身利益的“经济人”，依然需要承担经济管理的职能。在当前经济体制不健全的情况下，政府对价格的管理存在较为明显的缺陷。

市场体系作为社会主义市场经济的一个重要环节，是由各类市场有机构成的。在这些市场中，要素市场是基础。在社会主义市场经济中，存在扭曲要素市场价格的机制。价格扭曲是非理想化市场经济的普遍现象，往往源于制度性的约束。在社会主义市场经济建设初期，劳动力、资金、技术等生产要素的价格形成机制不健全，存在严重的扭曲现象。虽然在20世纪90年代，通过“调”“放”结合的价格管理体制，实现了一般商品价格由市场形成的机制，结束了生产资料价格的双轨制，生产要素价格市场却明显滞后于市场经济的发展。无论是劳动力市场的工资，还是资金市场的利率，在很大上程度上依然带有计划指导的“烙印”。而房地产市场化改革后，价格更是一路飙升，既有房地产市场自身发展规律的特点，也有房地产市场中投机盛行等原因，但其价格扭曲很大程度上是由于政府干预，政府主导的土地市场更是起了推波助澜的作用。

地方政府行为的企业化不同于政府对市场的干预。政府有诸多干预市场的方法，地方政府的企业化只是政府以市场主体的身份参与市场竞争。虽然是地方政府的行为，但是从参与市场的目的和方式来看，地方政府更像参与市场竞争的“企业”。但是在现实中，政府往往混淆了其管理职能与企业行为，原因有三点：第一，具有中国特色的社会主义市场模式还不健全。在社会主义市场经济的建立过程中，国家或政府起了至关重要的作用，而地方政府往往承担了地方经济发展的重任。第二，政府的管理职能和企业化行为的界限比较模糊。政府参与市场很难分清自身的行为到底是在行使市场管理的职能，还是参与竞争的“企业”行为。第三，政府的产权界定不清。众所周知，明晰的产权是市场经济的必备条件，而社会主义市场条件下，政府的产权及其边界一直难以界定，参与市场竞争的地方政府难以做到权责明晰。

企业化政府参与市场经济会造成价格扭曲，继而导致经济结构性失衡。根据前文所述，地方政府通过企业化政府这一抽象主体参与市场，地方政府具有了双重职能：一是作为公有产权的持有者参与市场交易的职能，二是政府的管理职能。两种职能的界限在参与市场交易的过程中难以确定，作为“经济人”的企业化政府在市场交易中以管理职能作为担保（称为隐性担保）来降低成本。客观上，企业化政府参与市场的行为造成了价格扭曲。请注意，价格扭曲与前文提到的计划经济不同，它是企业化政府参与市场的结果，而不是管理或干预市场定价的结果。

9.3.2 一个简化的分析框架

为了更好地阐述企业化政府与结构性问题的联系，本书采用AD-AS分析框架，如图9-1。其中，AD为市场总需求，AS为总供给曲线，假定在静态分析过程中保持稳定。此外，纵坐标表示价格水平P，横坐标表示总产出。图中AS与AD的交点为均衡点。

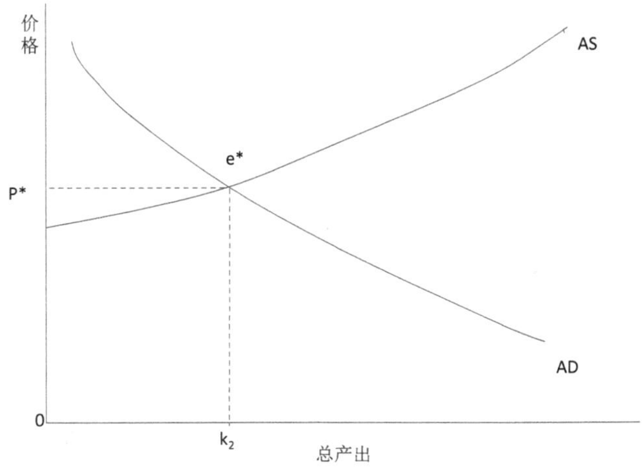

图9-1 AD-AS分析框架

通过AD-AS分析框架，我们将AS曲线分成S1和S2，S1表示私营部门，S2表示企业化政府。首先，假定AD保持稳定，企业化政府参与市场，如下图9-2所示。私营部门的市场交易是由价格进行调整的，即S1与AD的交点是市场交易的均衡点。e*确定了均衡的价格水平P* 和产出水平Q*。但是，企业化政府参与市场交易，假定AD曲线不变，但是企业化政府具有地方政府的隐性担保，其边际成本P低于市场均衡价格P*，产出量Q大于均衡Q*。简单来讲，企业化政府在市场交易中的边际成本低于私营部门，导致均衡产出高于私营部门。

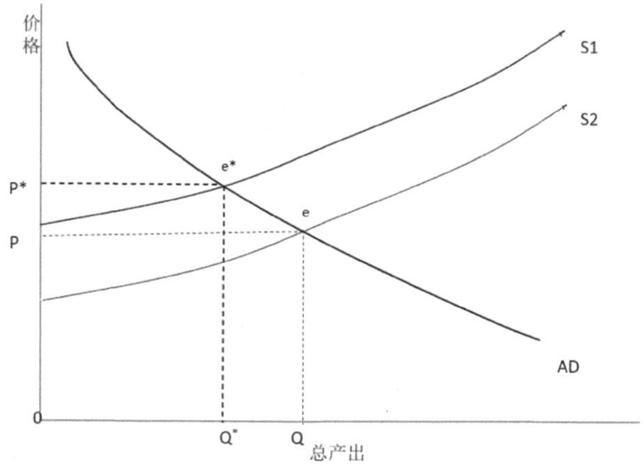

图9-2　AD-AS分析框架：企业化政府参与市场的静态分析

其次，从动态过程来看，假设均衡点固定在e*处，如图9-3所示。在经济发展初期，如果只有私营部门参与，市场均衡产出在A点，距离预期的均衡点e*较大。如果有企业化政府的参与，根据上述分析，企业化政府能够以低成本进行产出，会提高总产出，如B点，这就可以解释改革开放初期，中国经济高速增长的现象。当经济发展到一定程度，到达均衡点e*，企业化政府参与经济会导致总产出过剩，这就可以解释中国后来的经济过剩现象。

这个分析框架基于企业化政府参与市场导致价格扭曲的机理。以上分析基于AD-AS的一般框架，而不是某一个市场。下一节运用这个框架来解释典型的结构性问题。

9.3.3 企业化政府与结构性问题

基于上述分析框架，企业化政府参与市场会扭曲市场价格，进而导致经济结构性问题。这个观点与尼古拉斯·拉迪和尼古拉斯·博斯特的观点一致，他们指出，利率、汇率、能源三种基本经济价格扭曲是中国经济结构性失衡的根源。①苗建军和韩经纬从实证的角度证实该观点。②本章提供了一个独特的解释视角：基于企业化政府。以劳动力市场为例，企业化政府通过补贴扶持的产业，引导劳动力流向，影响产业结构均衡发展。企业化政府为了发展地区经济，在晋升"锦标赛"体制和财政分权的双重作用下，压低劳动力工资，增强外资吸引力，短期内有助于降低企业成本，吸引外资；从长远看，企业化政府的价格扭曲行为间接阻碍劳动力向更高层级产业转移，导致劳动力产业错配，加剧了产业结构失衡。另一个例子是资本市场，地方政府在1994年分税制改革后，事权和财权不匹配，迫使地方政府通过土地融资，解决财政问题。地方政府融资挤出了私人融资，路径如图9-2所示。地方政府融资平台拥有土地等抵押资产和地方政府隐性担保，融资成本低于市场成本。同时，中国市场分割导致地方政府融资挤出私营企业融资。市场交易的价格受到了企业化政府的影响，影响主要来自企业化政府作为公有产权持有者和管理者的双重职能，职能边界不清晰导致市场定价扭曲，形成了地区产业、区域和城乡、金融市场配置失衡等结构性问题。下一节以地方政府融资平台为例进行详细阐述。

① 尼古拉斯·拉迪，尼古拉斯·博斯特，王璞，王辰．专稿中国经济再平衡蓝图[J]．新金融，2013（5）：4-10.

② 苗建军，韩经纬．生产要素市场扭曲与中国产业结构失衡[J]．商业研究，2020（12）：53-65.

9.4 基于企业化政府视角的解释：以地方政府融资平台为例

本节利用上一节介绍的企业化政府视角来分析地方政府融资平台及其导致的市场定价扭曲和失衡问题。首先介绍地方政府融资平台的背景，然后介绍地方政府融资平台导致的结构性问题，最后以企业化的视角来解释这些结构性问题。

9.4.1 地方政府融资平台

地方政府融资平台是由地方政府发起设立，通过划拨土地、股权等资产，组建的资产和现金流均可达到融资标准的公司实体，通常以财政补贴作为还款承诺（隐性担保），以实现地方政府融资的目标。

地方融资平台的形成有其历史背景。1994年分税制改革重新划分了中央与地方的财权与事权。财权重心上移，事权重心却在下移。各级地方政府促进当地经济发展的责任不断加大，公众对教育、医疗、社会保障等主要由地方承担的公共事务的需求越来越高，财政收入占比却在不断下降。地方政府面临财权与事权不匹配的困境，在经济建设过程中，地方政府存在严重的财政缺口。[①]地方政府官员基于GDP考核的晋升“锦标赛”，刺激各地盲目追求高经济增长目标[②]，在城市建设过程中资金需求更大。经济的高速增长离不开基础设施的公共资本投资，为完成，甚至超额完成经济增长目标，地方政府官员对基础设施建设具有强烈的投资冲动。[③]然

① 米璨．我国地方政府投融资平台产生的理论基础与动因[J]．管理世界，2011（3）：168-169.
② 周黎安．中国地方官员的晋升锦标赛模式研究[J]．经济研究，2007（7）：36-50.
③ 陈艳艳，罗党论．地方官员更替与企业投资[J]．经济研究，2012（2）：18-30.

而，1994年出台的预算法不允许地方政府举债。[①]在解决这一矛盾的过程中，地方政府进行了一系列制度创新。这一过程大体上经历了以土地财政为主和以地方政府融资平台为主两个阶段。第一个阶段是前文提到的土地财政模式，地方政府作为土地的经济产权的所有者，通过企业化政府参与土地市场，低价出让工业用地，高价出让商住用地，在短期获取财政收入和长期吸引工业投资之间实现了平衡。[②]随着土地财政发展到现阶段，征地成本上升，地方政府出让国有土地使用权的利润逐年下降。在这种情况下，各地方政府纷纷成立了融资平台公司，开始进入以融资平台为主要筹资模式的第二阶段。

从地方政府融资平台的发展历程可以看出，地方政府融资平台具有以下特点：第一，地方政府融资平台由地方政府设立并绝对控制，平台负责人由地方政府任命，接受其直接领导。第二，地方政府融资平台直接参与地方基础设施建设和运营。第三，地方政府向融资平台注入财政资金或土地使用权等国有资产，作为其在金融市场进行融资的抵押品。第四，地方政府融资平台融资，由地方政府提供担保或隐性担保承诺。[③]

地方融资平台随着2008年金融危机后的经济刺激计划迅速发展。2009年，中国人民银行颁布了《关于进一步加强信贷结构调整促进国民经济平稳较快发展的指导意见》，直接鼓励地方政府通过增加地方财政贴息、完善信贷奖补机制、设立合规的政府融资平台等多种方式，激励金融机构加大对中央投资项目的信贷支持力度。支持有条件的地方政府组建融资平台，发行企业债、中期票据等融资工具，拓宽中央政府投资项目的融资渠道。在上述文件的推动下，地方政府通过融资平台举借的债务出现了井喷，地方政府性债务余额增长率从2008年的23.5%攀升至2009年的61.9%。

根据梁红和刘鎏[④]的研究成果，到2013年，地方融资平台是地方政府最大的举

① 中华人民共和国预算法[Z]. 北京：中国民主法治出版社. 1994.
② 范剑勇，莫家伟. 地方债务、土地市场与地区工业增长[J]. 经济研究，2014（1）：41-55.
③ 刘畅，曹光宇，马光荣. 地方政府融资平台挤出了中小企业贷款吗？[J]. 经济研究，2020（3）：50-64.
④ 梁红，刘鎏. 中国资产负债表中的“灰犀牛”——地方融资平台的巨额债务[J]. 新金融评论，2019（3）：75-90.

债主体。根据2013年的《全国政府性债务审计结果》，2013年地方政府债务中融资平台债务约占地方政府债务总量的39%。各级地方政府融资平台迅速发展，2013年审计署审计了7170个融资平台公司。2010—2014年，财政部对地方融资平台进行清理。根据刘畅等提供的数据，拥有地方政府融资平台的县的数量不断增加，之后被清理而减少（如图9-3所示）。2012年成立地方融资平台的县占全部县的比例达到80%。根据梁红和刘鎏提供的数据，2014—2018年，地方融资平台的债务比率上升了6个百分点。考虑到16万亿元的地方债务置换已经基本完成，而地方融资平台的债务比率不降反升，其实际债务比率上升的幅度可能高达19个百分点。其次，他们发现，2014年以来，中国宏观债务率的上升是靠给居民、房地产企业、政府、融资平台加杠杆，而非房地产的实体企业（民企和非城投国企）降杠杆来实现的。这就说明资金流向出现失衡。平台公司的偿债保障比率只有0.4倍，即企业的经营性现金流无法支付当年到期的债务和利息。偿债保障比率不到1倍意味着融资平台的经营性现金流无法支付当年到期的债务和利息，如果不能借新还旧，将面临流动性风险。

图 9-3　设立地方政府融资平台的县的分布①

① 刘畅，曹光宇，马光荣．地方政府融资平台挤出了中小企业贷款吗？[J]．经济研究，2020（3）：50-64.

从上述发展情况来看，地方政府融资平台积累了巨大的债务风险。2010年6月，《国务院关于加强地方政府融资平台公司管理有关问题的通知》首次要求对融资平台债务进行全面清理。针对出现的“主要是融资平台公司举债融资规模迅速膨胀，运作不够规范；地方政府违规或变相提供担保，偿债风险日益加大；部分银行业金融机构风险意识薄弱，对融资平台公司信贷管理缺失”等问题展开清理。同时，2014年的新预算法规定，地方政府正式拥有通过发行债券筹集资金的法定权力。

9.4.2 地方政府融资平台形成的结构性问题

地方政府融资平台的设立直接造成了经济结构性失衡。首先，由于企业化政府对城市建设融资的需求，参与资本市场融资，造成私营企业挤出，导致私营企业出现结构性减速，而政府扶持的行业出现结构性繁荣。范剑勇和莫家伟对地方债务和地区工业增长的联系进行研究。他们发现，相对于国外研究的结果，中国地方债务对地区产业发展的影响有一些特殊情况，即存在结构性特征：对于某些产业，在预算软约束条件下，地方债务在地区工业增长中起着重要的杠杆作用。具体内容是地方债务不仅直接转化为政府投资并增加，更重要的是其能够通过工业土地市场和基础设施建设两个渠道展开地区间的引资竞争，增强引资力度对地区工业产出的杠杆作用。但是其他一些产业会受到资金融资约束，比如，地方政府融资直接造成了对私营部门的挤出效应，地方政府融资平台的成立会显著减少国有大型商业银行发放的中小企业贷款。

客观上，地方政府融资平台造成区域结构性问题。这与地方政府的官员晋升制度相关，官员晋升以GDP为主要考核指标，造成地方政府通过融资平台加大对核心地区、核心产业的支持和招商吸引力度，而在其他方面的公共品提供不足。在一些研究中也提到，地方政府通过城市规模扩张进行GDP竞争，导致中心城市与周边城市发展失衡。①

---

① 史亚荣. 地方政府隐性债务规模与城镇化水平——基于城投债视角的分析[J]. 兰州学刊，2020（11）：139-149.

9.4.3 基于企业化政府的解释

从中国的产业结构性研究来看，市场因素主要有：企业的竞争策略，信息不对称，垄断和固定资产投资等（林毅夫①，巫和懋②，Wijnbergen③），也有地方政府干预市场、诱导企业投资等非市场因素（江飞涛，耿强，吕大国④，傅坦⑤；王文甫，明娟，岳超云⑥；Neary、Leahy⑦；Parcero⑧）。从企业化政府的角度分析较少，地方政府融资平台作为典型的企业化政府实体，目的是为地方城市建设融资。从地方融资平台形成的历史背景可以看出，地方融资平台自组建起，便与地方政府产生了天然的联系，政府隐性担保更是如影随形。从本章的视角来看，地方融资平台属于典型的企业化政府实体（其他一些学者认为，国有企业是市场机制运行下的企业，而地方融资平台更像是披着公司外衣的政府职能部门⑨）。根据前文的AD-AS框架和企业化政府框架，这里重点分析企业化政府参与金融市场的情形，如图9-5所示。

根据前文的分析，在金融市场中，如果没有企业化政府参与，金融市场的均衡价格为I^*，资金配置量为Q^*，由边际成本和边际收益确定，即以市场的方式有效配置资金。但是，当存在企业化政府参与，企业化政府通过隐性担保，相对于私营企业，能够获得更低成本的利率。在这种情形下，企业化政府获得更多的资金配置。

---

① 林毅夫．潮涌现象与发展中国家宏观经济理论的重新构建[J]．经济研究，2007（1）：126-131.

② 林毅夫，巫和懋，邢亦青．"潮涌现象"与产能过剩的形成机制[J]．中国经济学，2010（10）：118.

③ S.V.Wijnbergen．Excess Capacity,Monopolistic Competition and International Transmission of Monetary Disturbances[J]．Economic Journal,1987(397):785-805.

④ 江飞涛，耿强，吕大国，等．地区竞争、体制扭曲与产能过剩的形成机理[J]．中国工业经济，2012（6）：44-56.

⑤ 耿强，江飞涛，傅坦．政策性补贴、产能过剩与中国的经济波动——引入产能利用率RBC模型的实证检验[J]．中国工业经济，2011（5）：27-36.

⑥ 王文甫，明娟，岳超云．企业规模、地方政府干预与产能过剩[J]．管理世界，2014(10):17-36.

⑦ J.P.Neary,D.Leahy．Strategic Trade and Industrial Policy Towards Dynamic Oligopolies[J]．The Economic Journal,2000(463):484-508.

⑧ O.J.Parcero．Inter-jurisdiction Subsidy Competition for a New Production Plant:What is the Central Government Optimal Policy?[J]．Regional Science & Urban Economics,2006(6):688-702.

⑨ 韩鹏飞，胡奕明．政府隐性担保一定能降低债券的融资成本吗？——关于国有企业和地方融资平台债券的实证研究[J]．金融研究，2015（3）：116-130.

如果金融市场的规模有限，直接造成市场价格扭曲，挤出私营企业。

上述分析适用于信贷市场和地方债务市场，前文提到的实证研究证实了挤出效应和结构性影响，这里不再赘述。2014年后，地方政府获得发债权力，在债券市场上，这种关系依然存在。沈晓萍等的研究表明，隐性担保对城投债的发行利差产生了显著影响，具体表现为当地方经济实力较强，会显著降低发行利差,地方政府债务率、赤字率较高时，会显著扩大发行利差。[①]韩鹏飞，胡奕明的研究表明，政府隐性担保降低了国有企业债券的风险。随着政府对地方债务加强管理，特别是2014年发布《关于加强地方政府性债务管理的意见》后，中央政府开始约束隐性担保，以缓解当前债务风险和结构性问题。

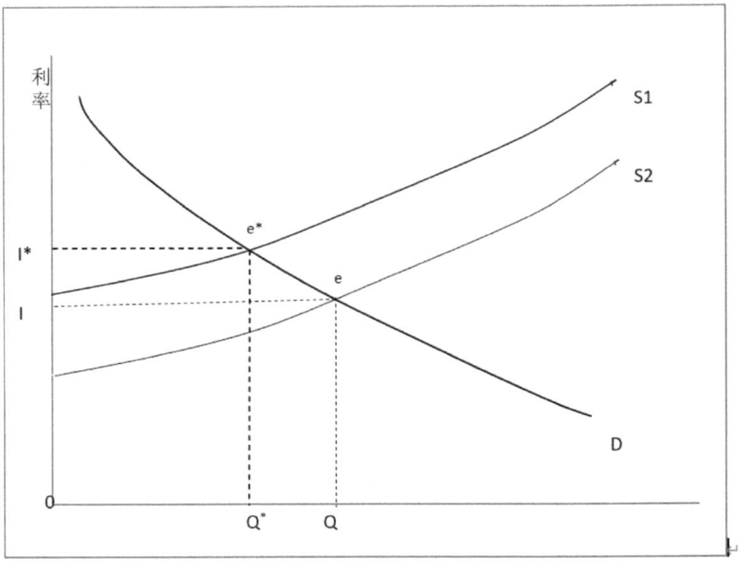

图9-4　企业化政府参与金融市场

① 沈晓萍，尹鸿飞，张兵，徐章星．隐性担保会降低城投债的发行利差吗？[J]．武汉金融，2020（5）：56-64.

9.5 小结

本章主要介绍了中国经济结构性问题和企业化政府之间的关联。首先描述了中国经济结构性问题，大致梳理了当前的研究。我们发现，当前关于结构性问题的研究主要基于西方经济理论。本书的贡献是基于中国经济的特殊情况，为结构性问题提供新的解释方法。因此，本书构建了基于企业化政府的解释框架——AD-AS框架，企业化政府参与市场导致价格扭曲，通过价格扭曲影响了产业、地区、金融等领域的结构性问题。

中国经济进入了高质量发展阶段，经济学家对结构性问题投入了更多的关注。比如，习近平总书记提到的供给侧结构性改革。供给侧改革主要涉及产能过剩、楼市库存大、债务高企三个方面，为解决好这一问题，就要推行“三去、一降、一补”政策（去产能、去库存、去杠杆、降成本、补短板）。这是针对结构性问题提出的对策，如针对产业结构失衡提出的去产能、去库存，针对金融配置失衡提出的去杠杆，针对关键领域和制度等进行改革，等等。可以看出这些针对性措施取得了显著效果。[①]研究表明，2015年改革启动以来，供给侧结构性改革效果明显，但是近年增速有所下降，其中技术创新、结构优化起着主导作用，存在制度公平供给不足的问题，经济强省的绩效得分普遍高于弱省。[②]这反映出尽管去产能工作已经落实到位，仍需继续深化并增强执行力度，提供更多公平的制度供给。[③]本章的研究

① 湛军，王照杰. 供给侧结构性改革背景下高端服务业创新能力与绩效——基于整合视角的实证研究[J]. 经济管理，2017（6）：53-68.

② 乔丹奕. 供给侧改革下煤炭行业财务绩效分析及战略调整[D]. 安徽财经大学，2017.

③ 周小亮，吴洋宏. 供给侧结构性改革绩效评价:基于经济增长动力视角[J]. 社会科学研究，2019（3）：8-18.

为供给侧改革和新阶段的需求侧改革提供了新的思路，通过企业化政府这一具有中国特色的抽象的研究对象，可以从制度层面进行更多的尝试，一个重要观点是企业化政府导致的结构性问题应该通过制度性措施解决。比如，进一步明晰公有产权参与市场交易的职能与地方政府管理职能的界限，解决隐性担保问题。

10 研究结论、政策建议与研究展望

中国特色社会主义市场经济是一个复杂而宏大的课题。本书从政府与市场关系的角度，通过交易成本的比较分析，重点考察了参与到市场交易当中的那一部分“政府”，关注政府在经济效率上的表现，也为中国改革开放四十多年来高增长的经济发展奇迹提供了新的解释。本书对更好地认识政府与市场的关系，政府在市场中的作用，中国经济发展经验，当前市场经济中的问题具有重要意义。

10.1 主要研究结论

由于市场机制中交易成本的存在，政府作为公有产权的代理人，以企业化政府的方式参与到市场交易中，具有一定的效率优势。这是本书的研究结论，上述章节详细给出了具体内容，本章是总结，对具体内容不再重复。

与传统的西方市场经济理论一味强调政府的管理职能不同的是，中国特色社会主义市场经济的实践向我们展示了政府在市场中的另一个重要作用——通过参与职能实现交易成本的降低，从而提高经济效率。中国经济增长的奇迹基于中国选择了市场经济道路，同时，对公有产权在市场交易中的保障是中国市场经济的特色所在。通过对公有产权的明晰和保障，以企业化政府为载体参与市场交易比强调私有产权的市场经济更具效率优势。

另外，需要看到的是，中国政府主导下的经济效率优势并非来自政府对市场机制的干预，而是市场机制下的市场参与活动。

10.2 存在的问题

本书对企业化政府的分析包含一个隐含的假设，企业化政府的产权可以得到明晰的界定，从经济产权的角度将企业化政府与政府撇清权责利。笔者相信通过相关的制度建设，能够实现对公有产权的相对清晰的保障和有效约束。就目前中国的实际情况而言，仍然存在公有产权不够清晰的问题，明显的表现是对企业化政府的投资项目，政府一般通过兜底的方式为其提供“帮助”，使企业化政府获得了市场之外的力量给予的“风险补贴”，回到市场中的表现是扭曲市场价格。换言之，企业化政府投资的成本由于政府的“风险补贴”低于市场机制决定的成本，企业化政府以低于市场的价格获得要素，当要素供给具有稀缺性的时候，会带来扭曲的配置，引起结构性问题。用图10-1可以简单而清楚地说明这一问题。

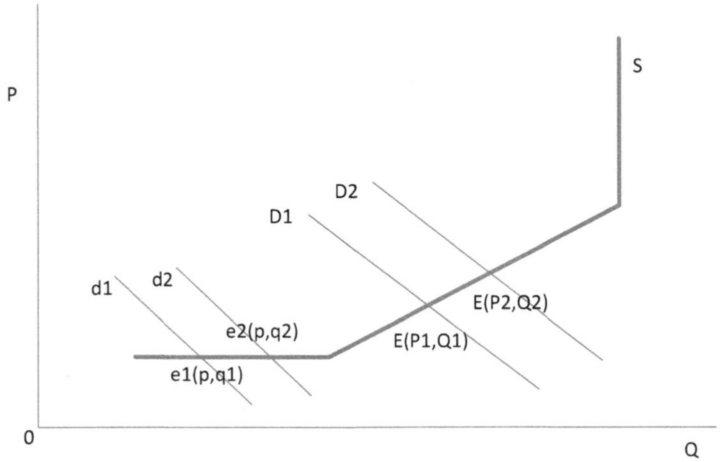

图10-1　要素市场资源配置

图10-1是一个简单的要素市场资源的供求模型，S曲线水平的一段表示要素供给不具稀缺性的情况，通常是欠发达经济体在土地、劳动等要素方面表现出的情况；S曲线向右上方倾斜的部分表示一般情况的短期要素供给市场。d是在要素供给不具稀缺性时的需求曲线。D是在要素具有稀缺性的一般短期情况下的需求曲线。由于政府的“风险补贴”，企业化政府在同样的需求量上支付的价格相应降低，需求增加，使得整个市场的需求曲线向右移动。这个移动对d和D都适用。

在d的情况下，需求从d1移动至d2，伴随的结果是价格不变，总的要素交易增加。现实中的表现通常为不发达经济体建设初期，由于政府补贴的投资增加，不引起要素价格上涨，不扭曲其他投资，政府补贴是有利的。

在D的情况下，需求从D1移动至D2，伴随的结果是价格从P1增加至P2，政府补贴使得企业化政府投资需求增加，引起了市场要素价格上涨，企业化政府投资中相对低效的部分因为补贴带来的价格优势，挤占了市场其他主体的需求，扭曲了资源配置，也增加了政府兜底投资的风险。现实中的表现通常是结构性问题，中国已经出现了政府投资过剩，许多政府兜底的项目不具备市场机制要求的回报率，却将民间投资项目挤占，经济社会的投资在结构上失衡。

10.3 政策建议

中国特色社会主义市场经济的发展模式在实践中体现了其效率优势，我们应该正视政府参与下的市场经济的合理性和有效性，以更具实践性的眼光认识中国特色社会主义市场经济中政府发挥的作用。这里从政府管理职能和参与职能两个方面提出建议。

政府管理职能方面，中国的市场机制仍有许多方面亟待完善和优化。无论什么样的市场机制，都存在交易成本，但完善市场机制是降低交易成本的有力手段。需要从市场制度建设着手。一是加强市场规范，法律保障体系等制度环境建设。二是进一步加强对私有产权的明晰和保障。三是大力支持交易的自由度，减少和取消对进出市场的不必要管制，避免行政手段直接干预市场价格。另外，必须清醒认识到中国特色社会主义市场经济的效率优势不来自政府管理职能对市场机制的干预，才能避免政府在所谓的市场调控中“过度自负”。

政府参与职能方面，正视政府参与职能在市场机制中的作用，摆脱用“计划经济”或“过度管制”等不符合现实的视角批判政府的参与行为。应该看到政府参与职能下的效率优势，将中国特色社会主义市场经济的效率优势进一步发挥。一是，进一步明晰和规范公有产权，保障公有产权有效参与市场交易的同时，加强对公有产权的管理。二是，进一步撇清企业化政府与政府的关系，逐步消除地方政府通过兜底等方式扭曲资源配置，让公有产权以平等的方式参与市场交易。三是，正视政府参与职能，加强政府内部管理的制度创新，一方面将权力装在制度的笼子里，另一方面以绩效考核充分发挥政府的经济社会建设才能。四是，做好公有产权经济收益的分配，在市场交易中更加注重效率，通过分配实现更大程度的公平与保障。

10.4 研究展望

理论来源于实践，中国特色社会主义市场经济理论植根于改革开放四十多年的社会主义经济建设的伟大实践。现实世界是不断发展变化的，理论创新尤为重要，特别是在社会生产力日益进步、社会主义市场经济制度不断完善的当今中国，不断丰富发展中国特色社会主义理论依然任重道远。企业化政府作为分析市场经济条件下政府行为的崭新视角，可以解释中国经济发展中的许多问题，是建立在一定的前提假设的情况下的，也是所有经济理论存在的问题。笔者认为，接下来可以从以下几点进行研究拓展：

第一，企业化政府的产权界定问题。在公有制的前提下，企业化政府是以公有（集体所有）资产代理人的身份参与市场的逐利行为主体。本书的假设前提之一是政府的产权界定是明晰的，与现实情况不太符合。中国的现实国情决定了政府的产权很难界定清楚，政府产权的权利边界一直模糊。因此，政府在市场经济下如何进行产权界定是一个值得研究的问题。

第二，企业化政府参与市场竞争的监管问题。政府部门作为市场监管的主体，负有对市场的监督管理职责，尤其是在社会主义中国。所有市场主体需遵循市场规则，企业化政府在制定规则的同时参与市场竞争，是否存在破坏市场规则或以公有资产管理者的身份逃避规则的动机。假如此类情形发生，应该由谁来监督管理或加以制约，这方面的研究依然存在不足。

第三，结构性问题与企业化政府。在GDP“锦标赛”下，企业化政府更多地关注本地区的经济发展指标，通过企业化政府的投资和诱导企业投资来发展地方经济，而忽略了国民经济的协调发展，诱发了当前经济发展中的结构性问题。尤其是经济新常态，经济发展面临较多困境、供给侧结构性改革持续推进的情况下，经济结构调整不断深化，产业结构不断升级，需要更好地发挥政府职能。

附录：重要术语

企业化政府：将政府在市场参与中的具有与企业相同或相似性质的属性抽象出来，以抽象的“企业化政府”作为研究对象。企业化政府的本质是抽象的企业，具有市场机制下与私有企业相同的企业属性（从其定义赋予而来）。企业化政府也可以看作是政府市场参与职能的属性集。

产权：经济意义上的产权包括三要素：（1）使用该项资产的权利（和该权利适用的边界的界定）；（2）从该项资产获得相应回报的权利；（3）改变该项资产状态或性质的权利。本书中的产权指的是经济意义上定义的产权。需要强调的是，本书所用的“产权”概念为经济意义上的产权，有别于法律意义上以财产的所有关系为核心的产权概念。

交易成本：交易成本概念来自科斯的《社会成本问题》中。在此之后，随着交易成本研究的兴起，出现了许多存在一定差别的定义。比如，阿罗将交易成本描述为“经济制度运行的成本”或“利用经济制度的成本”。巴泽尔从产权分析的角度出发，认为交易成本概念与产权概念密切相关，将交易成本定义为转让、获取和保护产权有关的成本。张五常从更为一般化的角度，将交易成本扩展到制度成本的概念，认为交易成本产生于以契约约束竞争的需要，“交易成本包括一切非直接发生在物质生产过程中的成本”或“一切不存在于鲁滨逊（一个人的世界）经济中的成本”。威廉姆森将交易成本形象地比喻为经济系统的摩擦力，对交易成本的描述来自其对交易和契约视角（相对于选择视角）的考察，将交易成本划分为：（1）契约签订之前的成本，指签约谈判、起草合同及确保合同履行，需要事前计划付出的成本；（2）签订之后的成本，契约不适应导致的成本，调整不适应谈判中讨价还价的成本，解决合同纠纷，建立和保持协调机制的成本，确保合同承诺兑现的保证成本等。可以看出，新制度经济学者对交易成本的定义并无本质的分歧，只是在侧重点和范围上有所不同。通过自由交换的价格机制实现资源优化配置是新古典市场经济理论的核心思想。新制度经济学认为市场机制不是免费的，需要投入真实资源去运行和保障制度（或组织）运行，宽泛地说，真实资源就是交易成本。

交易：威廉姆森从“技术”的核心来定义交易，认为交易之发生正是源于某种产品或服务跨过在技术上可分清的边界的转移，一个行为阶段由此结束，同时另一个行为阶段宣告开始。通过这样的定义，原来只能被看作发生在企业和组织内部的现象，就可以纳入交易范畴进行分析，将重点集中于一系列离散的生产或购买决策（前向、后向，还是横向一体化）的研究上，以确定哪些应外包出去，哪些应纳入企业所有权的边界之内。根据这样的描述，企业是一个选择生产还是购买的交易集合。交易范围的扩展和新的定义引发了重大影响，于是，可以将交易还原为契约问题。从经济分析的视角来看，可以采用契约视角来替代选择视角。对于中国特色社会主义市场经济而言，交易的对象可以相应地由作为产权承载物的具体商品扩展到产权。而在扩展的交易范畴下，只要是实现了承载产权的商品在技术可分界限上的转移，都可以纳入交易分析。

治理：针对交易成本，以治理的方式研究契约问题和可以转换为契约问题的经济现象是交易成本经济学的研究方式。交易成本经济学基于市场存在正交易成本的前提，以交易作为基本的分析单位，将经济问题直接和间接转换为契约问题，再通过不同途径，把各种（不同属性的）交易与不同的治理结构（决定契约关系是否完整的组织结构）进行匹配，从而形成交易成本经济学。本书提到的“治理”的概念是交易成本经济学意义上的契约关系的治理，尤其关注的是契约风险的鉴别、解释和缓解，有别于公共管理范畴中的定义。

参考文献

[1] 安格斯·麦迪森．世界经济千年史 [M]．北京：北京大学出版社，2003.
[2] 安增军．论城市政府“经营城市”的理念与职能 [J]．华东经济管理，2002（6）：45-48.
[3] 安勇，原玉廷．土地财政、扭曲效应与区域创新效率 [J]．中国土地科学，2019（8）：36-42.
[4] 埃格特森．经济行为与制度 [M]．北京：商务印书馆，2004.
[5] 白永秀，王颂吉．中国经济体制改革核心重构：政府与市场关系 [J]．改革，2013（7）：14-21.
[6] 布里奇特·维尔什，张传贤，唐磊，等．选择中国：公众对“中国模式”的看法 [J]．国外社会科学，2016（1）：152-154.
[7] 布坎南．自由、市场与国家 [M]．北京：生活·读书·新知三联书店，1989.
[8] 曹立村．论基于新经济人假设的政府“经济人”理性的回归 [J]．求索，2008（3）：31-34.
[9] 曹正汉，史晋川．中国地方政府应对市场化改革的策略：抓住经济发展的主动权——理论假说与案例研究 [J]．社会学研究，2009（4）：1-27.
[10] 陈瑋，黄彪．“引进式技术进步方式”下的中国经济增长与不平衡结构特征 [J]．经济理论与经济管理，2013（3）：5-15.
[11] 陈南军．马克思的市场理论及其现实意义 [J]．厦门大学学报（哲学社会科学版），1991（1）.
[12] 陈平．剖析“中国模式” [J]．中国国情国力，2014（6）：27-29.
[13] 陈学彬．价格宏观调控理论的演变 [J]．价格理论与实践，1994（8）：24-27.
[14] 陈志楣．论中国特色社会主义基本经济制度的形成 [J]．北京党史，2015（1）.
[15] 陈秀山，徐瑛．我国区域差距的结构性特征与发展趋势 [J]．教学与研究，2004（6）：24-31.
[16] 陈志勇，夏晶．中国经济内外失衡的测度与分析——基于经济失衡度指标体系的构建 [J]．当代财经，2012（7）：5-13.
[17] 陈宗胜，高连水，周云波．基本建成中国特色社会主义市场经济体制——中国经济体制改革三十年回顾与展望 [J]．天津社会科学，2009（2）.
[18] 陈艳艳，罗党论．地方官员更替与企业投资 [J]．经济研究，2012（S2）：18-30.
[19] 陈怡竹．中国土地征收程序模式之转型：从管理主义到协商合作 [J]．中国土地科学，

2020（4）：35-40，47.
[20] 程恩富. 西方产权理论评析 [M]. 北京：当代中国出版社，1997.
[21] 程恩富. 要分清两种市场决定性作用论 [N]. 环球时报，2013-12-10.
[22] 程恩富. 完善双重调节体系：市场决定性作用与政府作用 [J]. 中国高校社会科学，2014（6）：43-52.
[23] 程恩富，高建昆. 论市场在资源配置中的决定性作用——兼论中国特色社会主义的双重调节论 [J]. 中国特色社会主义研究，2014（1）：51-57.
[24] 程恩富，侯为民. 乱贴国家资本主义标签用意何在？ [J]. 红旗文稿，2012（11）：41.
[25] 慈玉鹏. 斯密与韦伯之间：威廉姆森学术思想述评 [J]. 管理学家：实践，2011（11）：94-100.
[26] 崔潮. 中国经济结构失衡的成因与对策 [J]. 现代经济探讨，2010（5）：19-22.
[27] 杜秦川. 实现平衡、充分发展需破解四大结构性问题 [J]. 宏观经济管理，2019（3）：21-30.
[28] 邓子基. 关于土地财政的几个问题 [J]. 学术评论，2012（1）：4-9.
[29] 邓聿文. 地方政府公司化的危害 [J]. 人民论坛，2009（15）：6.
[30] 邓小平. 邓小平文选：第三卷 [M]. 北京：人民出版社，1993.
[31] 迪特里希. 交易成本经济学：关于公司的新的经济意义 [M]. 王铁生，葛立成，译. 北京：经济科学出版社，1999.
[32] 董辅礽. 重新认识社会主义经济 [J]. 天津社会科学，1998（3）：12-14.
[33] 范剑勇，莫家伟. 地方债务、土地市场与地区工业增长 [J]. 经济研究，2014（1）：41-55.
[34] 樊亢. 苏联社会主义经济七十年 [M]. 北京：人民出版社，1992：14-17.
[35] 费方域. 契约人假定和交易成本的决定因素——威廉姆森交易成本经济学述评之一 [J]. 外国经济与管理，1996（5）：19-26.
[36] 冯新舟，何自力. 中国模式中的市场与政府关系——政府主导下的社会主义市场经济 [J]. 马克思主义研究，2015（11）：50-58.
[37] 冯志峰. 供给侧结构性改革的理论逻辑与实践路径 [J]. 经济问题，2016（2）：12-17.
[38] 付强，乔岳. 政府竞争如何促进了中国经济快速增长：市场分割与经济增长关系再探讨 [J]. 世界经济，2011（7）：43-63.
[39] 付阳. 再论政府与市场关系：从市场失灵到公共风险 [J]. 财政科学，2016（2）：96-101.
[40] 弗鲁博顿. 新制度经济学：一个交易费用分析范式 [M]. 姜建强，罗长远，译. 上海：上海人民出版社，1998.
[41] 弗鲁博顿. 新制度经济学 [C]. 孙经纬，译. 上海：上海财经大学出版社，1998.
[42] 高聚辉，伍春来. 分税制、土地财政与土地新政 [J]. 中国发展观察，2006（11）：25-27.
[43] 高尚全. 从“基础性”到“决定性”——社会主义市场经济完善的新进程 [N]. 北京日报，

2013-11-25.
[44] 高世楫．中国特色社会主义市场经济与新自由主义的本质区别 [J]．紫光阁，2015（2）：38-39.
[45] 耿强，江飞涛，傅坦．政策性补贴、产能过剩与中国的经济波动——引入产能利用率 RBC 模型的实证检验 [J]．中国工业经济，2011（5）：27-36.
[46] 顾钰民．市场在资源配置中从基础性作用到决定性作用的理论深化 [J]．思想理论教育导刊，2014（4）：38-42.
[47] 国彦兵．新制度经济学 [M]．上海：立信会计出版社，2006.
[48] 郭熙保，胡汉昌．技术模仿还是制度模仿——评杨小凯、林毅夫关于后发优势与劣势之争 [J]．学术月刊，2004（4）：29-36.
[49] 国务院．国务院关于实行分税制财政管理体制的决定 [J]．中华人民共和国国务院公报，1993（30）：1462-1467.
[50] 国土资源部．招标拍卖挂牌出让国有土地使用权规定 [J]．中国房地产，2002（9）：62-64.
[51] 韩鹏飞，胡奕明．政府隐性担保一定能降低债券的融资成本吗？——关于国有企业和地方融资平台债券的实证研究 [J]．金融研究，2015（3）：116-130.
[52] 韩文龙，黄城，谢璐．诱导性投资、被迫式竞争与产能过剩 [J]．社会科学研究，2016（4）：25-33.
[53] 贺大兴，姚洋．社会平等、中性政府与中国经济增长 [J]．经济研究，2011（1）：4-17.
[54] 贺新元．市场的决定性作用应有边界 [N]．中国社会科学报，2014-2-7.
[55] 何自力．如何认识西方“大市场小政府”的市场经济模式 [J]．红旗文稿，2014（22）：16-19.
[56] 何自力．对“大市场，小政府”市场经济模式的反思——基于西方和拉美国家教训的研究 [J]．政治经济学评论，2014（1）.
[57] 何光军．缩小城乡差距 统筹城乡发展——兼论广东落实中央一号文件的思路与对策 [J]．市场经济与价格，2010（5）：37-42.
[58] 洪银兴．关于市场决定资源配置和更好发挥政府作用的理论说明 [J]．经济理论与经济管理，2014（10）：5-13.
[59] 胡鞍钢．如何理解“两只手”优于“一只手”——中国政治经济语境中的政府与市场关系 [J]．人民论坛·学术前沿，2014（20）：62-80.
[60] 胡钧．政府与市场关系论 [J]．当代经济研究，2013（8）：22-30.
[61] 胡乐明，刘志明，张建刚．国家资本主义与“中国模式”[J]．经济研究，2009（11）：31-37.
[62] 胡乃武．市场决定性作用并不排斥发挥政府职能 [N]．中国社会科学报，2014-1-17.
[63] 胡乃武，田子方．紧紧围绕市场的决定性作用深化经济体制改革：读张卓元新作《十八大后经济改革与转型》[J]．政治经济学评论，2015（2）：215-221.
[64] 胡晓鹏．论市场经济的起源、功能与模式——兼论中国特色社会主义市场经济的本质 [J].

社会科学，2015（7）：48-59.
[65] 胡耀邦. 全面开创社会主义现代化建设的新局面 [R]. 胡耀邦在中国共产党第十二次全国代表大会上的报告 ,1982-10-12.
[66] 黄少安. 《新结构经济学》侧评 [J]. 经济学：季刊，2013（3）：1085-1086.
[67] 黄忠. 成片开发与土地征收 [J]. 法学研究，2020（5）.
[68] 纪玉山，刘洋. “北京共识”与“中国模式”：探索、争鸣与重识 [J]. 学术交流，2014（2）.
[69] 纪宝成. 社会主义市场经济制度论 [M]. 北京：中国人民大学出版社，2014：27，103.
[70] 江飞涛，耿强，吕大国，等. 地区竞争、体制扭曲与产能过剩的形成机理 [J]. 中国工业经济，2012（6）：44-56.
[71] 江泽民. 加快改革开放和现代化建设步伐 夺取有中国特色社会主义事业的更大胜利 [R]. 江泽民在中国共产党第十四次全国代表大会上的报告，1992-10-21.
[72] 蒋影明. 交易成本理论的失误 [J]. 学海，2007（6）：117-120.
[73] 逄锦聚. 进一步处理好政府和市场的关系 [N]. 光明日报（理论版），2013-12-6.
[74] 交通银行金融研究中心课题组. 中国经济结构的非均衡性质与均衡化机制 [J]. 新金融，2012（4）：8-14.
[75] 贾占华，谷国锋. 经济结构失衡限制东北经济增长了吗？——基于结构方程模型的分析 [J]. 经济经纬，2019（6）：1-8.
[76] 姜巍. 中国宏观经济内外失衡的形成演变、内外成因与战略调整 [J]. 经济问题探索，2013（8）：9-16.
[77] 科林·克劳奇. 新自由主义不死之谜 [M]. 北京：中国人民大学出版社，2013.
[78] 克劳奈维根（编）. 交易成本经济学及其超越 [M]. 朱舟，黄瑞虹，译. 上海：上海财经大学出版社，2002.
[79] 蓝剑平. 转型时期政府利益对政府行为的影响及其还原 [J]. 中共福建省委党校学报，2006（1）：20-24.
[80] 李刚，许跃辉. 中国经济增长之谜（1978-2010）：准中性政府、制度变迁与包容性发展 [J]. 华东经济管理，2012（7）：49-54.
[81] 李汉卿，王文倩. 地方政府公司化：环境群体性事件生发的体制解释——基于启东事件的考察 [J]. 中共杭州市委党校学报，2017（2）：32-38.
[82] 李俊青，李鑫. 市场组织、制度质量和经济增长之谜 [J]. 经济与管理研究，2016（4）：10-17.
[83] 李恒瑞. 世纪难题的破解：社会改革开放新论 [M]. 北京：人民出版社，1999.
[84] 李明，刘彬. 中国式分权与地方政府行为：一个综述 [J]. 新疆财经大学学报，2015（1）：11-22.
[85] 李志强，陈泽珅. 制度变迁与技术进步对中国经济增长的影响 [J]. 经济与管理研究，2015（12）：11-18.
[86] 李娟，沈沛龙. 供给侧与需求侧的协调机制与均衡实现路径探析 [J]. 理论月刊，2017（3）：166-171.

[87] 李一星，包丽君．关于缩小城乡社会保障差距问题的对策研究 [J]．劳动保障世界（理论版），2013（1）：17-20.
[88] 李仁君．产权界定与资源配置：科斯定理的数理表述 [J]．南开经济研究，1999（1）：17-20.
[89] 李茜，胡昊，李名升，张殷俊，宋金平，张建辉，张凤英．中国生态文明综合评价及环境、经济与社会协调发展研究 [J]．资源科学，2015（7）：1444-1454.
[90] 厉以宁．超越市场与超越政府 [M]．北京：经济科学出版社，2010.
[91] 梁俊，李菁．中国经济的结构性减速与对策 [J]．上海经济研究，2016（5）：3-9.
[92] 梁红，刘鎏．中国资产负债表中的“灰犀牛”——地方融资平台的巨额债务 [J]．新金融评论，2019（3）：75-90.
[93] 刘汉超．社会主义市场经济体制下的政府与市场关系 [J]．经济问题，2016（4）：46-50.
[94] 刘国光．政府和市场关系的核心是资源配置问题 [J]．毛泽东邓小平理论研究，2015（11）：1-16.
[95] 刘溶沧，马珺．中国宏观经济调控目标的定位分析 [J]．财贸经济，2001（9）：5-11.
[96] 刘畅，曹光宇，马光荣．地方政府融资平台挤出了中小企业贷款吗？[J]．经济研究，2020（3）：50-64.
[97] 刘丽．中国技术结构对产业结构升级的贡献及解释 [J]．科技与经济，2012（2）：96-100.
[98] 刘航，孙早．城镇化动因扭曲与制造业产能过剩——基于 2001-2012 年中国省级面板数据的经验分析 [J]．中国工业经济，2014（11）：5-17.
[99] 刘尚希．公共支出范围：分析与界定 [J]．经济研究，2002（6）：77-96.
[100] 刘诗白．社会主义市场经济理论 [M]．成都：西南财经大学出版社，2011.
[101] 刘志明．“中国模式”不是国家资本主义 [J]．红旗文稿，2009（9）：63-64.
[102] 刘伟．在社会主义市场经济伟大实践的基础上树立中国经济理论的自信 [J]．政治经济学评论，2013（1）：37-45.
[103] 刘小玄，周晓艳．金融资源与实体经济之间配置关系的检验——兼论经济结构失衡的原因 [J]．金融研究，2011（2）：57-70.
[104] 刘尧成，刘伟．金融周期对中国经济结构失衡的传导机制分析 [J]．统计与信息论坛，2019（1）：40-48.
[105] 刘燕妮，安立仁，金田林．经济结构失衡背景下的中国经济增长质量 [J]．数量经济技术经济研究，2014（2）：20-35.
[106] 刘玮琪，余文学．土地征收补偿价格研究综述 [J]．合作经济与科技，2020（11）：4-7.
[107] 刘世锦．我国经济结构面临的主要问题与战略性调整 [J]．宏观经济研究，2000（7）：46-50.
[108] 刘世锦．GFP 及其驱动的经济增长 [J]．管理世界，2015（10）：1-6.
[109] 柳庆刚，姚洋．地方政府竞争和结构失衡 [J]．世界经济，2012（12）：3-22.

[110] 林瑞瑞，梁小亮，梁颖，陈鸣飞．土地财政模式的发生、发展与评价研究 [J]．中国管理信息化，2018（12）：126-129.
[111] 林毅夫．后发优势与后发劣势 [J]．新闻周刊，2002（18）：68-69.
[112] 林毅夫．后发优势与后发劣势——与杨小凯教授商榷 [J]．经济学（季刊），2003（3）：989-1004.
[113] 林毅夫，张鹏飞．后发优势、技术引进和落后国家的经济增长 [J]．经济学（季刊），2005（4）：53-74.
[114] 林毅夫．新结构经济学——重构发展经济学的框架 [J]．经济学（季刊），2011（1）：1-32.
[115] 林毅夫（编）．新结构经济学文集 [C]．上海：上海人民出版社，2012.10.
[116] 林毅夫．新结构经济学反思经济发展与政策的理论框架 [M]．北京：北京大学出版社，2012.09.
[117] 林毅夫．新结构经济学的理论框架研究 [J]．产业经济评论，2013（2）：18-23.
[118] 林毅夫．经济发展需要有为政府和有效市场 [J]．今日中国（中文版），2013（12）：20-22.
[119] 林毅夫．政府与市场的关系 [J]．国家行政学院学报，2013（6）：22-23.
[120] 林毅夫．中国经济改革经验与反思 [J]．财经界，2013（34）：50-52.
[121] 林毅夫．中国经济的后发优势 [J]．市场经济与价格，2014（4）：14-15.
[122] 林毅夫．我到底和杨小凯、张维迎在争论什么 [J]．中国经济周刊，2014（40）：84-85.
[123] 林毅夫．有效市场＋有为政府 [J]．时事报告，2014（9）：24-25
[124] 林毅夫．新结构经济学视角：政府如何有为 [J]．唯实：现代管理，2015（6）：28-29.
[125] 林毅夫，巫和懋，邢亦青．“潮涌现象”与产能过剩的形成机制 [J]．中国经济学，2010（10）：118.
[126] 林毅夫．潮涌现象与发展中国家宏观经济理论的重新构建 [J]．经济研究，2007（1）：126-131.
[127] 林至敏．政府“企业化”——一种新的政府组织思想 [J]．政治学研究，1986（4）：24-28.
[128] 凌绝岭，赵树凯．“地方政府公司化”出路何在 [J]．同舟共进，2015（2）：4-8.
[129] 凌利．农业供给侧改革的现状及对策研究 [J]．中国市场，2018（11）：61-62.
[130] 陆岷峰，杨亮．供给侧改革下商业银行机遇、使命与对策 [J]．西南金融，2016（3）：3-7.
[131] 陆岷峰．金融供给侧与需求侧协同改革策略研究——基于供需双向结构性矛盾的视角 [J]．北京财贸职业学院学报，2020（6）：5-11.
[132] 罗必良．公共领域、模糊产权与政府的产权模糊化倾向 [J]．改革，2005（7）：105-113.
[133] 罗宾斯．经济科学的性质和意义 [M]．朱泱，译．北京：商务印书馆，2000.
[134] 罗纳德·H. 科斯．论经济学和经济学家 [M]．罗君丽，茹玉骢，译．上海：格致出版社，2010.
[135] 梅纳尔．罗纳德·科斯：制度经济学家和制度的建设者．制度、契约与组织 [C]．刘刚，

等，译．2003：48-52.
[136] 马雪彬，马春花．地方政府公司化行为解析 [J]．经济与管理，2011（10）：10-14.
[137] 马红，侯贵生．土地财政，双向寻租与制造企业创新意愿 [J]．管理学报，2020（12）：80-88.
[138] 米献炜．产权界定与资源配置：科斯定理的再认识 [J]．南开经济研究，2002（4）：66-69.
[139] 米璨．我国地方政府投融资平台产生的理论基础与动因 [J]．管理世界，2011（3）：168-169.
[140] 莫勇波．论“政府经济人”及其对政府执行力的制约 [J]．社会科学家，2008（5）：118-121.
[141] 聂辉华．交易费用经济学：过去，现在和未来 [J]．管理世界，2004（12）：146-153.
[142] 尼古拉斯·拉迪，尼古拉斯·博斯特，王璞，王辰．专稿中国经济再平衡蓝图 [J]．新金融，2013（5）：4-10.
[143] 诺斯．制度、制度变迁与经济绩效 [M]．杭行，译．上海：上海人民出版社，2008.
[144] 彭森，陈力，等．中国经济体制改革重大事件 [M]．北京：中国人民大学出版社，2008.
[145] 彭正辉．中国城乡发展的失衡与统筹 [J]．湖南农业大学学报（社会科学版），2004（3）：18-21.
[146] 彭文生．金融供给侧改革的关键词 [J]．金融市场研究，2019（4）：16-22.
[147] 乔丹奕．供给侧改革下煤炭行业财务绩效分析及战略调整 [D]．安徽财经大学，2017.
[148] 乔惠波．中国特色社会主义基本经济制度的内涵与定位 [J]．中国特色社会主义研究，2013（4）：25-29.
[149] 钱路波．马克思的市场理论及其当代启示 [J]．南方论刊，2015（3）：58-61.
[150] 秦玉友．农村义务教育师资供给与供给侧改革 [J]．教育研究，2020（4）：139-151.
[151] 青木昌彦．比较制度分析 [M]．上海：上海远东出版社，2001.
[152] 青木昌彦．日本经济中的信息、激励与谈判 [M]．北京：商务印书馆，1994.
[153] 适应新常态 落实总要求（深入学习贯彻习近平同志系列重要讲话精神）[N]．人民日报，2014.
[154] 塞缪尔·鲍尔斯，理查德·爱德华兹，弗兰克．理解资本主义 [M]．北京：中国人民大学出版社，2013.
[155] 邵传林．中国式分权、市场化进程与经济增长 [J]．统计研究，2016（3）：63-71.
[156] 隋建利，李玥蓉，李悦欣．宏观调控政策与经济结构变迁 [J]．经济评论，2020（3）：37-53.
[157] 沈晓萍，尹鸿飞，张兵，徐章星．隐性担保会降低城投债的发行利差吗？[J]．武汉金融，2020（5）：56-64.
[158] 石永拴，肖继五，高士亮．我国宏观经济的结构性失衡对“双顺差”的影响研究 [J]．经济学动态，2012（10）：34-40.

[159] 史正富. 从双层市场看政府与市场的作用 [J]. 经济导刊，2015（1）：74-81.
[160] 史亚荣. 地方政府隐性债务规模与城镇化水平——基于城投债视角的分析 [J]. 兰州学刊，2020（11）：139-149.
[161] 宋晓梧. 地方政府“公司化”的六大危害 [J]. 党政视野，2015（5）：56.
[162] 宋立刚. 改革开放 40 年中国经济结构转型研究 [J]. 人民论坛·学术前沿，2018（23）：92-99，107.
[163] 宋宏. 十字路口的选择：开发区治理体制研究 [M]. 合肥：安徽人民出版社，2016.
[164] 肖林，史晓琛. 中国经济新常态的结构性问题与供给侧改革 [J]. 科学发展，2016（8）：30-34.
[165] 孙居涛. 中国特色社会主义道路：社会主义基本制度与市场经济相结合 [J]. 学习论坛，2009（4）：9-13.
[166] 孙秋鹏. 农村土地征收问题研究述评与展望 [J]. 学术探索，2019（5）：10-20.
[167] 孙秀林，周飞舟. 土地财政与分税制：一个实证解释 [J]. 中国社会科学，2013（4）：40-59.
[168] 王高望，田盛丹. 财政政策、资本深化与中国经济结构转型 [J]. 世界经济文汇，2019(4)：18-34.
[169] 王冰. 马克思的市场理论研究 [J]. 经济评论，1995（6）.
[170] 王诚，李鑫. 中国特色社会主义经济理论的产生和发展——市场取向改革以来学术界相关理论探索 [J]. 经济研究，2014（6）：156-178.
[171] 王丰. 中国特色社会主义市场经济的界说——基于对“新国家资本主义”的批判 [J]. 管理学刊，2015（6）：15-23.
[172] 王继源. 中国政府与市场的关系：一个经济管制论的视角 [J]. 经济研究导刊，2015(5)：7-10.
[173] 王明友. 《资本论》中的市场经济逻辑 [M]. 北京：社会科学文献出版社，2015.
[174] 王海燕，刘兆征. 新常态下经济结构调整与财政政策取向 [J]. 经济问题，2015（5）：64-68.
[175] 王立国，鞠蕾. 地方政府干预、企业过度投资与产能过剩：26 个行业样本 [J]. 改革，2012（12）：52-62.
[176] 王国顺. 交易、治理与经济效率 [M]. 北京：中国经济出版社，2005.
[177] 王国泽，柳军. 社会主义市场经济与政府职能的转变 [J]. 山西社会主义学院学报，2003（3）：10-13.
[178] 王瑞. 论交易成本经济学的基本假设 [J]. 东岳论丛，2015（10）：143-148.
[179] 王延惠. 更加尊重市场规律，更好发挥政府作用 // 中国资本论年刊 [C]. 2014.
[180] 王文烂. 论我国经济发展中的结构性矛盾与生态环境问题 [J]. 内蒙古财经学院学报，2001（2）：7-11.
[181] 王小刚. 论中国经济的结构性问题 [J]. 重庆大学学报（社会科学版），2008：2.
[182] 王文甫，明娟，岳超云. 企业规模、地方政府干预与产能过剩 [J]. 管理世界，2014(10)：

17-36.
[183] 王亚. 转型与创新: 全球化下中国开发区的实践与发展趋势 [M]. 成都: 四川大学出版社, 2015.
[184] 韦伯. 经济与社会 [M]. 北京：商务印书馆，2004.
[185] 韦森. 后发劣势 VS 后发优势 [J]. 新财经，2002（11）：76-77.
[186] 韦森. 探寻人类社会经济增长的内在机理与未来道路——评林毅夫教授的新结构经济学理论框架 [J]. 经济学（季刊），2013（3）：1051-1074.
[187] 卫兴华. 再论究竟怎样正确认识社会主义经济 [J]. 理论前沿，2000（3）：20-23.
[188] 卫兴华. 推动中国特色社会主义制度自我完善和发展的纲领 [N]. 环球时报，2013-12-10.
[189] 卫兴华. 关于市场配置资源理论与实践值得反思的一些问题 [J]. 经济纵横，2015（1）：16.
[190] 卫兴华. 坚持和完善中国特色社会主义经济制度 [J]. 政治经济学评论，2012（1）：66-79.
[191] 卫兴华，闫盼. 论宏观资源配置与微观资源配置的不同性质：兼论市场“决定性作用”的含义和范围 [J]. 政治经济学评论，2014（4）：3-14.
[192] 吴易风. 产权理论：马克思和科斯的比较 [J]. 中国社会科学，2007（2）：4-18.
[193] 西蒙. 基于实践的微观经济学 [M]. 孙涤，译. 上海：上海人民出版社，2009.
[194] 谢作诗. 后发优势与后发劣势:硬币之两面——兼评林毅夫、杨小凯后发优劣势之“争”[J]. 经济体制改革，2003（4）：9-12.
[195] 徐雪，赵阳. 发挥市场决定性作用，实现新常态下经济增长与转型——中国经济增长与周期（2015）国际高峰论坛综述 [J]. 经济社会体制比较，2015（5）：187-193
[196] 徐瑞敏. 基于经济结构失衡背景下的中国经济增长质量 [J]. 经贸实践，2018（1）：158.
[197] 夏柱智. 土地制度和中国特色城市化模式——对“地方政府公司化”理论的反思 [J]. 华中农业大学学报（社会科学版），2019（5）：112-118，171.
[198] 夏德仁. 经济结构失衡对货币供应的影响 [J]. 财经科学，1991（4）：25-28.
[199] 杨海波，高兴民. 优化经济结构的时代意义与政策选择 [J]. 财会月刊，2020（2）：146-151.
[200] 杨承训，承谕. 论宏观调控和资源配置机制的创新——从析“唱衰中国”“改革停退”论说开去 [J]. 毛泽东邓小平理论研究，2013（8）：18-25.
[201] 杨海水. 招商引资竞争的有效性分析 [J]. 中央财经大学学报，2007（2）：64-67.
[202] 杨晓航. 政府招商引资模式与市场招商引资模式研究 [J]. 贵州信息与未来，2011（6）：30-33.
[203] 杨小凯. 经济发展中的后发优势和劣势 [J]. 经理人内参，2001（17）：16-17.
[204] 杨小凯. 经济学：新兴古典与新古典框架 [M]. 北京：社会科学文献出版社，2003.
[205] 杨振. 激励扭曲视角下的产能过剩形成机制及其治理研究 [J]. 经济学家，2013（10）：

48-54.
[206] 姚洋．中性政府：对转型期中国经济成功的一个解释 [J]．经济评论，2009（3）：5-13.
[207] 姚震宇．中国地方政府“准公司化”特征及其软预算约束 [J]．中国经济问题，2015（1）：77-87.
[208] 伊特韦尔．新帕尔格雷夫经济学大辞典 [M]．北京：经济科学出版社，1996.
[209] 伊特韦尔．新帕尔格雷夫经济学大辞典：第三卷 [M]．北京：经济科学出版社，1992.
[210] 银监会．进一步加强按揭贷款风险管理 [J]．中国地产市场，2009（7）：9.
[211] 余斌，张伟．乱贴标签的资本主义之争及其对中国的启示——评英国《经济学家》关于国家资本主义的特别报道 [J]．政治经济学评论，2012（3）：17-34.
[212] 余云辉．资源配置：马克思市场理论研究 [J]．经济纵横，1993（4）.
[213] 俞宪忠．从“招商引资”到“招商引制”[J]．浙江学刊，2009（6）：168-173.
[214] 袁恩桢．政府与市场的“双强模式”是社会主义市场经济的重要特点 [J]．毛泽东邓小平理论研究，2013（8）：12-17，92.
[215] 袁庆民．新制度经济学 [M]．上海：复旦大学出版社，2012.
[216] 弋代春，樊纲治．地方政府融资平台的土地市场参与研究 [J]．宏观经济研究，2015（10）：151-159.
[217] 湛军，王照杰．供给侧结构性改革背景下高端服务业创新能力与绩效——基于整合视角的实证研究 [J]．经济管理，2017（6）：53-68.
[218] 赵祥，谭锐．土地财政与我国城市“去工业化”[J]．江汉论坛，2016（1）：18-26.
[219] 曾纪茂．地方政府公司化的运作逻辑与后果 [J]．太平洋学报，2011（11）：58-64.
[220] 张晨，冯志轩，姬旭辉，等．中国政治经济学年度发展报告（2013 年）[J]．政治经济学评论，2014（2）：47-90.
[221] 张国锋．西方经济学关于市场与政府的理论变迁及中国实践 [J]．理论界，2013（11）.
[222] 张汉．“地方发展型政府”抑或“地方企业家型政府”：对中国地方政企关系与地方政府行为模式的研究述评 [J]．公共行政评论，2014（3）：157-175，180.
[223] 张静．基层政权：乡村制度诸问题 [M]．上海：上海人民出版社，2007.
[224] 张艳．我国国家级开发区的实践及转型 [D]．同济大学，2008.
[225] 张军．30 年来中国：经济改革与增长模式 [J]．社会科学战线，2008（1）：4-16.
[226] 张军．分权与增长：中国的故事 [J]．经济学（季刊），2007（1）：21-52.
[227] 张军．可改革的体制：中国经济成功的秘笈 [J]．学习月刊，2013(9).
[228] 张军，周黎安．为增长而竞争：中国增长的政治经济学 [M]．上海：上海人民出版社，2008.
[229] 张开．更好发挥政府作用的两层含义 [J]．经济研究参考，2014（37）：68-71.
[230] 张立群．中国经济正趋向新常态 [J]．中国党政干部论坛，2014（12）：28-30.
[231] 张三保，田文杰．地方政府企业化：模式、动因、效应与改革 [J]．政治学研究，2014（6）：97-109.
[232] 张思锋，王舟浩，张立．政府与市场：理论演进、美国改进、中国改革 [J]．西安交通

大学学报（社会科学版），2015（3）：21-31.
[233] 张曙光. 市场主导与政府诱导——评林毅夫的《新结构经济学》[J]. 经济学（季刊），2013（2）：1079-1084.
[234] 张维迎. 市场的逻辑 [M]. 上海：上海人民出版社，2010.
[235] 张维迎. 政府干预，还是市场调整？ [J]. 共鸣，2014（3）.
[236] 张维迎. 怎样理解政府与市场的关系 [J]. 中国民商，2015（4）：9.
[237] 张维迎. 市场没失灵是市场理论失灵了 [J]. 中国民商，2015（12）：8.
[238] 张五常. 交易费用的范式 [J]. 社会科学战线，1999（1）：1-9.
[239] 张晏，龚六堂. 分税制改革、财政分权与中国经济增长 [J]. 经济学（季刊），2005（4）：75-108.
[240] 张宇. 市场有效，党政有为，根基牢固——正确认识社会主义市场经济中政府和市场的关系 [J]. 红旗文稿，2014（8）：4-8.
[241] 张影新，刘蕾，李其光. 论政府在招商引资中的角色定位 [J]. 学术交流，2006（9）：62-65.
[242] 张占斌. "地方政府公司化"反思 [J]. 决策，2006（11）：32-33.
[243] 赵树凯. 地方政府公司化：体制优势还是劣势？ [J]. 文化纵横，2012（2）：73-80.
[244] 张红梅，李善同，许召元. 改革开放以来我国区域差距的演变 [J]. 改革，2019（4）：78-87.
[245] 张煊，王国顺，王一苇. 生态经济效率评价及时空差异研究 [J]. 经济地理，2014（12）：153-160.
[246] 张杰，任元明. 当前中国经济结构性分化的重大现象、突出症结与破解思路 [J]. 江苏行政学院学报，2020（2）：47-55.
[247] 张斌，茅锐. 工业赶超与经济结构失衡 [J]. 中国社会科学，2016（3）：80-98，206.
[248] 张军，高远. 官员任期、异地交流与经济增长——来自省级经验的证据 [J]. 经济研究，2007（11）：91-103.
[249] 张念明，王波. 我国内外经济失衡影响因素及优化路径研究——基于因子分析法 [J]. 经济问题，2017（11）：1-5，10.
[250] 郑敬高，冯森. "中国模式"下的地方政府行为——地方保护的产生和应对 [J]. 学术界，2015（6）：24-31.
[251] 中国共产党第十二届中央委员会第三次会全体. 中共中央关于经济体制改革的决定 [M]. 北京：人民出版社，1984.
[252] 中共中央关于全面深化改革若干重大问题的决定 [N]. 人民日报，2013-11-16.
[253] 中华人民共和国宪法 [Z]. 北京：中国法律出版社，2015.
[254] 中华人民共和国预算法 [Z]. 北京：中国民主法治出版社，1994.
[255] 中欧陆家嘴国际金融研究院课题组. 扭转政府公司化倾向 [J]. 新华月报，2013（10）：16-19.
[256] 周飞舟. 分税制十年：制度及其影响 [J]. 中国社会科学，2006（6）：100-115.

[257] 周飞舟. 锦标赛体制 [J]. 社会学研究，2009（3）：54-77.
[258] 周飞舟. 大兴土木：土地财政与地方政府行为 [J]. 经济社会体制比较，2010（3）：77-89.
[259] 周黎安. 中国地方官员的晋升锦标赛模式研究 [J]. 经济研究，2007（7）：36-50.
[260] 周黎安. 转型中的地方政府 [M]. 上海：格致出版社，2008.
[261] 周其仁. 研究真实世界的经济学——科斯研究经济学的方法及其在中国的实践 [J]. 中国社会科学辑刊（港），1997（18）：234-243.
[262] 周其仁. 公有制企业的性质 [J]. 经济研究，2000（11）：3-12.
[263] 周其仁. 中国经济增长的基础 [J]. 北京大学学报（哲学社会科学版），2010（1）：18-22.
[264] 周其仁. 中国改革的真正逻辑 [J]. 清华金融评论，2014（1）：53-57.
[265] 周其仁. 中国改革经验里的交易费用逻辑 [J]. 中国房地产业，2015（4）：48-49.
[266] 周其仁. 中国农村改革：国家和所有权关系的变化（上）——一个经济制度变迁史的回顾 [J]. 管理世界，1995（3）：178-189.
[267] 周新城. 怎样理解“使市场在资源配置中起决定性作用”[J]. 思想理论教育导刊，2014（1）：4-8.
[268] 周业安. 地方政府竞争与经济增长 [J]. 中国人民大学学报，2003（1）：97-103.
[269] 周业安，冯兴元，赵坚毅. 地方政府竞争与市场秩序的重构 [J]. 中国社会科学，2004（1）：56-65.
[270] 周业安，章泉. 市场化、财政分权和中国经济增长 [J]. 中国人民大学学报，2008（1）：34-42.
[271] 周业安，章泉. 财政分权、经济增长和波动 [J]. 管理世界，2008（3）：6-15.
[272] 周业安，赵晓男. 地方政府竞争模式研究——构建地方政府间良性竞争秩序的理论和政策分析 [J]. 管理世界，2002（12）：52-61.
[273] 周小亮，吴洋宏. 供给侧结构性改革绩效评价：基于经济增长动力视角 [J]. 社会科学研究，2019（3）：8-18.
[274] 周靖祥. 中国内外经济发展失衡研究 [D]. 重庆大学，2012.
[275] 周黎安. 中国地方官员的晋升锦标赛模式研究 [J]. 经济研究，2007（7）：36-50.
[276] 周黎安. 晋升博弈中政府官员的激励与合作——兼论我国地方保护主义和重复建设问题长期存在的原因 [J]. 经济研究，2004（6）：33-40.
[277] 朱浩. 财政分权、政府治理与中国经济增长 [D]. 重庆大学，2014.
[278] 朱国华，吴兆雪. “互联网＋教育”供给侧改革的路径探析 [J]. 现代教育科学，2018（2）：11-17，43.
[279] 朱和平. 当前经济结构失衡及产业趋同之症状 [J]. 探索与争鸣，1997（7）：15-17，26.
[280] 朱鹏扬，李雪峰，李强. 地方政府公司化行为模式与中国城市化的路径选择 [J]. 财经研究，2019（2）：17-29.

[281] Armen A.Alchian. Some Economics of Property Rights[J]. Politico,1965:816-829.
[282] Armen A.Alchian. Pricing and Society[A]. Occasional Papers,Institute of Economic Affairs,1967.
[283] Armen A.Alchian. Economic Forcesat Work[M]. 1977.
[284] Armen A.Alchian,Harold Demsetz. Production,Information Costs and Economic Organization[J]. The American Economic Review.Vol.62,No.5,1972:777-795.
[285] Kenneth J.Arrow. Economic Welfare and the Allocation of Resources for Invention[A]. In Universities-National Bureau Committee for Economic Research.
[286] Kenneth J.Arrow. The Organization of Economic Activity:Issues Pertinent to the Choice of Market Versus Non-market Allocations//The Analysis and Evaluation of Public Expenditure:The PPB System.Vol.1.U.S. Joint Economic Committee,91st Congress,1st Session Washington D.C.:U.S. Government Printing Office,1969,PP. 59-73.
[287] Kenneth J.Arrow,F.H.Hahn. General Competitive Analysis[M]. San Francisco: Holden-Day,1971:224.
[288] W.Ross Ashby. Design for a Brain[M]. New York:Wiley,1960.
[289] Chester I.Barnard. The Functions of the Executive[M]. USA:Harvard University Press,1938:4-6.
[290] Yoram Barzel. Economic Analysis of Property Rights[M]. Cambridge:Cambridge University Press,1997:4.
[291] Baumol,William J.Panzer,John C.Willig,D.Robert. Contestable Markets:An Uprising in the Theory of Industry Structure:Reply[J]. The American Economic Review.Vol.73,No.3,1983:491-496.
[292] Gary S.Becker. Investment in Human Capital:Effects on Earnings[J]. Journal of Political Economy,1962(70):9-49.
[293] Gary S.Becker. The Economic Approach to Human Behavior[M]. Chicago:University of Chicago Press,1976.
[294] James M.Buchanan. A Contractarian Paradigm for Applying Economic Theory[J]. American Economic Review,1975(65):225-230.
[295] Alfred D.Chandler. The Visible Hand:The Managerial Revolution in American Business[M]. USA:Harvard University Press,1977.
[296] Chen Gengxuan.ed. Oliver E.Williamson. Contract,Governance and Transaction Cost Economics[C]. World Scientific Publishing,2017(3).
[297] Steven N.S.Cheung. Will China Go Capitalist?// Will China Go Capitalist?[A]. Institute of Economic Affairs,1982.Section2.
[298] Steven N.S.Cheung. The Contractual Nature of the Firm[M]. Journal of Law and Economics.Vol.26,N0.1,1983.
[299] Steven N.S.Cheung. The Transaction Costs Paradigm[J]. Economic Inquiry, 1998(36):514-521.

[300] Steven N.S.Cheung. The economic system of China[C]. With Conference Opening and Closing Remarks by Ronald Coase. Arcadia Press,2008.
[301] Ronald H.Coase. The Nature of the Firm[J]. Economica.Vol.4,16,1937:386-405.
[302] Ronald H.Coase. The Federal Communications Commission[J]. The Journal of Law & Economics.Vol.2,1959:1-40.
[303] Ronald H.Coase. The Problem of Social Cost[J]. Journal of Law and Economics, 1960(3):1-44.
[304] Ronald H.Coase. The Theory of Public Utility Pricing in The Economics of Regulation of Public Utility (Papers Presented at a Conference at Northwestern University),1966:100.
[305] Ronald H.Coase. The Lighthouse in the Economics[J]. The Journal of Law and Economics,1974(2):357-376.
[306] Ronald H.Coase. The New Institutional Economics[J]. Journal of Institutional and Theoretical Economics,1984(140):229-231.
[307] Ronald H.Coase. The Nature of the Firm: Influence[J]. Law,Economics and Organization,1988(4):33-47.
[308] Ronald H.Coase. The Institutional Structure of Production[J]. American Economic Review,1991(82):713-719.
[309] Ronald H.Coase. How Should Economists Choose?//Essays on Economics and Economists[C]. USA:The University of Chicago Press,1994(a):15-33.
[310] Ronald H.Coase. Economics and Contiguous Disciplines//Essays on Economics and Economists[C]. USA:The University of Chicago Press,1994(b):41.
[311] Ronald H.Coase. The New Institutional Economics[J]. The American Economic Review. Vol.88,No.2,1998:72-74.
[312] Carl J.Dahlman. The Problem of Externality[J]. The Journal of Law & Economics, 1979(22):141-162.
[313] Lance E.Davis,Douglas C.North. Institutional Change and American Economic Growth[M]. Cambridge:Cambridge Press,1971.
[314] Harold Demsetz. Information and Efficiency:Another Viewpoint[J]. Journal of Law and Economics,1969.Vol.12(1):1-22.
[315] B.Dollery,W H.Leong. Measuring the Transaction Sector in the Australian Economy,1911-1991[J]. Australian Economic History Review,1998.Vol.38(3):207-231.
[316] Douglass C.North. Institutions[J]. Journal of Economic Perspectives,1991(1).
[317] Eugene F.Fama. Agency Problems and the Theory of the Firm[J]. Journal of Political Economy.Vol.88,No.2,1980:288-307.
[318] Elizabeth M.M.Q.Farina. Competitividade e coordena?O De Sistemas Agroindustriais: Um Ensaio Conceitual[J]. Gestão & Produção,1999(3):147-161.
[319] Stanley Fischer. Long-Term Contracting,Sticky Prices and Monetary Policy:Comment[J].

Journal of Monetary Economics,1977(3):317-323.
[320] Lawrence M.Friedman. Contracts Law in America[M]. USA:University of Wisconsin Press, 1965.
[321] Milton Friedman. The Methodology of Positive Economics//Positive Economics[M]. Chicago:University of Chicago Press,1953:3-46.
[322] Milton Friedman. Capitalism and freedom[M]. Chicago:University of Chicago Press,1963.
[323] N.J.Foss. The Two Coasean Traditions[J]. Review of Political Economy,1994(1):37-61.
[324] Lon L.Fuller. Collective Bargaining and the Arbitrator[J]. Wisconsin Law Review, 1963(3):3-46.
[325] Sanford J.Grossman,Oliver D.Hart. The Costs and Benefits of Ownership:A Theory of Vertical and Lateral Integration[J]. Journal of Political Economy.Vol.94,No.4,1986:691-719.
[326] A.Halpin. Coase' s world and Coase' s Blackboard[J]. European Journal of Law and Economics,2011(1):91-l09.
[327] Herbert L.A.Hart. The Concept of Law[M]. Oxford:Clarendon,1961:125.
[328] Oliver D.Hart,J.H.Moore. Property Rights and Nature of the Firm[J]. Journal of Political Economy,1990:1119-1158.
[329] Friedrich A.Hayek. The Use of Knowledge in Society[J]. American Economic Review, 1945(4):519-530.
[330] Friedrich A.Hayek. The Fatal Conceit:The Errors of Socialism[M]. USA:University of Chicago Press,2011.
[331] Friedrich A.Hayek. The Origin of Predictable Behavior[J]. The American Economic Review. Vol.73,No.4,1983:560-595.
[332] Hsiung Bing-yun. An interpretation of Ronlad Coase' s Analytical Approach[J]. History of Economics Review,2004(4):12-32.
[333] Michael C.Jensen,William H.Meckling. Theory of The Firm:Managerial Behavior,Agency Cost and Capital Structure in Mahoney[J]. Journal of Financial Economics.Vol.3,No.4,1976:305-360.
[334] Paul L.Joskow. Vertical Integration and Long-term Contracts:The Case of Coal-burning Electric Generating Plants[J]. Journal of Law,Economics & Organization.Vol.1,No.1,1985:33-80.
[335] Paul L.Joskow. Contract Duration and Relationship-specific Investments:Empirical Evidence from Coal Markets[J]. The American Economic Review.Vol.77,No.1,1987： 168-185.
[336] Benjamin Klein. Transaction Cost Determinants of "Unfair" Contractual Arrangements[J]. The American Economic Review.Vol.70,No.2,1980:356-362.
[337] Frank H.Knight. Risk,Uncertainty and Profit[M]. New York:Dover Publicatio ns,2012:197-232,233-263.
[338] Lai,Lawrence Wai-chung, The Ideas of Ronald H. Coase:Market Failure and Planning by Contract for Sustainable Development,Routledge,2011.
[339] Lin William Cong,Haoyu Gao,Jacopo Ponticelli,Xiaoguang Yang. Credit Allocation Under

Economic Stimulus:Evidence from China[J]. The Review of Financial Studies,2019(9).
[340] Lan R.Macneil. The Many Futures of Contracts[J]. Southern California Law Review,1974(47):691-816.
[341] Lan R.Macneil. Contracts:Adjustment of Long-term Economic Relations under Classical,Neoclassical and Relational Contract Law[J]. Northwestern University Law Review,1978(72):854-906.
[342] Chris Matthews. America' s Most Corrupt State Defends Itself[N]. Fortune, 2014-07-28.
[343] R.C.O.Matthews. The Economics of Institutions and the Sources of Growth[J]. The Economic Journal.Vol.96,No.384,1986:903-918.
[344] Harald B.Malmgren. Information,Expectations and the Theory of the Firm[J]. The Quarterly Journal of Economics.Vol.75,No.3,1961:399-421.
[345] S.Medema. Coase on Economics and Economic Methods[J]. History of Economics Review, 1998(1):1-23
[346] A.T.V.Mehren. Choice of Law and the Problem of Justice[J]. Law & Contemporary Problems,1977(2):27-43.
[347] G.Michel. Applications Pratiques de la Théorie des Coûts de Transaction// La Théorie des Jeux et ses Applications à l' économie Mathématique[M]. Presses Universitaires de France,1998:391-403.
[348] Paul R.Milgrom. Economics,Organization and Management[M]. Prentice-Hall,1992.
[349] J.P.Neary,D.Leahy. Strategic Trade and Industrial Policy Towards Dynamic Oligopolies[J]. The Economic Journal,2000(463):484-508.
[350] Douglass C.North. Structure and Change in Economic History[M]. New York:W.W.Norton, 1981:59-71.
[351] Douglass C.North. Transaction Cost,Institutions and Economic History[J]. Journal of Institutional and Theoretical Economics,1984(140):7-17.
[352] Douglass C.North. Institutions,Institutional Change and Economic Performance[M]. Cambridge:Cambridge University Press,1990.
[353] Douglass C.North. Institutions[J]. Journal of Economic Perspectives,1991(1):97-112.
[354] Douglass C.North. The New Institutional Economics and Development." Economic History 17.9(1993):1389-1395.The New Institutional Economics and Development[J]. Economic History,1993(9):1389-1395.
[355] Douglass C.North. Transaction Costs Through Time[J]. Economic History,1994.
[356] Douglass C.North. Economics and Cognitive Science[P]. 文明的和谐与共同繁荣——北京论坛（2004）论文集，2004:51-61.
[357] Mancur Olson. The Rise and Decline of Nations:Economic Growth,Stagflation and Economic Rigidities[M]. USA:Yale University Press,1982.
[358] O.J.Parcero. Inter-jurisdiction Subsidy Competition for a New Production Plant:What is the

Central Government Optimal Policy?[J]. Regional Science & Urban Economics, 2006(6):688-702.
[359] R.Posner (1993a), "Ronald Coase and methodology" ,Journal of Economic Perspective 7(4):195-210.
[360] R.Posner (1993b), "The New Institutional Economics Meets Law and Economics" ,Journal of Institutional and Theoretical Economics 149(1):73-87.
[361] Jean C.Oi. State and Peasant in Contemporary China:The Political Economy of Village Government[M]. Berkeley:University of California Press,1989.
[362] Jean C.Oi. Fiscal Reform and the Economic Foundations of Local State Corporatism in China[J]. World Politics,1992(1):99-126.
[363] Jean C.Oi. The Role of the Local State in China' s Transitional Economy[J]. The China Quarterly,1995:1132-1149.
[364] Jean C.Oi. Rural China of:Institutional Foundations of Economic Reform[M]. Berkeley:University of California Press,1999.
[365] Qian,Y.Roland,G.Federalism and the Soft Budget Constraint[J]. American Economic Review,1998(5):43-62.
[366] Roy Radner. Competitive Equilibrium Under Uncertainty[J]. Econometrica. Vol.36,No.1,1968:31-58.
[367] Warren J.Samuels(ed.). Economics as Discourse:An Analysis of the Language of Economists[C]. Boston:Kluwer Academic Publishers,1990:135.
[368] Adam Smith. The Wealth of Nations[M]. American: Createspace,2013.
[369] Herbert A.Simon. Models of Man:Social And Rational[M]. New York:Wiley,1957.
[370] Herbert A.Simon. Rationality as Process and as Product of Thought[J]. The American Economic Review.Vol.68,No.2,1978:1-16.
[371] Herbert A.Simon. Organizations and Markets[J]. The Journal of Economic Perspectives. Vol.5,No.2 (Spring,1991):25-44.
[372] Herbert A.Simon. A Empirically Based Microeconomics[M]. Cambridge: Cambridge University Press,1997:20,26.
[373] Robert M.Solow. A Native Informant Speaks[J]. Journal of Economic Methodology, 2001(1):111-112.
[374] George J.Stigler. The Economics of Information[J]. Journal of Political Economy,1961:213.
[375] George J.Stigler. The Theory of Price,3rd ed[M]. New York:Macmillan Co,1966.
[376] Joseph E.Stiglitz. Economics of the public sector. No.336.73 S855 2000.ISNAR,La Haya (Países Bajos).IICA,San José (Costa Rica).,2000.
[377] B.Weingast. The Economic Role of Political Institutions:Market-Preserving Federalism and Economic Development[J]. Journal of Law,Economics and Organization, 1995(1):1-31.
[378] Ralph Thomlinson. Urban structure:the Social and Spatial Character of Cities[M]. Random House,1969.

[379] J.J.Wallis,North D. Measuring the Transaction Sector in the American Economy, 1870-1970[M]. National Bureau of Economic Research,Inc,2010.
[380] Benjamin N.Ward. The Socialist Ecnomy:A Study of Organizational Alternatives[M]. New York:Random house,1967:38.
[381] Lars Werinm. Ronald Coase and the new microeconomics//Institutions,Contracts and Organizations[M]. Edited by Ménard,Claude. Cambridge:Cambridge University Press,2000:42-47.
[382] S.V.Wijnbergen. Excess Capacity, Monopolistic Competition and International Transmission of Monetary DisturbancesEconomic Journal,1987(397):785-805.
[383] Oliver E.Williamson. The Vertical Integration of Production:Market Failure Considerations[J] . The American Economic Review.Vol.61,No.2,1971:112-123.
[384] Oliver E.Williamson. Markets and Hierarchies:Some Elementary Considerations [J]. The American Economic Review.Vol.63,No.2,1973:316-325.
[385] Oliver E.Williamson. The Economics of Antitrust:Transaction Cost Considerations[J]. University of Pennsylvania Law Review.Vol.122,No.6,1974:1439-1496.
[386] Oliver E.Williamson. Markets and Hierarchies:Analysis and Antitrust Implications[M]. New York:Free Press,1975.
[387] Oliver E.Williamson. Transaction-cost Economics:The Governance of Contractual Relations[J]. The Journal of Law & Economics.Vol.22,No.2,1979:233-261.
[388] Oliver E.Williamson. The Economics of Organization:The Transaction Cost Approach[J]. American Journal of Sociology.Vol.87,No.3,1981:548-577.
[389] Oliver E.Williamson. The Economics of Governance:Framework and Implications [J]. Journal of Institutional and Theoretical Economics.Bd.140,H.1,1984:195-223.
[390] Oliver E.Williamson. The Economic Institutions of Capitalism[M]. New York: Free Press,1985:20-22.
[391] Oliver E.Williamson. The Logic of Economic Organization[J]. Journal of Law, Economics & Organization.Vol.4,No.1,1988:65-93.
[392] Oliver E.Williamson. A Comparison of Alternative Approaches to Economic Organization[J] . Journal of Institutional and Theoretical Economics.Vol.146,No.1, 1990:61-71.
[393] Oliver E.Williamson. Comparative Economic Organization:The Analysis of Discrete Structural Alternatives[J]. Administrative Science Quarterly.Vol.36,No.2, 1991:269-296.
[394] Oliver E.Williamson. The Mechanisms of Governance[M]. UK :Oxford University Press,1996.
[395] Oliver E.Williamson. Ronald Harry Coase:Institutional Economist/Institution Builder//New Institutional Economics[C]. Cambridge: Cambridge University Press, 2000.
[396] Oliver E.Williamson. The Theory of the Firm as Governance Structure:From Choice to Contract[J]. Journal of Economic Perspectives,2002(16):171-195.
[397] Oliver E.Williamson. Transaction Cost Economics:The Natural Progression[J]. The

American Economic Review.Vol.100,No.3,2010:673-690.
[398] Oliver E.Williamson. Institutions and Economic Organization:The Governance Perspective// Annual Bank Conference on Development Economics[C]. The World Bank. 2010.
[399] Oliver E.Williamson. Ronald Harry Coase:Institutional Economist and Institution Builder[J]. Journal of Institutional Economics.Vol.11,No.02,2015: 221-226.
[400] Wu F. The Post-socialist Entrepreneurial City as the State Project:Shanghai' s Globalisation in Question[J]. 2003(40):1673-1689.
[401] Zhang Y. The Entrepreneurial Role of Local Bureaucracy in China:A Case Study of Shandong Province[J]. Issues & Studies,1996(32):89-110.